교육해석학

Pedagogical Hermeneutics

교육해석학

이론과 적용

이상오 저

학지사

머 · 리 · 말

이 책은 오랜 시간의 구상 끝에 탄생했다. 햇수로만 따지면 연구 구상만 10여 년을 훌쩍 넘는다. 유학시절부터 감안한다면 거의 20년이 걸린 셈이다. 이 작은 책이 그렇게 오래 걸렸다고 하면 누가 믿을지 싶다. 실제로 매일 쓴다 쓴다 하면서 미루었다가 어느 날 갑자기 일필휘지로 쓴 것도 아니다. 그냥 20년 동안 매일 조금씩 마음의 여유가 생길 때마다 참고문헌에 적힌 깨알 같은 문헌들을(고전어 포함) 하나도 빠짐없이 천착하면서, 그리고 그것도 모자라서 참고문헌에서는 밝히지 않은 다른 여러 책도 읽으면서 그냥 생각날 때마다 조금씩 손을 대다 보니 이렇게 오랜 시간이 걸렸다. 참으로 무던하다기보다는 멍청하기 이를 데 없다는 생각도 하지만 한편으로는 대견스럽기도 하다. 어떻게 세상에 이런 일이? 지금 다시 이런 작업을 해 보라면 하지 못할 것 같지만 또 어떤 작업을 그렇게 다시 해야 할 상황이 올지도 모르기에 학자의 운명이란 이렇게 기구한지도 모른다. 하여간 이제는 일단 휴식이다.

이 글은 세 편의 연구논문으로 국내유력학술지에 발표된 적이 있는 「교육사연구에 있어서 해석학적 연구방법의 전망」(한국교육사학, 2007), 「E. Sprager 교육사상의 형성근거에 대한 일 고찰: 그의 소크라테스 해석」(교육철학 제30호, 2003), 그리고 「어떤 교육공백: 단절된 소크라테스의 유산」(교육철학, 2006)이라는 글을 토대로, 책의 테마에 입각하여 수정, 보완 및 재편집하여 내놓은 것이다. 학술전문연구서를 기반으로 하다 보니 자칫 딱딱하고 어려울 수도 있다는 선입견을 피하기 위해 노력했다. 그럼에도 불구하고 독자가 접근하기 위한 쉬운 방법으로 구성했다고는 장담할 수 없다. 하여간 평가는 일반 독자의 몫이다. 나름대로 독자가 쉽게 접할 수 있을 것이며, 심지어 흥미도 더할지 모른다는 자찬을 해 보기도 한다. 물론 교육학을 공부하고 있는 대한민국의 모든 교육학도나 심지어 감히 말하자면 교육학자에게도 좀 놀랄 대목이 — 물론 이에 대해서는 비판과 질타가 있겠지만 — 군데군데 명백한 고증과 논리적 귀결을 통해서 전달될 수 있을 것이다.

사실 이 글은 남들에게 두들겨 맞기 위함이다. 독자는 부디 맘껏 서로 비판하고 반성하면서, 이 책이 좀 더 차원이 높은 연구 담론의 결과물을 남겨 놓고자 하는 학자로서의 순수한(?) 마음의 일로였다고 너그럽게 봐 주길 바란다.

이 글이 한 권의 책으로 나오게 기꺼이 허락해 주신 학지사 김진환 사장님과 출판과정에서 수고해 주신 편집진께 진심으로 감사를 드리며, 학지사의 지속적인 번영을 기원한다.

2008년 2월
무악골에서
저자 이상오 씀

차 례...

머리말 / 5

1장 해석학적 이해의 원리 … 13

1. 도입부 … 13
2. 해석학의 뿌리: 역사적 전승 … 17
   1) 고대해석학 / 17
   2) 성서해석학 / 20
   3) 법률해석학 / 23
3. 정신과학적 해석학의 성립 … 25
   1) 슐라이어마허의 해석학 / 25
   2) 딜타이의 정신과학적 해석학 / 33
4. 정신과학적 교육학에의 적용 … 52
   1) 문헌적 텍스트의 해석 / 53
   2) 교육현실의 이해: 비문헌적 교육텍스트의 해석 / 67
5. 소 결 … 75

■ 후주 / 77
■ 참고문헌 / 94

2장 교육사의 해석학적 연구 … 99

1. 도입부 … 99
2. 해석의 근거와 대상목표 … 101
   1) '해석' 의 당위성 근거 / 101
   2) 해석의 대상 목표 / 107
3. 해석학적 연구방법의 원리와 적용 … 118
   1) 해석학적 순환의 도식 / 118
   2) 교육사 연구에서 해석학적 연구방법의 원리와 실천 / 124
4. 소 결 … 130

■ 후주 / 134
■ 참고문헌 / 144

3장 해석학적 연구의 적용사례 I … 147
슈프랑거의 소크라테스 해석

1. 도입부 … 147
2. '소크라테스 해석' 을 위한 슈프랑거의 전제 … 149
3. '역사적 소크라테스' 에 대한 슈프랑거의 해석과정 … 153
   1) 후대인의 '소크라테스 처방' 에 대한 슈프랑거의 문제제기 / 153
   2) '플라톤의 소크라테스' 에 대한 슈프랑거의 비판적 해석 / 155
   3) '크세노폰의 소크라테스' 에 대한 슈프랑거의 비판 / 173
   4) '아리스토텔레스의 소크라테스 해석' 에 대한 슈프랑거의 비판 / 178
   5) 소크라테스 시대와의 직접적 교류: 역사적 소크라테스 찾기 / 183
4. 소 결 … 190

■ 후주 / 193
■ 참고문헌 / 196

4장 해석학적 연구의 적용사례 II … 201
어떤 교육공백: 단절된 소크라테스의 유산

1. 도입부 … 201
2. '단절된 유산 찾기' 의 조건 … 205
   1) 첫 번째 난점과 이의 해제(解題)로서의 연역적 가정 / 205
   2) 두 번째 난점과 이의 해제를 위한 연역적 가정 / 206
3. 단절된 유산 찾기를 위해 선택된 쟁점: 영혼, 이성 및 교육 … 211
   1) 소크라테스의 발견: 영혼 / 211
   2) 플라톤에 의한 계승과 단절: 영혼과 이성 / 216
   3) 소크라테스와 플라톤에서의 교육논리 / 222
4. 소 결 … 235

■ 후주 / 241
■ 참고문헌 / 264

찾아보기 / 267

제1장

해석학적 이해의 원리

1. 도입부

해석학(解釋學), 즉 '헤르메노이틱(Hermeneutik)'의 어원을 알려 주는 헤르메스(Hermes)는 희랍 신화에 나오는 신(神)으로서, 다른 신의 메시지를 인간에게 전해 주는 소위 전령(傳令)이었다(Ebeling, 1959: 244). 여기서 헤르메스는 신의 메시지에 특별히 주석을 달아야 할 경우에는 이를 쉬운 의미로 바꾸어 주는 해석자로 활약하였다(Bleicher, 1980: 11). 그의 사명은 해석하는 일(hermeneùein)이었다. 이로써 그는 해석의 과정에 개입하게 된다(Danner, 1998: 33). 결국 이렇게 본다면 해석학은 헤르메스의 해석행위에 대한 이론화 작업이다.

헤르메스의 구체적 역할은 신의 말씀이 품고 있는 '의미에 대한 해석' 이다. 이러한 해석은 인간과 인간 간의 언어가 가지는 의미에 대한 해석으로 전이된다. 의미를 이해하지 못하면 오해가 뒤따른다. 이러한 오해를 피하기 위해 우리는 서로의 언어(또는 기록)를 잘 해석해 내야 한다(Ebeling, 1959: 243). 이제 언어는 해석의 매개체가 된다.[1)] 이러한 의미에서 한스게오르크 가다머(1960)는 "언어는 해석이 그 안에서 완성되는 일반적인 매개물이며 해석의 성취방식은 해석" 이라고 했다 (Gadamer, 1960: 366).

그러나 우리는 언어를 통하여 상대가 의도하고 의미하는 것을 완전히 이해할 수는 없다. 그 이유는 무엇일까?

> "그것은 두 가지 이유 때문이다. 첫째, 언어는 알레고리아(allegoria), 즉 다른 의미를 지시하는(풍유하는) 알레고리일 수 있다. 언어는 그 스스로 말하는 것과 다른 것을 말할 수 있다. 둘째, 인간의 언어는 상징적 기호(semainon)의 일부일 수 있다." (김상환, 2000: 163)

이해의 문제는 행동에서도 대동소이하다. 행동의 상징과 의미가 불분명하기 때문이다. 그 이유는 무엇일까? 바로 '인간은 역사적 존재' (Dilthey, GS VII: 351)이기 때문이다. 역사적 존재라는 뜻은 서로 살아 온 역사가 다르기 때문에, 내가 완전하게 남을 알 수는 없다는 말이다. 즉, 나의 개성 있는 인식주체는 언제나 이미 나와 상이한 역사적 경험과 인식의 작품인 너와 나의 삶의 표현을 잘못 이해할 수 있다(오인탁, 1990: 222).

따라서 우리는 서로 간의 언어와 행동을 이해할 필요가 있다. 왜냐하면 오해는 항상 위험하기 때문이다. 이해함이 곧 삶이다.[2)] 그런데 이해는 온전한 해석을 통해서만 가능하다. 해석은 원칙적으로 이해를 목적으로 하며, 이해로 귀착되는 과정이다(Betti, 1972: 11). 이렇게 본다면 해석학(Hermeneutik)은 '이해(Verstehen, understand)' 에 대한 연구이며, 특히 텍스트에 대한 이해의 과업이다(Palmer, 1962: 8). 또한 해석학은 '해석의 기술(τέχνη ἑρμηνευτική : téchne hermeneutiké)' 이다(Danner 1998: 57). 즉, 이해의 기술(Kunst des Verstehens)이 해석(Auslegung)이다. 아울러 해석학은 의미의 해석에 관한 이론 또는 철학으로 정의된다(Bleicher, 1980: 1). 예를 들면, "그 말의 의미가 무엇일까?" 하는 물음은 해석학적 물음이다(Klafki, 1971: 142). 마지막으로 해석학은 '비판의 기능' 도 충실히 수행할 수 있어야 한다. 왜냐하면 해석을 하다 보면 비판이 요구될 때도 있기 때문이다. 결국 해석학이란 이해의 현상, 요소, 구조, 유형 및 가정 등을 연구하는 이론적-철학적 학문이며, 또한 이의 방법과 방법적 적용이 가능한 응용해석학의 모든 영역을 포괄한다(Diemer, 1977: 15).

교육학은 응용해석학의 영역으로서 '해석학적 교육학(hermeneutische Pädagogik)' 이다. 해석학적 교육학은 제반 교육현상을 이해하는 데에 해석학적 방법을 차용한다. 볼프강 클라프키(W. Klafki)에 의하면, 해석학적 방법이란 텍스트의 의미를 간주관적으로 검증 가능한 형태로 드러내고 이를 해명하는 탐구의 방법이다(Klafki, 1971: 126). 특히 해석학을 연구의 방법적 논리로서 적극 수용하는 교육(철)학은 빌헬름 딜타이(W. Dilthey)에 의해 정초되고 그의 후학들에 의해 계승 발전된 '정신과학적 교육학(Geisteswissenschafliche Pädagogik)' 의 영역에서 뚜렷하게 전개된다. 물론 딜타이에게 이해는 원칙적으로 '인간적인 것 (정신적인 것), 즉 행위, 언어적 형상 및 비언어적 형상' 모두에 지향된다 (Danner, 1994: 39). 그럼에도 불구하고 정신과학적 교육학은 "문헌적 텍스트(Schriftliche Text)의 해석으로만 해석학적 적용을 제한하여 왔다." (Danner, 1994: 57)는 비판을 받는다. 원칙적으로 해석학은 이해의 차원에서 볼 때 문헌적 텍스트 해석과 이해에만 그쳐서는 안 되고, 좀 더 넓은 의미에서 인간과 인간의 산물과의 관계 해석에 더욱 주력해야 한다 (Diemer, 1977: 146). 왜냐하면 삶이나 교육은 어느 순간에 정지되거나 완성되어 있는 것이 아니라, 끊임없이 역동적으로 그리고 복합적으로 진행되기 때문이다. 이에 대하여 오인탁은 다음과 같이 쓰고 있다.

> "…정신과학적 교육학이 지금까지 지나치게 역사적 (문헌적) 텍스트의 해석에만 치중해 왔음은 대단히 놀라운 사실이다. 사실상 정신과학적 교육학은 해석학적 탐구의 의미에서 이 시대의 교육적 실재라는 교육현실의 해석에는 대단히 등한시해 왔다. 만약 정신과학적 교육학이 이러한 두 지평의 과제를—(문헌적) 텍스트 해석과 교육실제(교육현실)의 해석—함께 다루어 왔더라면 정신과학적 교육학은 그 인식 이론과 방법론과 교육실천에서 훨씬 더 괄목할 만한 발전을 하였을 것이다."(오인탁, 1990: 226)

원래 해석학의 대상으로서의 텍스트(text)는 해석학의 연구 대상을 총칭한다. 이는 크게 '문헌으로 기록된 텍스트' 와 '삶이라는 역동성의 텍스트' 로 나뉜다. 다시 말하면, 해석학은 본래 문헌적 텍스트와 비

(非)문헌적 텍스트에 대한 해석을 모두 포함한다. 특히 교육학적 차원에서는 교육사, 교육고전, 교육적 기록 등 문헌(文獻 또는 文字言語)으로 정리된 텍스트의 해석과 교육적 삶, 즉 교육실제 또는 교육현실(Erziehungswirklichkeit)이라는 비문헌적 텍스트에 대한 해석과 이해가 해석학적 과제가 된다.[3)]

역사적으로 본다면, 해석학은 '방법' 이면서 동시에 '철학' 과 '비판' 의 역할 및 기능을 발전시켜 왔다. 특히 해석학을 방법론으로 발전시킨 학자는 정신과학의 창시자이며 정신과학적 교육학을 잉태시킨 빌헬름 딜타이다. 그러나 하이데거(M. Heidegger)와 가다머(H.-G. Gadamer)는 정신과학적 방법론으로서 해석학의 범주를 축소시킨 딜타이를 비판했다. 특히 가다머는 딜타이의 대리인 격인 에밀리오 베티(Emilio Betti)[4)]와의 논쟁을 통하여 '철학으로서의 해석학' 으로 해석학을 복귀시키고자 했다.[5)] 그러나 이러한 가다머의 관점은 하버마스(Habermas)와 아펠(Apel) 등에 의해서 또다시 비판을 받게 된다. 특히 하버마스에 의하면 가다머의 해석학적 철학은 이데올로기 비판을 간과하고 있다는 주장이다.[6)] 그러나 이 연구는 '방법론으로서의 해석학' 으로 연구의 범위를 제한한다.

2. 해석학의 뿌리: 역사적 전승

1) 고대해석학

해석학의 어원은 그리스어 *έϱμηνειν*이다. 이 단어는 플라톤의 저서 『에피노미스(*Epinomis*)』에 처음 나오는데, 신의 뜻을 헤아려 부연 설명하는 것을 뜻한다. 아리스토텔레스의 『오르가논(*Organon*)』에서도 이와 비슷한 *ἑρμηνειας*라는 용어가 나오는데, 이는 논리적 문법의 기술을 의미한다.

오늘날의 의미에서 해석학이라는 단어의 기원은 일반적으로 '해석하다'로 번역되는 그리스어의 동사형인 헤르메네웨인(hermeneuein)과 '해석'이라는 명사형인 헤르메네이아(hermenneia)이다(Palmer, 1969: 12). 여기서 헤르메네웨인은 첫째, 말하다(to say), 표현하다(to express), 진술하다(to assert)라는 뜻, 즉 공표하다(announcing), 둘째, 설명하다(to exprain), 셋째, 번역하다(translate)라는 의미를 갖는다(Palmer, 1969: 14-32). '헤르메네웨인'과 '헤르메네이아'라는 단어는 고대 플라톤, 아리스토텔레스를 위시하여 크세노폰, 플루타르크, 에우리피데스, 에피쿠로스, 루크레티우스 등 당시 많은 작가의 글에서도 나타나고 있다.

고대해석학은 문예해석(literary interpretation)과 문헌학(또는 古文書學)으로 시작되었다. 문예해석은 호머(Homer)와 같은 시인의 글귀를 '암송하고'[7] 이에 대한 주석(註釋, 부연설명 또는 해설)과 비평으로 이루어졌다. 이러한 주석이 한편으로는 수사학(rhetoric)으로, 다른 한편으로는 시학(poetics)이 발전되었다. 그러나 이러한 주석과 해설은 대부분 자의적-주관적으로 이루어졌기 때문에, 청중에게는 객관적 공감대를 형성하기 어려웠다. 심지어 수사학과 시학은 청중을 감동시켜 마음을 움직이려는 의도에 너무 집착되는 바람에 오히려 참과 거짓의 문제마저 도외시하고 말았다(Palmer, 1969: 21).[8] 따라서 사람들은 문헌을 좀 더 객관적으로 해석하고 싶은 욕망에 따라서 '원전대로의 검증'을 주장하기 시작했다. 이렇게 하여 '원전검증(textual verification)' (Bleicher, 1980: 11)이 이루어지기 시작한 것이다.

일반적으로 당시의 원전검증은 주로 원전(原典)에 사용된 언어, 즉 어휘, 문장, 문법 등에 대한 논의와 검토로 이루어졌다. 원전검증의 과정에서 원전(text)의 본래 의미는 스스로를 명확하게 하기 위해서 주석 같은 부연 설명이 필요했다. 반대로 어떤 구절은 심하게 논박당하거나 삭제되기도 했다. 특히 문예해석에서 집중적으로 다룬 원전검증은 나중에 문헌학(文獻學)을 탄생시키는 계기를 마련해 준다. 이러한 과정에서 문헌학은 권위 있는 고전 및 문학작품을 번역하는 데에서 나타나는 해석상의 문제에 더욱 체계적으로 관여하게 되었다.

고대 그리스 시대부터 시작된 이러한 문예해석과 문헌학적 주석기법은 '고전문헌으로 돌아가려던' 르네상스와 인문주의자에게 계승되면서, 서서히 '원전의 해석을 위한 방법론' 으로 자리 매김을 해 나갔다. 특히 고전문학을 재해석함으로써 인문학을 완성하고자 했던 르네상스 시대의 인문주의자에게 객관적인 고전(원전)해석의 방법은 절실했다. 따라서 이들은 전체 맥락에서 문헌의 한 구절구절을 해석해 보는 원전검증의 방식을 문헌해석의 원칙으로 채택했던 것이다. 이로써 개별적인 부분(어휘, 문장, 문법 등)은 반드시 '전체(텍스트)와의 맥락(의미 관련)에서' (재)검토되어야 한다는 '해석학의 원리' 가 성립되기 시작했다. 물론 이러한 문헌학적 해석방법은 '세속적 차원(profane dimension)' 에 국한되었다. 바로 이러한 문헌학적 해석의 전통이 뵈크(A. Boeckh)에 의해 '문헌학적 해석학' 으로 계승될 수 있었다.

2) 성서해석학

문헌해석에 대한 인간의 욕구가 더 구체적으로 적용된 시기는 종교개혁과 함께 비롯되었다. 이른바 성서해석학(biblical hermeneutics)의 출현이 그것이다. 당시 사람들에게는 하나님의 말씀을 담고 있는 성경의 구절을 어떻게 해석하느냐에 따라서 신앙의 방향과 목표가 달라졌다. 심지어 해석상의 차이로 인하여 종교적 운명까지도 달라졌다. 당시 종교개혁의 선봉인 마르틴 루터(Martin Luther) 목사의 충실한 추종자였던 마티아스 플라키우스(Matthias Flacius)는 성서(聖書)에서 두드러지게 눈에 띄는 모호한 부분을 해석함으로써 구교(舊敎)의 교리에 맞서게 된다. 즉, 그는 또 다른 해석(학)의 가능성을 열어 놓음으로써, 구교의 전통을 고수하고자 하는 트리덴타인 교회(Tridentine Church)의 도그마적 입장에 반대하는 결과를 초래하였다(Bleicer, 1980: 12).

초기 개신교도는 구교에서 숨기고 있었던 성서의 실체를 '전체적으로' 파악하는 일에 관심을 가지게 된다. 숨겨진 교리를 파헤치기 위해 이들은 성서(聖書)의 모든 구절에 정확한 주석을 다는 작업부터 시작하였다. 그런데 이러한 성서 주석의 과정에서도 '전체 속에서 부분을 이해' 한다는 해석학적 원리가 차용된 것이다. 즉, 해석학은 신성의 해석에서 시작하고 신성의 복원에서 완성되어야 한다(김상환, 2000: 161). 이로써 성서해석학의 전통이 수립되기 시작했다. 하나님의 말씀에 대한 제대로 '해석(解釋)하는 일' 은 하나님의 말씀을 '전체적으로' 이해하는 것이다. 즉, 고대 그리스 신화에서 전령의 신(神)이었던 헤르메스의 눈과 입을 가지고 사람들은 기독교의 유일신인 하나님의 말씀을 『성경(신약)』이라는 전체, 즉 텍스트 속에서 새롭게 이해하려고 했다.[9)]

플라키우스가 제시한 성서해석의 구체적인 절차는 다음과 같다 (Bleicher, 1980: 12).

1. 문법적으로 해석해야 한다.
2. 기독성에 대한 실제적인 생생한 체험에 의해 형성된 맥락에 대하여 참고해야 한다.
3. 무엇보다도 전체의 의도와 형식의 빛 속에서 한 구절구절을 숙고해야 한다.

성서 주석의 작업이 '기독성(Christentum)'이라는 전체성의 맥락에서 해석될 수 있다는 사실은 삶을 오로지 성전(聖典, sacred texts)에 의지하고 있었던 당시의 모든 사람에게 매력적인 일이 아닐 수 없었다. 특히 윤리적-교육적 관심은 이러한 성서 주석 및 해석을 통하여 더욱 명확한 목표 과제로 수용되었다. 당시의 추세는 각 교파가 나름대로 해석의 규칙체계를 적극적으로 발전시키는 것이었다. 따라서 가톨릭교회도 예외가 될 수는 없었다. 즉, 어떤 종교와 교파라도 하나님의 말씀 전체에서 말씀 한 구절구절을 파악하는 방식, 즉 "전체 속에서 부분을 이해한다."라는 해석학의 원리를 피해 나갈 수는 없었던 것이다.

교회와 해석학자가 성서해석학에 커다란 관심을 가지면서 해석학의 전통은 더욱 굳건해지기 시작했다. 1654년 단하우어(J. C. Dannhauer)가 쓴 『성서 주석의 방법으로서의 성서해석학(*Hermeneutica sacra sive methodus exponendarun sacrarum litterarum*)』[10]이라는 책은 '해석학'이라는 제목을 가진 세계 최초의 문헌으로 기록되어 있다(Ebeling, 1959:

243). 여기서는 해석학이 '해설로서의 주석'과 구별되고 있는데, 이 책이 나온 이후로 이 용어는 점점 더 빈번하게 사용되었다. 특히 독일에서는 지금까지 성서해석의 문제를 결정했던 구교가 권위를 상실하면서 프로테스탄트 계파의 목사에게 새로운 성서 주석과 해석의 매뉴얼은 커다란 도움을 줄 수 있었다(Palmer, 1969: 34). 그런데 여기서 중요한 사실은 이미 성서해석학의 전통은 처음부터 실제적 해설(actual commentary)인 주석(exegesis)과, 주석을 지배하는 규칙, 방법 및 이론으로서의 해석학이 구분되어 있었다는 사실이다(Palmer, 1969: 34). 물론 이렇게 '해석학'이란 용어와 개념적 의미는 비록 17세기부터 본격적으로 사용되어 왔지만, 실질적으로 내용 면으로 본다면 원본주석의 기능과 해석의 제반이론은—종교적, 문학적, 법률적이든—고대 심지어 구약성서의 시대까지 거슬러 올라갈 수 있다(Palmer, 1969: 35). 예를 들어, 에벨링(G. Ebeling)의 논문에서 보면, 모세의 율법을 해석하기 위한 규준이 당시에도 널리 알려져 있었음을 알 수 있다(Palmer, 1969: 35).

"(에벨링에 의하면) 최초의 이해의 현상은 언어에 대한 이해가 아니라, 언어를 통한 이해이다. 그러므로 말이란 것은 이해의 대상이 아니라 이해를 가능하게 하고 중재하는 무엇이다. 따라서 말 자체는 개인의 단순한 표현이라기보다는 두 사람을 필요로 하는 어떤 메시지로서, 자기의 본질을 통하여 경험에 호소하고 경험에 이르게 되는 상호교섭으로서의 해석학적 기능을 가지게 된다. 이런 관점에서 본다면, 해석학의 대상은 말 사건(word event)이라고 할 수 있다. 왜냐하면 이해는 상호교섭이 어떤 것을 기반으로 하여 일어날 때 가능하기 때문이다. 이해의 매개로서 해석학은 이해 가능성의 조건, 즉 말의 본질을 사유해 내고자 애써야 한다. 이해 이론으로서 해석학은 말의 이론이어야 한다…. 희랍어에 의거하여 에벨링은 해석학을 로고스(Logos)의 이론으로 본다. 왜냐하면 사물과 인식하는 주체 안에서 살고 있는 로고스는 이해 가능성의 조건이기 때문이다. 따라서 그의 신학적 해석학은 '신의 말씀의 이론' 으로 정의된다."(Betti, 1972: 36-37)

이러한 해석학의 확대 과정은 점차 문헌학자 아스트(Friedrich Ast)와 볼프(Friedrich August Wolf)의 문헌해석에 이어서 신학자 슐라이어마허(Friedrich Schleiermacher)의 '텍스트 해석학' 으로 계승되면서, 결국 '일반(문헌)해석학' 과 '특수(성서)해석학' 은 하나의 해석학 체계로 병합되기 시작한다. 이로써 고전적 해석학의 전통은 좀 더 체계적 틀로 접근될 수 있는 계기를 얻게 된다.

3) 법률해석학

인간에 대한 신과 하늘의 통치가 인간의 손으로 위임되면서 재판권(jurisdiction)도 이양되었다. 하늘의 섭리로 대변되던 규율, 규칙, 윤리, 도덕, 규범 등이 하늘(신)의 섭리로 수용되었다. 이는 차츰 인간이 신에 의한 재판권의 위임으로 제정되는 '법' 이라는 통합된 질서 규범으로 확립된다. 법에 대한 관심은 특히 재판의 과정에서 사건이 법리해석(法理解釋)에 근거하여 처리되도록 하였다. 과연 이 재판은 어떠한 법적 근거에서 이루어지고 있는가? 정의로운 재판은 어떠한 법적 규정이 적용될 때 가능한가? 한마디로 재판의 모든 절차와 재판권의 행사는 모두 법리해석에 근거하여야 했다. 이제 법의 규정과 재판권의 행사는 유일신 사상의 중세 기독교에서 더욱 확실한 근거가 된다. 교회는 교구(敎區) 단위로 성서에 나타난 하나님의 법, 즉 교리(敎理)에 근거하여 성서를 해석하는 일에 앞을 다투었다. 아울러 교회는 이를 근거로 통치하고 재판할 수 있는 제도적 기반을 갖추어 나가게 된다. 다시 말하면, 하나님의 법을 교회의 법으로 일반화(전환)하는 과정이 교리에 입각하여 이루어진 것이다. 즉, 법률의 일반성을 가진 특정한 경우를 조정하는 작업은 필연적으로 교리적인 전제하에서 진행된다(Bleicher, 1980: 13). 하늘과 하나님의 교리는 일정한 해석의 기준에 따라 법률로 제정된다. 결국 정의로운 재판과정에 대한 시민의 관심은 시민법(市民法)의 제정까지 강요했다. 역사적으로 볼 때, 중세 이후 유럽에서 시도된 각종 시민혁명의 결과로 제정된 시민법의 제정과 적용은 법률해석의 논리에 가장 유효한 해석의 규준을 제시해 준 사건이라고 할 수 있었다.

그런데 법률해석에서 가장 중요한 것은 '이해의 현실성' 과 '해석의 실천성' 이었다. 이해의 현실성이라는 규준은 해석자가 사상과 법 등의 발생을 재구성하여 변화된 상황에도 적합한 형식으로 적응시켜야 하는 필요성을 강조하며, 해석의 실천성은 해석의 과제에서 일어나는 문제가 다시 그 결과의 적용과 밀접하게 연결되어야 한다는 것을 의미한다(Bleicher, 1980: 13). 다시 말해서, 법률은 한번 해석되고 제정되었다고 그것으로 모든 것이 끝나는 것은 아니다. 오히려 법률의 제정과 적용에서 모든 당사자가 현실적으로 이해할 수 있어야 하며, 아울러 해석 결과가 현장에 적용되어 타당한 결과를 낼 수 있어야 한다. 결국 합리적인 법률의 제정과 적용을 위해서 '법리의 해석' 은 계속 순환적으로 보충되고 보완되어야 하는 것이다. 여기서 법률해석학은 서서히 '해석학적 순환'의 과제를 처음으로 인식할 수 있게 된다.[11)]

3. 정신과학적 해석학의 성립

1) 슐라이어마허의 해석학

(1) 언어해석학: 낭만주의적 전통

슐라이어마허(Friedrich Erst Daniel Schleiermacher, 1768~1834)의 해석학은 칸트의 선험철학과 레싱(Lessing), 헤르더(Herder), 셸링(Schelling), 슐레겔(Schlegel) 등에 의해 주도된 낭만주의(또는 역사주의)에 근거하고 있다. 그는 칸트의 선험철학에서 '법칙성'의 개념을 배웠다. 아울러 그는 역사주의로부터 역사의 과정에서 발생하는 모든 개체성과 전체성 사이의 관계에 대하여 더욱 명확히 개입하게 되었다.[12)] 그는 먼저 칸트에게서는 윤리시스템과 확고한 선험적 원리를, 반대로 헤르더에게서는 개별적 표현 속에 있는 실제적 역사세계를 이성적으로 보았다(Scholtz, 1995: 69). 그러나 그는 칸트와 헤르더에게서 첨예하게 대립하는 특징적 입장을 조정하고 결합할 수 있는 이론을 구축하고자 했다.[13)] 이러한 고민 속에서 드디어 그는 피히테(J. G. Fichte)의 '활동적 자아' 개념에 크게 자극을 받게 되었다. 결국 그는 우리의 모든 사유가 활동적이며 유기적으로 발전하고 있는 주체의 통일성에 관련되어야 한다는 해석학적 법칙을 발견하게 된다. 이로써 그는 낭만주의 해석학의 초안자가 된다.[14)]

슐라이어마허에 의하면, 해석학에서 전제되어야 할 것은 '언어' 이며, 모든 것은 '언어' 속에서 최초로 발견된다(Schreiermacher, Manuskript 1: 8). 따라서 슐라이어마허 해석학의 과제는 언어의 해석이었다(이규호, 1979: 246). 구체적으로 그의 언어해석은 문법적 해석(grammatical interpretation)과 심리적 해석(psychological interpretation)으로 구성된다(Bleicher, 1980: 14). 문법적 해석을 위하여 그는 모든 것이 저자와 독자간에 공유하는 언어를 해석해야 하며, 아울러 모든 언어(또는 단어)의 의미는 주변의 언어와 직접 연관되어 의미 해석되어야 한다는 원칙을 기반으로 44개의 해석 기준을 마련하였다. 또한 그는 심리적 해석을 위해서는 저자의 전체적 삶 안에서 발생하는 사상적 발현을 중시하면서 언어 사용을 해석하도록 주문했다. 다시 말하면, 그는 해석학이 사유의 내적 형성과정, 즉 심리적 과정까지 다루어야 한다는 것이었다. 왜냐하면 그에게 '언어는 사유의 통로' 였기 때문이다. 슐라이어마허는 이 사유의 내적 형성과정을 다음과 같은 순서로 설명한다.

> "첫째로 핵심판단(Keimentschluss)의 발견 곧 사유의 방향과 핵심의 성립이다. 그다음이 그 핵심판단의 객관적 실현으로서의 구성의 이해, 마지막으로 이 구성의 과정적 실현으로서의 성찰(Meditation)의 이해이다. 사유는 이렇게 내적으로 형성된다. 이렇게 형성된 사유는 다시 후속적인 발전을 위해서 다른 사유와 결합된다. 이해의 이러한 분석을 그는 심리적 해석(Psychologische Auslegung)이라고 한다."(이규호, 1979: 248)

이러한 의미에서 우리는 슐라이어마허의 해석학을 '체계적 해석학(systematische Hermeneutik)' 이라고 부른다. 이로써 그는 이해의 프로세스를 처음으로 구체적인 일상 언어의 해석과 결부시켰다. 이것은 그의 해석학적 성과를 탁월한 학문으로 인정받게 한 근거이기도 하다.

슐라이어마허는 이렇게 자신이 체계화한 규준을 적용함으로써 텍스트에 대한 좀 더 체계적인 이해가 가능할 것으로 확신했다. 이는 '이해의 언어성' 을 강조한 낭만주의자였던 헤르더의 영향이었다고 할 수 있다.[15] 아울러 슐라이어마허는 이러한 체계적 해석을 통하여 "해석자는 저자가 스스로를 이해하는 것보다 그를 더 잘 이해할 수 있다."라고 했다(Bollnow, 1968: 250). 왜냐하면 해석자는 해석하기 이전에 이미 자신만이 경험한 역사적 지식과 언어적 지식을 가지고 있기 때문이다.

슐라이어마허가 "독자가 저자보다 더 잘 이해할 수 있다."라는 주장을 하게 된 것은 피히테의 '영혼(seele)' 개념을 이해하면서 가능했다. 피히테에게 영혼은 무의식의 세계를 의미하는데, 무의식의 영혼이 의식이 되어 바깥으로 빠져 나올 때 우리는 잠재의식미저 이해할 수 있다. 한마디로 저자의 영혼, 즉 저자의 무의식(無意識)은 독자의 해석에 의해서 의식(意識)의 세계로 나온다. 바로 이러한 과정에서 저자의 무의식이 의식으로 드러날 때, 독자는 저자보다 더 잘 이해할 수 있는 것이다(Dilthey, XIV: 707). 일반적으로 낭만주의자는 무의식을 직관으로 가능한 그리고 전혀 오류가 없는 세계로 보았다. 이러한 의미에서 슐라이어마허는—만약 우리가 해석을 통하여 무의식의 세계를 의식의 세계로 드러나게 할 수 있다면—해석이 완성된 삶의 이해를 위한 기술이 될 수 있다고 확신하였다. 결국 이렇게 하여 슐라이어마허는 그가 예감적인 것이라고 보았던 심리적 해석으로서 문법적 주석을 보완했던 것이다(Bleicher, 1980: 15).

(2) 방법론적 고찰

해석학의 역사에서 최초로 '인식론적인 고찰'을 방법론적 논의 가운데로 포함시키려고 했던 사람이 바로 슐라이어마허이다(Bleicher, 1980: 13). 그는 먼저 해석학을 해석법(Auslegungslehre)이라고 하면서, 성서나 기타 고전의 가장 정당한 이해를 위한 방법을 연구하는 것이라고 생각했다(이규호, 1979: 245). 물론 슐라이어마허의 작품에서 나타난 해석의 기술은 고대 희랍적 사유에 근원을 두고 있다(Bleicher, 1980: 2). 그러나 고전적 해석학은 말 그대로 해석학의 뿌리지만 해석학적 절차의 한계와 타당성이 입증되는 이론적 틀을 충분히 규명할 수는 없었다. 결국 해석학은 슐라이어마허를 기점으로 '방법론으로서 새로운 차원'의 형태를 갖추게 되었다고 할 수 있다.

슐라이어마허는 방법론으로서의 해석학을 성서교리해석에 토대를 두었다. 그러나 해석학의 실제 적용에 대한 그의 관심은 차츰 '일반해석학(allgemeine Hermeneutik)'의 근거마련에 집중되었다. 이로써 그는 일반해석학의 초안자가 되는데, 이는 그의 해석학이—신학이 아닌—철학적 관심의 대상이 되는 중요한 이유이기도 하다(Scholtz, 1995: 198). 일반해석학은 성서와 같은 특정한 권위를 부여받은 책에다 적용하는 특수한 방법론의 사용을 허락하지 않는다(Bleicher, 1980: 15). 이는 일반해석학이 특수해석학의 영역을 대신하거나 아니면 불필요한 것으로 제외한다고 이해해서는 안 되며, 오히려 일반해석학이 '과학적(학문적) 기초'를 획득하는 것을 의미한다(Scholtz, 1995: 198). 결국 그는 일반해석학의 추구를 통하여 해석의 방법을 객관화하고 체계화함으로써 현대 해석학의 기초를 세워 나갔다. 그러나 물론 그의 일반해석학 속에는 신학적 특수해석학의 근본모습도 정주되어 있다(Scholtz, 1995: 198). 따라서 그의 일반해석학은 특수를 포괄하는 일반성을 지향한다.

(3) 해석학적 순환의 요청

슐라이어마허는 이해의 과정을 과학적으로 분석하고 그 가능성과 한계를 탐구한 최초의 해석학자라고 할 수 있다. 해석학을 과학으로 정초하고자 했던 노력은 이미 문헌학자 아스트(1808)와 볼프에 의해 시도된 바 있다(Bleicher, 1980: 13). 특히 볼프는 해석학을 "기호들의 의미를 알려 주는 규칙에 관한 과학"(Bleicher, 1980: 260)으로 정의했다.

슐라이어마허에게서 이해는 '창조적 재구성'이다. 따라서 해석학은 과학인 동시에 예술이며, 본래의 창조행위, 즉 '어떻게 그것이 실제로 그럴 수 있었는가.' 하는 문제를 재구성하려는 열망이다(Bleicher, 1980: 15). 그에 의하면, 해석자는 가능한 한 저자의 정신적-영혼적 수준을 포괄하는 지적 수준에 접근해야 한다(Bleicher, 1980: 15). 또한 그는 시대와 지역에 따라 떨어져 있는 사람 사이에서도 해석의 질적 수준이 유지되어야 한다고 생각했다. 이는 성공적인 상호작용을 통하여 우리가 일반적인 인간 본성을 이해할 수 있다는 그의 확신에서 비롯된다. 즉, 다른 사람의 관점에서 사물을 바라봄으로써 다른 사람을 이해하는 것은 자신의 내부에서 정신적 프로세스를 강화시키고 강조하는 것이다(Bleicher, 1980: 16).

한편 슐라이어마허의 '해석학적 순환'의 요청은 언어 의미의 통일성을 추구하는 과정에서 나타난다.[16] 이에 대하여 키머레(H. Kimmerle)는 다음과 같이 언급하고 있다.

"모든 낱말은 하나의 보편적인 의미영역을 가지고 있다. 그런데 이 의미영역은 그대로 발견되는 것이 아니고 그 낱말의 여러 가지 사용 경우에 의해서 나타나게 된다…. 이러한 낱말의 의미영역은 낱말의 본질적인 통일성이다. 이러한 본질적인 통일성이 합리적으로 파악되지 않으므로 구체적인 해석의 과정에서 해석자는 어려운 순환(Zirkel)에 빠지게 된다. 말하자면 언어의 의미는 하나하나의 경우에 의해서 그 전체적인 의미영역을 이해하게 된다. 또한 그 언어가 구체적으로 사용된 하나하나의 경우의 의미는 다시 그 전체적인 의미영역을 통해서 비로소 이해되는 것이다. 그런데 슐라이어마허에 의하면 우리는 이러한 순환을 다음과 같이 극복할 수 있다는 것이다. 하나의 낱말이 구체적으로 사용되어 있을 때, 그 낱말이 들어 있는 문장 전체에서 그리고 그 낱말이 사용된 알려져 있는 다른 경우와의 비교를 통해서 우선 그의 보편적인 의미영역을 획정해 보는 것이다. 이렇게 해서 획정된 의미영역을 해석의 출발점으로 해서 이를 통해서 특수한 경우가 파악되어야 한다는 것이다. 모든 언어의 의미에서 언제나 그 언어의 보편적인 의미와 특수한 의미가 상호의존하게 되는데, 이것을 슐라이어마허는 의미개성(Bedeutungsindividualität)이라고 한다. 그에 의하면, 이러한 보편적 의미와 특수한 의미의 상호의존을 변증법의 원리에 의해서 정리 혹은 그의 말대로 구성(Konstruieren) 하는 것, 그것이 이해라는 것이다…. 그런 근거에서 슐라이어마허는 내가 구성할 수 없는 것은 아무것도 나는 이해하지 못한다고 했다. 따라서 이해한다는 것은 스스로 구성한다는 것이다."(이규호, 1979: 246-247)

결국 슐라이어마허에게 언어의 이해는 보편성과 특수성의 통일을 (재)구성하는 것이다. 그런데 이해는 항상 동시에 오해를 의미한다(백승영, 2000: 122). 왜냐하면 일반성의 추구라는 성향 때문에 언어는 개별적 인간의 체험의 다양함과 차이를 표현할 수 없기 때문이다. 따라서 '해석학적 순환' 은 이해를 위한 필수적 과정이 된다.[17)]

이로써 슐라이어마허의 해석학은 고전적 해석학에서와는 달리 과학으로서 가능성을 위한 획을 그어 냈다고 할 수 있다. 그럼에도 불구하고 그의 해석학은 처음부터 한계를 안고 출발하고 있다. 이에 대하여 키머레는 자신의 저서 『슐라이어마허의 해석학(*FR. D. E. Schleiermacher Hermeneutik*)』(1958)에서 다음과 같이 지적하고 있다.

"그러나 슐라이어마허의 해석학에 대한 기본사상에 의하면, 해석학적인 방법은 결코 이해해야 할 대상의 역사적 특수성을 다룰 수는 없다는 것이다. 그는 보편적으로 파악한 이해의 프로세스는 그 대상의 특수한 역사적인 제약에서 자유로워야 한다는 것이다. 슐라이어마허는 "우리는 항상 직접적인 독자가 되어서 그 뜻을 이해해야 한다."(Manuskript 1: 4)라고 주장한다. 이해해야 할 대상에 대한 역사적 지식은 그에 의하면 직접 이해과정과는 상관이 없다. 그는 이해의 대상은 하나의 자율적인 과정으로서 그 자체의 보편적인 법칙을 갖고 있다고 생각했다. 그는 대상의 역사적인 관련에 대한 지식이 바로 이해의 프로세스 자체에 속한다는 것을 인정하지 않았으며 그러한 역사적인 지식이 이해를 위해서 결정적인 역할을 한다는 것을 알지 못했다. 또한 슐라이어마허의 해석학을 위해서 특징적인 것은 그는 이해의 현상만을 주목하고 그 이해된 것의 표현(Darstellung)은 문제 삼지 않았다는 것이다. 그는 이해를 하나의 자율적인 현상으로 파악하려고 함으로써 이해와 표현의 관계를 분리시켰다. 그런 연유로 여기서는 역사적인 거리가 무시되고 과거의 사실에 전적으로 몰두하게 된다. 따라서 참다운 이해의 본질적 사실, 인간은 그의 상황에서 결코 분리될 수 없다는 사실, 인간은 그의 상황 속에서만 이해하려는 대상에 접근할 수 있다는 사실이 망각되었다."(이규호, 1979: 245-246에서 재인용)

한마디로 슐라이어마허의 해석학은 역사와 역사성에 대한 인식은 충분했지만, 역사적 차원의 정신(Geist)보다는 이성(Vernuft)에 비중을 둔 체계철학(체계적 인식론 또는 윤리학)으로의 경향성을 좀 더 견지했다고 할 수 있다.[18] 구체적으로 역사적인 삶의 체험이 표현으로 이어지는 과정에서 역사성보다는 전체성에 더 중점을 두었으며, 그럼에도 불구하고 이러한 역사적 개체성과 전체성과의 의미관련에 개입되는 정신의 객관성 또는 객관정신의 문제가 소홀하게 다루어졌다. 바로 이러한 문제에 관심을 갖고 정신의 과학성을 파악함으로써 이해를 완성하려고 했던 사람이 빌헬름 폰 딜타이였던 것이다. 딜타이는 주관적-역사적 체험이 (객관적) 표현으로 이어지는 과정에서 전체성이라는 우산하에서 드러나는 정신의 객관성이야말로 '정신의 과학성' (정신과학)에 정당성을 부여할 수 있을 것으로 믿었던 것이다.

2) 딜타이의 정신과학적 해석학

(1) 정신과학과 해석학

뉴턴 과학을 시대정신의 모델로 삼은 칸트의 순수이성비판은 계몽주의의 시대적 한계였던 '이성=과학의 만능' 이라는 등식을 극복하기 위한 중요한 시도이기는 하지만 결정적으로 논리와 윤리를 분열시킨 철학이 되고 말았다.[19] 그러나 역사이성은 순수이성을 포괄한다(Bleicher, 1980: 19). 빌헬름 딜타이(Wilhelm Dilthey, 1833~1911)의 '역사이성비판'[20]은 '칸트의 순수이성비판에 대한 비판' 이다. 딜타이는 칸트가 감정과 행위에 대한 욕구를 무시함으로써 '자아라는 전체' 를 고려하지 못했다고 비판하였다. 한마디로 딜타이에 의하면 칸트의 맹점은 삶에 대한 비역사적 접근방법에 있다. 논리와 윤리의 칸트적 분열에도 불구하고 이론과 실천을 재결합시키려는 딜타이의 시도는 과학의 개념을 확장시키는 것으로 과학에 새로운 인식론적 근거를 마련해 주는 것이다(Bleicher, 1980: 22).

딜타이는 보편타당한 지식이 정신(삶)의 영역에서 개념화된 현상과 내적 체험에서 과학이라는 경로를 통하여 도출될 수 있다고 생각했다. 즉, 체험은 극히 주관적이며 협소하지만, 그러한 체험을 객관적으로 이해함으로써 우리는 삶(정신)을 이해할 수 있게 된다. 딜타이는 "이해는 체험을 전제한다. 그러나 이해는 체험의 협소함과 주관성으로부터 전체와 일반의 영역 안으로 들어갈 때 비로소 삶의 경험이 된다."(Dilthey, GS VII, 1968: 143)라고 말한다. 달리 말하면, 주관적 체험은 객관적으로 표현되고 이해될 때 진정한(객관적) 경험이 된다. 삶은 이미 과거가 체험된 삶이다. 따라서 우리는 일단 (주관적으로) 체험된 삶에 의존해서 (객관적으로) 이해한다. 이러한 근거에서 딜타이에게는 '체험(Erlebnis)'이 삶의 최소단위가 된다.[21] 결국 주관적 체험을 (객관적으로) 이해하는 학문이 바로 정신과학이다. 따라서 정신과학은 인간의 체험을 해석하는 과제를 떠맡게 된다. 왜냐하면 인간의 '주관적 체험' 이 궁극적으로는 '객관적으로 이해' 되어야 하기 때문이다.

딜타이는 정신의 활동을 더 잘 해석하고 이해하기 위하여, 한편으로는 헤겔의 역사이성에, 다른 한편으로는 칸트의 오성에 의존하고 있다. 딜타이는 칸트에게서 형이상학적 추론에 대한 이론을, 헤겔에게서는 역사에 관한 그의 관심, 즉 '사유의 역사성' 이라는 관점을 수용했다(Bleicher, 1980: 19). 물론 딜타이는 세계정신이 자기 자신으로 복귀한다는 헤겔의 목적론적-신학적 가정은 거부한다. 또한 딜타이는 칸트의 선험적 진술 대신 우리가 행동하고 생각하는 조건에 대한 심리학적-역사학적 연구를 선택했고, 칸트의 '선험적 자아' 를 '경험적 자아의 전체성' 으로 대치했다(Bleicher, 1980: 20).

한편 삶의 철학(Lebensphilosophie)은 딜타이로 하여금 이미 '자연과학' 으로부터 인간과학, 즉 '정신과학' 을 구별해야 하는 결정적 단서를 제공했다.[22] 왜냐하면 인간의 삶을 구성하는 정신세계는 자연의 질서와는 다른 인과 목적론적 관련을 형성하고 있기 때문이다(Dilthey, GS IX: 179).

딜타이의 정신과학은 접근방법에 따라서 체계론(system theory)과 구조론(structure theory)으로 양분된다. 전자는 사회의 외적 조직에 관한 이론으로서 문화체계와 사회조직체계 사이에 존재하는 객관 정신의 영역을 다루고 있으며,[23] 후자는 개인의 내적인 삶에서 의미를 포함하고 있는 정신구조(Struktur des Geistes)의 중요성을 강조한다.[24] 또한 그의 정신과학은 '체계적 정신과학'과 '역사적 정신과학'으로 구분된다. 전자는 객관화의 지속을 위한 어떤 형식(Formen)을 취하도록 요청되는 삶의 과정에 중점을 두며, 후자는 역동적인 인간의 행위 또는 그러한 행동의 구조에 대한 이해(Verstehen)에 관련된다. 왜냐하면 역사적 존재로 태어나는 인간의 삶은 역사 속에서 쉴 사이 없이 흐르는 가운데에서 자신을 표현함으로써 '형식'으로 객관화되기 때문이다. 이러한 객관화의 형식을 지속적으로 파괴하면서 삶은 확대된다. 한마디로 인간의 삶은 끊임없이 흐르는 가운데 자신을 표현함으로써 형식(Form)으로 객관화되고 또한 이 형식을 깨고 확대해 가는 '역사적 존재'이다(Dilthey, GS VII: 351). 따라서 딜타이에게 '삶은 곧 역사'(Dilthey, GS VII: 291)가 되는 것이다. 달리 말하면, 인간은 역사 속에서만 존재하고, 역사 속에서만 인식한다(Dilthey, GS V: 279). 이러한 과정은 주관적 체험이 객관정신의 도움으로 객관적으로 표현되었다가 다시 그것이 주관적으로 (추)체험되는 경로와 일치한다. 결국 삶은 부단한 자기형성을 계속하기 위하여 '주관화-객관화의 관계'의 지속적인 긴장관계로 존재한다. 그러나 여기서 형식은 삶을 단순히 설명하는 도식이라기보다는 삶 자체의 형식이다.[25] 다시 말하면 형식은 삶을 해석하는 기준이 아니라 삶에서 형성되면서 동시에 삶을 파악하도록 하는 소위 '구조관련의 개념'이다. 이러한 맥락에서 딜타이는 "삶은 삶 자체에서 스스로 파악되고 이해된다."(Dilthey, GS VII: 136)라고 한다. 왜냐하면 삶은 역사적이기 때문이다(Dilthey, GS VII: 291). 삶은 역사이다. 즉, 삶은 역사 속에서 성장하기도 하고 파멸하기도 하면서 끝없이 역사 속에서 삶은 스스로 전개된다.

삶이 역사라는 것은 "삶의 범주가 곧 역사의 범주"(Dilthey, GS VII: 362)라는 뜻이다.[26] 우리는 역사의 범주를 해석함으로써 삶을 이해할 수 있게 된다. 딜타이는 "인간은 역사 안에서만 인식될 수 있다. 인간은 결코 성찰을 통해 인식될 수 없다."(Dilthey, GS V: 279)라고 말한다. 달리 말하면, 역사의 이해에서 인간은 스스로를 이해한다(Bultmann, 1958: 139). 한마디로 인간은 오로지 역사해석을 통해 자아 인식에 도달할 수 있다. 이로써 딜타이는 이해의 목표에 도달하기 위해 '해석학'에 의존하게 되는 것이다.[27] 이해를 위해 우리는 역사성을 끌고 가는 삶의 역사적 흔적 자체를 해석할 수밖에 없다. 이러한 역사적 삶의 해석은 결국 삶(정신)을 객관적으로 파악하게 하는 과학적 접근, 즉 정신과학을 가능하게 한다. 이러한 의미에서 딜타이의 정신과학은 '역사적 정신과학(historische Geisteswissenschaften)'이 되며, 해석학은 정신과학의 방법론이 된다.

> "딜타이가 해석학을 정신과학의 방법론적 기초라고 보았으며, 이해를 정신과학의 구성적인 방법으로 파악하였다. 그리하여 슐라이어마허가 '이해의 예술론'으로 구상한 해석학이 딜타이의 노력을 통하여 정신과학의 방법론으로 발전하였다."(오인탁, 1990: 144)

결국 19세기 말 '정신과학들(Geisteswissenschaften)'[28]이라는 용어와

개념을 '학문적으로 재창조하고 재구성한'[29] 딜타이는 '해석학적 방법'의 도움으로 '정신과학'을 완성할 수 있을 것이라는 확신을 가지고 있었던 것이다.[30] 왜냐하면 과학이란—자연과학이건 정신과학이건—반드시 가설을 입증하기 위한 적절한 '방법(Methode)'을 가지고 있어야 하기 때문이다. 해석학 역시 과학(science)인 동시에 기술(art)이다(Bleicher, 1980: 15).

(2) 정신과학적 방법론으로서의 해석학[31]

① 설명과 이해

딜타이에게 '설명'은 실증주의자가 '역사적 학문들(historische Disziplinen)'에 응용한 자연과학적 인식의 방법이다. 반대로 '이해'는 첫째, 직관과 통찰의 방법, 둘째, 역사 및 사회현상의 일회적 사건을 인식하는 방법, 셋째, 감성적 직관에 논리적 사고과정도 포함되는 통합적 방법, 넷째, 타인에 대한 주관적 공감의 방법, 다섯째, 나의 체험과 타의 체험 간의 내적 연관성을 인식하고, 이를 추체험하여 재구성하는 방법을 말한다. 결국 딜타이에게 자연과학적 방법인 '설명'과 정신과학적 방법인 '이해'는 대립관계로 나타난다.[32] 즉, 그는 자연과학에 대한 정신과학의 독자성을 증명하려는 의도를 가지고 두 과학을 현저하게 대립시키며(『정신과학서설(*Einleitung in die Geisteswissenschaften*, 1883)』), 이것들의 대상과 방법을 원칙적으로 구분했다(한국철학사상연구회 편, 1989: 300).

"'자연'은 항상 우리와는 낯선 것으로 인간과 간격을 두고 마주 서 있다. 우리는 그러한 자연에 대해서 한눈으로 개괄할 수 있도록 그리고 지배가 가능하도록 하기 위해서 보편타당한 (인과)법칙을 확립하려고 한다. 그 법칙의 도움으로 아직 알려지지 않은 모든 현상을 우리는 그 법칙의 기초 위로 환원함으로써 '설명' 하려고 한다. 반면 '정신' 은 인간이 만들어 낸 세계로서 우리와 마주 서 있는 것이 아니라 인간의 내부에서 완전히 투영된다. 우리는 그것의 모든 지체(肢體)의 내적 관계를 '의미관련의 구조' 안에서 '이해' 한다."(Bollnow, 1981: 121)

한마디로 자연은 인과법칙 속에서 우리에게 나타나고, 인간의 삶과 정신현상은—주로 역사와 문화 속에 투영되어 있지만— '의미관련(Sinnzusammenhang)' 을 통하여 우리에게 다가온다(Danner, 1994: 27). 이해란 외부에서 감각적으로 주어진 기호로부터 하나의 내면적인 것, 즉 의미를 인식하는 과정이다(Dilthey, GS V: 318).

결국 이러한 맥락에서 딜타이는 "자연은 설명하고 정신생활은 이해한다."(Dilthey, GS V: 144)라고 선언한다. 이로써 그는 정신과학의 방법적 독자성을 주장하고 나선다.[33] 이제 '설명' 이 자연현상의 제반원리를 일반화하는 법칙정립의 방법이라면, '이해' 는 개개의 것을 역사적이고 유일회적인 것으로 파악하는 개성(個性)기술적 방법이다.[34] 역사 속에서 발생하는 정신현상은 모두 상대적이고 또한 유한(有限)하기 때문에 개별사건은 저마다 '개성' 을 가진다. 이들이 모여서 역사는 개별적 다양성을 가지게 된다. 그러나 이러한 개별적 다양성은 개별적으로 분석될 수 있는 것이 아니다. 왜냐하면 이러한 개성은 역사라는 흐르는 전체 속에서 서서히 드러날 수밖에 없기 때문이다. 따라서 역사적

이기 때문에 유(有)일회적일 수밖에 없는 인간(삶)은 설명될 수 없다. 정신은 이해될 뿐이다. 따라서 정신의 이해를 위해 정신과학은 해석학의 도움을 요청하게 되는 것이다.

이로써 슐라이어마허 이후 약 50여 년 동안 해석학은 신학과 문헌학에 연관된 해석의 새로운 체계에서 새로운 과학, 이를테면 정신과학(Geisteswissenschaften)의 방법론으로 발전했다(Bleicher, 1980: 16). 즉, 해석학 개념은 자연과학에서 정신과학을 독립시키는 도구로서 새로운 활동성을 얻게 되었다(Scholtz, 1995: 9). 이로써 모든 것을 이해하기 위한 전제 조건을 마련해 준다는 종전 해석학의 주장은 역사적 사건의 방법적인 재구성에서 객관성의 보호막으로 전환되었고 정신과 정신적 표현의 영역으로 실증주의자의 침입이 거절당할 수 있는 토대를 마련해 주게 되었다(Bleicher, 1980: 16).

설명과 이해의 본질적 차이는 현실에 나타나는 사물, 사실 그리고 과정 등이 어떤 다른 '의미'를 가질 수 있다는 사실에 기인한다(Danner, 1994: 16). 다시 말하면, 모든 삶의 현상이 모두 같은 의미를 가지고 있는 것은 아니라는 사실이다. 예를 들어, 우리의 몸짓은 손과 팔 및 근육의 움직임, 에너지의 사용 등의 역학관계가 물리적-기계적 또는 해부학적으로 설명될 수 있다. 그러나 그 몸짓이나 제스처의 '의미'는 사람에 따라서 그리고 시공간의 상황과 맥락에 따라서 모두 다를 수 있다. 따라서 그 의미는 설명의 대상이 아니라 이해될 수밖에 없는 것이다. 물론 밀물과 썰물, 지구와 달의 인력관계 같은 자연현상은 자연의 법칙에 따라서 기계적으로 '설명'될 수 있다(Danner, 1994: 15). 그러나 그 안에서 살고 있는 우리의 삶은 동서고금을 막론하고 제각각 다른 의미를 담고 있다. 어떤 사람은 달을 향한 자신의 기원에 소중한 의미를 담고 있을 것이며, 어떤 사람에게 이런 일은 별 의미가 없다. 자연에 내던져져 있는 돌은 자연과학적으로 분석될 수 있으며, 무게, 범위, 낙하속도, 화학구조에 대해서 측정과 설명이 가능하다. 그러나 그 돌에 부여하는 의미는 모두 다르다. 또한 모차르트나 베토벤의 음악을 악보, 멜로디, 템포 등으로 사람들에게 일률적으로 설명할 수는 있지만, 그 음악이 가지는 의미는 사람마다 모두 다르다. 바로 이러한 의미와 역사적-공간적 의미관련이 이해의 대상인 것이다.

이해는 어떤 것을 어떤 것(인간적인 것)으로 인식하고 동시에 그의 의미를 파악하는 것인 데 반해, 설명은 사실을 원인에서 추론하는 것이다(Danner, 1994: 19). 즉, 원칙에서 주어진 것은 추론하는 것이 설명이다. 따라서 딜타이는 인간의 삶은 결코 설명으로 충분하지 않으며, 반드시 이해에 의해서만 해명될 수 있다는 주장을 하게 되는 것이다. 학교에서 말썽을 피우는 아이의 행동이 도식적-기계적으로 설명될 수는 있지만, 아이의 행동의 의미와 의미관련을 이해하는 것은 쉽지 않다. 만약 우리는 아이가 하는 행동의 의미를 오점 없이 완전히 해석해 낼 수 있을 때, 아이의 삶을 오해 없이 완전히 이해하는 것이다. 이러한 이해 위에서 비로소 우리는 제대로 된 교육을 행할 수 있다.[35] 따라서 정신과학의 목표는 삶의 의미를 이해하는 것이다. 물론 이러한 이해는 삶이 표현하는 의미를 하나하나 해석하는 과정을 통해서 발생한다. 따라서 이러한 차원, 즉 의미를 이해하는 것이 해석학적 과제가 된다(Danner, 1994: 28).

② 초보적 차원의 이해와 고차원의 이해

위에서 본 것처럼, 해석학적 이해는 한마디로 '의미이해' 이다 (Danner, 1994: 32). 우리는 심리학적 감정이입 또는 타자에게의 자기몰입만으로는 해석학적 이해를 완성할 수 없다. 물론 이들 역시 이해방법의 특수한 사례임에 분명하다. 그러나 감정이입이나 동감 같은 심리학적 차원에서 완전한 이해가 끝나는 것은 아니다.

딜타이는 '초보적 차원의 이해' 와 '고차원의 이해' 를 구분하였다 (Danner, 1994: 36). 초보적 차원의 이해는 개별적 표현을 하나하나 이해하는 것이며, 고차원의 이해는 전체와의 관련 속에서 개별적 체험을 이해하는 것을 말한다. 따라서 전자는 '심리학적 이해' 이며, 후자는 '의미-이해' 를 말한다.

우선 '초보적 차원의 이해' [36]는 의식적으로 이해하려는 노력이 없이도 모종의 사실이해와 함께 발생한다. 예를 들어, 교사는 아동의 웃음을 직접 그 자체로서 그리고 기쁨의 표현으로서 지각할 수 있다. 그러나 어떤 특정한 아동이 항상 다시 웃고 이 때문에 교사에게 그가 비정상적으로 보이기 시작한다면, 교사는 가능한 한 아동의 웃음 이면에 숨어 있는 근저를 파악하고자 할 것이고 이 아동의 웃음이 주는 의미를 진지하게 이해해 보려고 할 것이다. 교사는 우선 아동의 부모에 대해서 알고 싶어 할 것이고 또한 그가 자란 환경 및 교우 관계, 성격, 취미, 형제관계, 가정생활, 집안의 내력 등에 대해서 알아보려고 할 것이다.

고차원의 이해는 초보적 이해 위로 증축되며 개별적 아니면 일반적인 삶의 관련성을 제도해 낸다. 그러나 이해의 과정은 고차원의 이해에서나 초보적 차원의 이해에서나 원칙적으로 같다(Danner, 1944: 37). 물론 해석학의 최종 목표는 고차원의 이해이며, 이러한 이해야말로 해석(학)의 중심이다. 그럼에도 불구하고 고차원의 이해는 초보적 차원의 이해를 토대로 한다. 그런데 초보적 차원의 이해에서는 의미의 우연성이 작용할 수 있지만, 이로써 고차원의 이해가 보장되는 것은 아니다. 또한 고차원의 이해는 주관성 내지 주관적 감정이입에 의해 좌우될 수 없다. 따라서 딜타이에게는 '지속적으로 고정되는 삶의 외현(객관물)'이 중요하게 되는 것이다. 고차원의 이해가 해석학의 핵심이고 고차원의 이해를 이루기 위해서는 가능한 한 우리는 의도적으로 삶의 외현(표현)을 고정시킬—우연적으로 날아가지 않도록—필요가 있다. 아니면 순간순간에 고정적으로 표현되는 삶의 외현을 해석의 대상으로 붙잡는 것이다. 특히 '기록된 증거물' 이나 '역사적 기록' 등은 중요한 해석의 대상이며 고차원적 이해를 가능하게 해 준다(Danner, 1994: 38). 이것들이 이해의 대상으로서의 '객관(objektives)' 이 되는 것이다.[37)]

딜타이는 이해가 초보적 차원에서 고차원으로 전이될 수 있는 근거를 '간주관적 상호 이해' 의 가능성 속에서 찾고 있다. 나와 타자 간의 이해가 이루어진다면 간주간적인 상호이해가 가능해진다. 그렇다면 이러한 간주관적 상호이해의 근거는 무엇인가? 그것을 딜타이는 '공통의 기질(Kongenialität, congeniality)' 또는 간단하게 '공통성' 이라고 한다(Danner, 1994: 68). 이러한 공통성의 기반 위에서 나는 타자의 삶과 삶의 표현을 이해할 수 있는 것이다. 물론 이러한 공통의 기질은 우리 인간의 삶이 본질적으로 공통성이라는 자양분에서 생성된다는 딜타이의 삶의 개념에서 도출된다. 딜타이의 삶의 개념은 다음과 같이 세 가지 차원으로 이해된다(Bollnow, 1980: 43–44).

1. 삶은 개개인의 개인적 현존만이 아니라, 좀 더 근원적으로 본다면 인간을 구속하는 삶의 공통성을 의미한다.
2. 삶은 고립된 주체가 아니라, 자아와 세계를 공통으로 포괄하는 관계의 전체성을 의미한다.
3. 삶은 형태 없이 흘러가는 무엇이 아니라 역사 과정에서 스스로 펼쳐지는 삶의 전체적 질서이다.

그런데 이러한 삶의 공통적 기질은 오로지 역사적이며 사회 문화적 형성으로 가능하다. 또한 이는 반드시 '의미(Sinn, meaning)' 의 차원일 수밖에 없다. 따라서 여기서는 의미관련(Sinnzusammenhang)이 중요하다. 예를 들어, '언어' 는 대표적인 공통의 기질이며 공통성이다. 우리는 언어를 매개로 서로 공통의 기질이 통한다는 것을 알게 되며 이를 매개로 의사소통을 하며 자신을 표현한다. 물론 언어는 그때마다 그리고 화자의 의도에 따라 '의미' 가 다르게 전달될 수도 있다. 그럼에도 불구하고 공통성은 표현을 이해하는 데 있어서 결정적이다. 왜냐하면 이러한 공통성 안에서 이해는 개별적 이해의 주관성이 전체적인 상호 이해의 방향으로 확대되어 가기 때문이다. 이러한 의미에서 딜타이는 "이해가 세계를 열어 준다." (Dilthey, GS VII: 205)라고 한다.

그런데 이러한 공통성 안에서 우리는 정신의 객관적 산물(또는 정신의 객관화)을 이해하게 된다.[38] 이를 딜타이는 '객관정신(objektiver Geist)' 의 덕분이라고 한다. 딜타이의 객관정신은 헤겔이 이성에서 추론하는 객관정신이 아니라 삶의 공통성 안에서의 구조관련에서 생성된다. 객관정신이란 개인과 개인 사이에서 존재하는 공통의 기질이 주관적 감각 세계에서 빠져 나와서 객관화된 형식을 말한다(Dilthey, GS VII: 208). 이러한 객관정신이 표현된 것을 객관적으로 이해할 수 있도록 하는 근거가 된다.

불트만은 절대적이고 궁극적인 지식이라는 관점에서 본다면 역사적 지식의 객관성은 성취될 수 없다고 보았다(Bultmann, 1958: 136). 이러한 주장은 해석학적 과제란 영원히 완성될 수 없다는 뜻이다. 왜냐하면 이해의 현실성에 항상 의존하고 있는 해석의 과제는, 사실상 해결되어 완수된 것으로 간주할 수 없기 때문이다.

> "모든 해석은 처음에는 납득이 되는 것 같지만, 확실하게 해석이 완성되었다고는 하기는 어렵다. 해석학적 과제가 결코 완성될 수 없다는 사실은, 원전이나 작품 및 기록에 숨어 있는 의미가 항상 삶을 통하여 다시 탄생하며, 재생의 고리 속에서 항상 새롭게 변형되어 가고 있기 때문이다. 그렇지만 이러한 사실은 객관화된 의미 내용이 다른 사람의 창조적 힘이 객관화되는 것을 부인하는 것은 아니다. 해석자는 자의적인 방법이 아니라 통제 가능한 지침의 도움을 가지고 다른 사람의 창조적 힘을 객관화시킬 수 있다. 왜냐하면 다른 사람의 정신은 직접 자기가 말을 걸어오는 것이 아니라, 정신적 힘이 부여된 변형된 매개물을 통하여 시간과 공간을 초월하여 우리에게 말을 걸어 오기 때문이다. 이로써 그 매개체는 우리가 작품의 의미에 접근할 수 있도록 해 준다."(Betti, 1972: 28)

이렇게 본다면, 모든 개별자의 주관적 의식 속에는 이미 초개인적인 것이 들어 있다. 바로 이러한 초개인적인 것이 객관적 표현과 객관정신을 가질 수 있도록 하는 근거이다. 따라서 다양한 개별자의 주관은 결국은 동질적인 것, 즉 객관화된 공통적 기질로 합쳐질 수 있다. 예를 들면 예술, 법률, 종교 등은 공통성의 통합으로서 주관의 모임으로 인하여 객관이 된 것이다. 그러나 오히려 개인은 이들에 의해서 통제되고 제재되기도 한다. 왜냐하면 이들은 이미 '객관' 으로 표현된 것들이기 때문이다. 그럼에도 불구하고 이러한 객관적 표현은 삶의 제 문제를 중재함으로써 서로의 삶을 해석하고 이해하게 하는 준거가 될 수 있다. 간주관성이 발휘되는 것이다. 다시 말하면 이러한 객관적 표현은 객관정신의 발로이며 아울러 다시 새로운 객관정신을 형성한다. 따라서 우리는 이러한 객관정신 안에서 나와 이웃의 관계, 나와 정치, 나와 경제, 나와 환경 등 나와 세계의 관계를 간주관적으로 이해하게 된다. 이때 이해하는 주관은 타자로의 몰입(Hineinversetzen)을 이루게 되는데, 여기서 이러한 객관적 표현에 대한 추체험(Nachleben)이 가능해지는 것이다(Dilthey, GS VII: 215).

③ 체험과 추체험

딜타이에게 삶은 현실을 초월하는 형이상학적 원리에 따라 이루어지지 않는다. 그렇다고 삶은 백지상태도 아니다. 오히려 삶은 '언제나 이미(immer schon)' 역사 속에 던져져 있다. 또한 삶은 쉴 사이 없이 움직인다. 딜타이는 "우리의 인식은 삶의 배후까지 도달할 수 없다." (Dilthey, GS VIII: 184)라고 말한다. 즉, 삶은 인식될 수 있는 것이 아니라 오로지 체험될 수 있을 뿐이다. 우리는 체험에 의해 드러난 것만을 파악할 수 있으며, 삶은 현실에서 체험된 삶으로 제한된다(Dilthey, GS VII: 334).

이로써 딜타이에게서 삶의 최소단위는 개별적(주관적) 체험(Erlebnis)이 된다. 이러한 개별(적) 체험은 이미 소여된 대상과 주관과의 구조적 통일에서 비롯된다. 심리학적으로 말하면 체험은 내적 지각과 외적 지각의 통일을 말한다(Dilthey, GS V: 211). 따라서 딜타이의 해석학에서는 어떠한 소여도 체험되지 못하면 존재하지 않는 것이다. 달리 말하면, 체험은 현실을 소유하는 방법이다. 체험은 나에게 모든 현실이 알려지는 결정적인 방식이다(Dilthey, GS VI: 21). 이러한 의미에서 딜타이에게 체험은 삶에 접근하는 유일한 인식방법이다(Dilthey, GS VI: 313). 그러나 이러한 개별체험은 전체와 분리되거나 파편적인 것이 아니라 항상 전체와 관련되어 있다. 왜냐하면 역사성 속에서 모든 개별적 체험은 전체와 의미관련으로 구조관련 되어 있기 때문이다. 이러한 구조관련 속에서 개별체험은 부분에서 전체로 확장될 수 있다.

결국 딜타이의 해석학에게서는 (주관적) 체험이 해석되는 것이다. 왜냐하면 궁극적인 삶에 대한 이해는 체험에 근거하기 때문이다. 또한 체험은 삶을 이해하는 수단이며 삶의 범주 중 하나이다(이규호, 1979: 249). 이런 의미에서 '체험' 은 이해의 중요한 전제조건이 된다.

"체험으로 이루어지는 삶은 수수께끼이며, 어떤 필연성이나 법칙성도 가지지 않는 탐구 불가능한 비합리적 사건의 흐름이다. 삶에서는 모든 것이 절대적으로 일회적이며 반복될 수 없기 때문에, 오성에 의해서는 파악

되지 않으며 직관적으로 '이해' 될 수 있을 뿐이다."(한국철학사상연구회 편, 1989: 300)

딜타이는 우리가 경험하거나 체험할 수 있는 것만 알 수 있다고 한다. 따라서 삶을 초월하는 것은 체험의 대상이 아니기 때문에 이해의 대상에서 제외된다. 이렇게 본다면 딜타이의 삶은 형이상학적 삶과 무관하며 극히 현실적이며 실용적이기까지 하다. 물론 형이상학적 차원이라고 하더라도 체험이 가능하면 이는 삶이 되며 이해의 대상이 된다. 예를 들어, 신이 존재하는가? 혹은 아닌가? 하는 의구심은 형이상학적 문제일 수 있다. 그러나 우리가 살면서 신을 체험하면 신은 우리와 함께 존재하는 것이다. 물론 신을 체험하지 못하면 이는 형이상학적 차원에 그대로 있는 것이다. 따라서 딜타이에게 신에 대한 전통적인 해석도 이러한 범주에 따른다. 물론 체험하는 정도에 따라서 신의 존재도 제한된다. 그러나 제한된 체험은 분절되고 단속(斷續)되어 나타난다고 하더라도 그것이 파편이나 부분으로 남는 것이 아니라 항상 전체와 관련되어 있다(Dilthey, GS VII: 140). 따라서 이러한 체험은 다양성으로 나타나지만 결국은 전체적으로 통일적 의미구조 속에서 의미구조관련으로 나타나게 되는 것이다. 한마디로 개별체험 또는 개별적 부분은 전체와의 관련 속에서만 발생하며 전체적 관련 속에서만 이해가 가능해진다.[39] 그리고 딜타이는 부분에서 전체로 확장되는 정신과학의 과제를 작용관련(Wirkungszusammenhang)의 이해라는 해석학적 방법으로 전개하여 나갔다. 왜냐하면 전체와 부분의 관계는 통합된 의미에 구속된 상호작용의 관련이기 때문이다. 딜타이는 이러한 전체와 부분

간의 상호작용을 '인간의 항존적 관계양식' (Dilthey, GS V: 60)이라고 부른다. 이렇게 해석학은 부분(주관)과 전체(객관)와의 분리되지 않는 관계를 다룬다.

한편 체험은 '표현' 으로 이어진다. 체험이 표현이 되고 그러한 표현이 이해로 되는 것이다. 예를 들면, 우리에게 과거는 체험된 삶이다. 그리고 역사의 과정으로서 현상하는 삶은 과거라는 시간적 정체성에서 벗어나서 과거의 의미를 현재라는 기점에서 되새길 수 있는 기회를 마련하게 된다. 아울러 현재의 의미는 또다시 미래를 향해 나아간다.[40) 이러한 과정에서 해석이 요청된다. 여기서 해석의 매개체(Mittelglied)가 바로 표현인 것이다. 그러나 딜타이에 의하면, 체험은 표현되고 표현은 새롭게 체험되어 결국 체험과 표현은 완전히 하나가 된다(Dilthey, 1919: 236). 그리고 독자는 텍스트에 대한 자신의 '이해' 에 맞추어 '표현' 을 보충한다(Palmer, 1969: 17).

딜타이에 의하면, 표현과 이해의 관계는 표현이 먼저 있고 이해가 뒤따르는 것이 아니고 표현과 이해는 동시적이고 직접적이다(이규호, 1979: 254). 한마디로 딜타이 해석학의 본질은 표현과 이해 및 체험은 직접적인 관계에 들어 있는 것이다. 체험은 일단 이해의 조건으로서 그것만으로도 충분할 수 있다. 그러나 개별체험이 더욱 완숙한 이해로 가기 위해서 우리는 그러한 체험이 표현되는 순간을 포착해야 한다. 왜냐하면 끊임없이 흘러가는 역사과정을 체험만 하는 것으로는 우리가 결코 이해의 기회를 만들기는 곤란하다. 따라서 표현은 순간적이겠지만—아니면 이를 가상이라고 하여도—애써 표현된 것을 잡아 놓고 이를 해석의 대상으로 설정하는 것이다. 그 순간이 시간적 흐름으로 본다면 바로 오늘이다. 과거의 의미가 오늘이라는 시점에서 표현된다고 가정하지만 과거-현재-미래는 의미의 흐름이며 표현된 어떤 의미가 이해되는가 하는 것은 전적으로 해석자에게 달려 있다. 하여간 해석자가 해석함으로써 비로소 이해의 기회가 열리게 된다. 만약 해석의 기회가 주어지지 않는다면, 이해의 기회도 영원히 없는 것이다.

또한 표현을 대상화하는 해석을 통하여 이해는 객관으로 될 수 있는 기회를 얻게 된다. 왜냐하면 체험의 표현 자체가 우선 주관을 떠나 이미 (잠정적) '객관' 으로 현시되기 때문이다. 예를 들어, 문학작품은 작가의 체험이 표현된 것이다. 그런데 문학작품을 이해하는 것은 그 작가를 (추)체험하는 것이다. 왜냐하면 작가의 체험이 문학작품(객관)으로 표현되었기 때문이다. 작가는 삶의 심연 속에 감추어졌던 것을 형상화함으로써 자신의 체험을 형식화한 것이며, 이는 표현으로서 — 임시적으로라도 — '객관성' [41]을 가지게 된다. 이러한 객관성을 독자는 다시 체험함으로써, 즉 '추체험' 함으로써 우리는 작가가 표현했던 것을 더욱 객관적으로 해석할 수 있게 된다. 이렇게 하여 얻어지는 해석은 좀 더 새로운 객관화 속에서 더 생산적이며 창조적으로 발전하게 된다.

결국 표현과 이해는 또다시 추체험(Nacherleben)의 가능성 때문에 생산적이고 창조적인 이해로 열린다. 체험-표현-이해라는 해석학적 도식은 영원히 순환하는 것으로서, 체험이 이해되고 또다시 체험되고 그것이 또다시 이해됨으로써 이해는 점점 더 선명해진다. 이는 '전(前)이해(Vorverständnis)' 가 이해로 가는 과정과 그대로 일치한다. 해석이란 이해에 도달하려는 목적을 지닌 활동이다. 또한 이해는 해석의 과정에서 성취된다. 그러나 해석하기 전에 이미 우리는 무엇인가를 미리 선취하고(先取, Vorgriff), 선시하고(先視, Vorsicht), 선소유하고(先所有, Vorhabe) 있다. 이를 불트만은 전이해(全理解, Vorbegriff)라고 불렀다. 슐라이어마허 이래로 지금까지 의미의 이해의 과정에서 개인적이고 주체적인 동기는 결코 배제되어서는 안 된다는 인식이 해석학적 인식의 논리에서 지극히 자명한 것으로 인정되고 있다(오인탁, 1990: 222). 즉, 모든 해석학자는 대상에 접근할 때 이미 그 대상에 관한 전이해(preunderstanding)를 가지고 있기 때문에 중립적인 마음의 자세에서 출발할 수 없다. 따라서 이해의 실존성을 토대로 하는 해석학적 순환은 '전이해'에서 시작될 수밖에 없다. 결국 인식의 논리에서 인식하는 주체의 고유한 인식관심과 전이해는 바른 인식의 장애물이 아니라 필연적 조건이 된다는 말이다(오인탁, 1990: 222). 한마디로, 체험-표현-이해의 해석학적 도식은 순환과정을 통하여 처음에 뿌옇던(덜 객관적이던) 이해(전이해)를 좀 더 명확한(좀 더 객관적인) 이해(이해)로 나아가도록 하는 것이다.[42]

"텍스트 해석의 경우 해석자는 언제나 일정한 전이해(Vorverständnis)에서 출발하기 때문에 저자의 전이해, 저자와 텍스트에 대한 해석자의 전이해를 해석자는 방법적인 통로 자체로 삼지 않으면 안 된다. 이러한 개별 해석자에게 텍스트와 전이해의 순환이 개인적 무의미성에 머물러 있지 않기 위해서는 다시금 부분과 전체의 해석학적 순환이 요청된다. 부분에서 전체로 접근해 들어가고 여기서 얻은 전체의 이해를 통하여 부분을 다시 새롭게 이해하며 이렇게 하여 부분과 전체를 통합하고 체계화하는 정신으로 검토하고 확인하는 방법이다." (오인탁, 1990: 63)

이러한 의미에서 우리는 작가보다 더 잘 이해할 수 있게 되는 것이다.[43] 딜타이는 말한다.

> "해석학은 저자와 독자 사이를 매개하는 작품 속에 표현된 삶의 창조적 에너지를 '객관화' 하는 것에서 시작된다. 이 창조적 에너지는 의미와 가치에 의한 중재를 요구한다. 따라서 해석은 그 중재를 통한 추체험이며 재구성(Nachbildung)이다." (Dilthey, GS VII: 215)

그러나 딜타이에겐 삶의 표현에서 추후적으로 체험하는 '감정 이입' 이 항상 문제였다(오인탁, 1990: 224). 왜냐하면 경험적 차원에서 이루어지는 모든 체험은 객관적 의식과 표현으로 재생산될 때 비로소 주관성을 벗어날 수 있기 때문이다.[44] 결국 경험이 주관성(부분)을 벗어난다는 사실은 객관성(전체)의 취득을 향해 일보 전진하는 것을 의미하며, 이는—특히 해석학적 순환을 통하여—지속적으로 객관성에 가깝게 다가가는 조건이다.

한편, 딜타이의 체험을 구성하는 경험과 실증주의와 경험주의의 경험은 차원이 다르다. 실증주의는 하나의 절단된 그리고 처음부터 인간의 정신생활에 대한 생물학적이고 물리적인 이해를 통해 변조된 경험을 토대로 하고 있다(이규호, 1980: 80). 그러나 이러한 경험은 '특수한 조건의 경험' 일 뿐이며, 이러한 특수한 조건하에서의 경험으로 모든 경험을 일반화시킬 수는 없는 노릇이다. 따라서 삶의 경험은 단속적인 것이 아니라 끊임없이 지속되는 역사적 경험일 뿐이다. 바로 이러한 경험이 딜타이에게 중요하다. 따라서 딜타이는 자연과학, 실증주의,

경험주의에서 말하는 경험의 한계성에 대하여 지적하면서 정신과학적으로 경험을 해명할 수 있어야 한다는 주장을 하게 되는 것이다. 이러한 차원에서의 경험이 바로 딜타이에게는 체험이라는 삶의 최소단위에서 연유하게 되는 것이다. 아울러 이러한 체험이 객관화될 때 표현이 되는 것이고 이러한 (객관적) 표현을 통하여 우리는 궁극적으로 삶을 전체적으로 이해하게 된다.

4. 정신과학적 교육학에의 적용

일반적으로 우리는 슐라이어마허 딜타이와 딜타이학파가 발전시킨 해석학의 교육학적 적용은 소위 '해석학적 교육학(hermeneutische Pädagogik)' 으로서, '정신과학적 교육학' 에서의 해석학적 적용을 의미한다. 헤르만 놀(H. Nohl)은 슈프랑거(E. Spranger), 프리샤이젠-쾰러(M. Frischeisen-Koehler), 라이히바인(G. Reichwein) 등과 함께 정신과학적 교육학을 정초한 대표적 학자로 평가된다. 이들의 공적은 딜타이의 역사적 정신과학적 단초를 교육학에 그대로 이식시킨 점이다(Benner, 1978: 197). 특히 정신과학적-해석학적 교육학의 부류는 헤르만 놀의 역사적 해석학(historische Hermeneutik), 에리히 베니거(E. Weniger)의 구조적 해석학(strukturelle Hermeneutik), 빌헬름 프리트너의 예약된 해석학(engagierte Hermeneutik), 하인리히 로트(H. Roth)와 한스 티어쉬(H. Tiersch)에 의한 경험주의와 해석학의 실용주의적 공조 등의 흐름으로 발전했다(Benner, 1978: 197-252).

일반적으로 해석학적 방법을 교육학에 응용하는 영역은 크게 두 가지 영역으로 구분할 수 있다. 그 하나는 '지나간 교육의 해석' 이며, 다른 하나는 '현재의 교육실제(현실)의 해석' 이다(오인탁, 1990: 221). 정신과학적 교육학은 이러한 두 가지 영역을 '교육텍스트' 로 하는 해석학적 방법을 차용하고 있다. 다시 말하면, 정신과학적-해석학적 교육학은 연구의 대상을 교육텍스트에 대한 해석으로서 첫째, '언어로 고정된 기록물' 에 대한 해석, 둘째, 교육현실(Erziehungswirklichkeit)에 대한 해석으로 해석의 범주를 구분하고 있다.

1) 문헌적 텍스트의 해석

(1) 역사적 기록물의 해석

우선 문헌적 텍스트의 해석 중 언어로 고정된 기록물에 대한 해석은 교육학에서 주로 교육사, 교육고전, 교육제도, 교육보고서 등 '역사적 기록물' 로 그 범위가 제한된다. 이는 해석학을 정신과학 및 교육학 연구의 방법론으로 수용한 딜타이와 딜타이학파의 공헌이라고 할 수 있다. 왜냐하면 딜타이에게는 역사적 텍스트가—이를테면 법률, 학교정관, 학칙, 위대한 교육자의 전기와 업적, 학적부, 교사나 학생의 일기 등 의미 있는 역사적 기록물이—과학적 인식의 원천으로 간주되기 때문이다(오인탁, 1990: 224). 물론 딜타이는 교육학을 교육현실로부터 이론을 추론해 내는 귀납적인 과학으로도 보았다(Dilthey, GS IX: 237). 딜타이의 제자인 헤르만 놀은 "도야의 보편타당한 이론의 출발점은 의미 있는 전체로서의 교육현실이라는 사실이다." (Nohl, 1948: 119)라고 말한다. 또한 교육적 해석학이 귀납적 과학이라는 속성으로 볼 때 본래 해석학적 교육학은 교육현실의 해석을 목표하고 있다.[45] 그러나 방법론에 치중하는 정신과학적 교육학의 인식론적 접근으로는 연구대상을 언어적 기록으로 고정된 (협의의) 교육텍스트의 범주 밖으로 확장하기가 쉽지 않다.[46] 특히 진정한 교육현실로 간주되는 생동적-역동적인 교육현장의 복잡성과 교육적 만남의 현상 그리고 살아 움직이는 각 개인의 행동에 대한 이해는 광의의 교육텍스트임에도 불구하고 접근의 편협성—이를 테면 해석학에 대한 정신과학적 교육학의 방법론적 수용—때문에 협의의 교육텍스트, 즉 '역사적으로 남아 있는 교육의 기록물'과 '교육의 역사적 지식'에 대한 해석으로 제한되어 버린다. 달리 말하면, 교육현실 또는 교육텍스트는 어쩔 수 없이 교육적 문헌으로 남게 된다. 이는 과거에서부터 축적된 교육적 성과물이기도 하다. 심지어 이는 교육의 역사적 지식 특히 '교육사'에 대한 해석으로 해석학적 교육학의 연구범위를 축소시켜 놓게 된다. 이럴 경우 해석학의 과제는 역사적 문서(Dokument)나 문자화된 텍스트를 저자의 의도에 맞도록 잘 해석해 내는 일로 국한된다.

딜타이의 역사 해석에 대한 교육학적 과제를 계승한 대표적인 학자는 헤르만 놀(Herman Nohl, 1879~1960)이었다. 즉, 놀은 딜타이의 역사 개념이 교육텍스트에도 그대로 투영되어 있다고 보았다. 왜냐하면 딜타이에 의하면 교육의 의미와 목적은 삶의 역사를 통해서만 인식될 수 있으며, 교육학이 물어야 할 궁극적인 목적, 가치, 의미도 언제나 역사에서만 찾을 수 있기 때문이다. 따라서 실제의 교육적 행위의 의미 역시 역사적 관련 속에서 분명히 드러나야 한다(Nohl, 1948: 119). 이렇게 본다면, 교육은 역사적 사건이며 교육의 의미는 '교육의 역사성' 내에서만 밝혀진다. 결국 교육은 역사적으로 항상 달라질 수밖에 없기 때문에 시간과 공간을 초월한 보편적 원리에 의해 설명될 수 없는 개별성을 가지고 있다. 달리 말하면, 교육은 절대적인 원리가 적용되지 않는 상대성을 띠게 된다. 즉, 교육은 부단한 역사적 흐름 속에서의 역동적 사건이다. 이러한 교육의 개별성과 상대성 때문에 교육학은 역사적 관련 안에서 그때그때 주어져 있는 교육적 상황을 통하여 개별적인 모든 교육현상이 하나하나 해석되어야 하는 것이다. 이러한 맥락에서 헤르만 놀은 교육에 대한 이해가 역사(적) 분석(historische Analysis)을 통해서만 가능하다고 주장했다(Wulf, 1983: 20). 물론 놀에게서 교육현실은 의미 충만한 전체로서 전제된다(Benner, 1978: 198). 실제로 '정신과학으로서의 교육학' 이라는 딜타이의 테마를 이어받은 놀이 주장하는 '교육(학)적 관계(pädagogische Bezug)' 의 구조는, 한편으로는 교육현실의 역사적 분석의 결과이며 다른 한편으로는 교육현실의 역사적 분석을 정돈하는 모든 계기의 표상(특징)으로 해석될 수 있다(Benner, 1978: 201). 즉, 놀에게서 교육현실에 대한 역사적 분석은 교육현실의 분석을 정돈해 주는 특징적 계기가 무엇인가를 해석해 내는 것을 역사해석의 최종 목표로 한다. 그러나 이렇게 본다면 놀의 교육현실은 그것의 역사적 발전과정을 통하여 재구성된 교육적 이념(Ideen)이 반영된 것에 불과하다. 왜냐하면 놀에게 교육현실은 교육적 체험(pädagogisches Erlebnis)과 교육적 객관물(pädagogische Objektivationen)이라는 이중적 제약의 토대가 되기 때문이다(Nohl, 1948: 119).

"교육현상이 교육적 체험과 교육적 객관물에서 생겨난다는 것은 무엇을 의미하는가? 역사적인 발달에 따라서 교육적인 삶은 계속적으로 새롭게 생겨나고 형성된다. 개인에 의해 고안되어 전개된 교육적인 삶은 항상 새롭게 학교와 같은 교육기관, 교육이론과 규칙 같은 교육적인 객관물로 객관화된다. 이러한 객관물은 개별적으로 만들어졌을지라도 개별적인 주체와는 다른 독립적인 하나의 이념에 의해 지배되고 있으므로 교육현실의 역사적인 발달에서 이러한 이념을 해석학적으로 밝혀내는 것이 교육학의 주된 과제가 된다."(정기섭, 2002: 7)

결국 놀의 역사 해석은 교육현실에 대한 그의 실천적 관심—이를테면 그가 교육(학)적 운동(pädagosiche Bewegung)이라고 간주했던 개혁교육학의 실천에 대한 관심—에도 불구하고 교육의 역사성에 대한 해석은 '초역사적 이념' 에 대한 역사 분석으로 귀결된다. 놀은 20세기 전환기에 3단계로 진행된 독일개혁교육학운동에서도 운동의 법칙(Gesetz) 같은 것이 초역사적으로 내재되어 있다는 것이다.[47] 즉, 놀은 교육학적 개혁운동에서도 일련의 법칙성(Gesetzmässigkeit)과 변화의지의 지점(Ort)을 규정할 수 있다고 생각했다(Benner, 1978: 199). 역사적 변화와 움직임 속에도 법칙적으로 분석될 수 있는 단계가 구별될 수 있다. 여기서 교육학적 운동의 구조분석과 교육학적 관계의 구조분석(Strukturanalysis)의 관련성이 나타난다(Benner, 1978: 201). 한마디로 교육학적 운동의 역사 분석은 교육학적 관계의 구조계기(Strukturmomenten)에서 정돈되어야 한다(Benner, 1978: 201). 특히 놀이 말하는 구조계기란 "역사분석의 덕분으로 개별 요소의 역사적 변화가능성이 가시적으로 나타나고 아울러 전형적 가능성(typische Möglichkeiten), 즉 역사적 제약과 이미 지배하고 있는 계기(들)에서 나타나는 여러 다양한 도야 과정의 초역사적 형식" 이다(Nohl, 1948: 120). 역사적 교육의 구조 계기 속에 이미 전통적 교육학의 대상이었던 모든 원리와 문제가 숨어 있는 것이다(Benner, 1978: 201). 이렇게 본다면 놀에게 역사 분석은 초역사적 기록물에 대한 것으로서 결국은 딜타이의 기획이기도 한 '언어로 고정된 기록물' 로서의 역사텍스트의 교육의 이념이라는 초역사성(법칙, 내용, 원리 등을 포함한 역사)에 대한 해석으로 귀결되고 만다.[48] 놀은 말한다.

> "개별적 교육과정과 교육의 다양한 형태는 모두 역사적 조건과 이들의 지배에서 나왔다. 따라서 모든 시간과 모든 민족에게 가치 있는 보편타당한 교육이론이 가능해진다…. 그러한 구조로부터 교육의 모든 역사적 형태가 이해되고 연역될 수 있다."(Nohl, 1948: 153)

헤르만 놀의 역사 해석이 역동적인 교육현실의 역사성에 접근하지 못하고 결국은 언어적 기록물의 범주를 벗어날 수 없다고 판단한 그의 제자 에리히 베니거(Erich Weniger, 1894~1961)는 좀 더 구체적인 교육현실로 해석을 확장하기 위해서 '역사 자체의 도야가치' 에 대하여 주목하였다. 이러한 역사 자체가 가지는 도야의 가치 덕분으로 우리는 교육학의 학문적 자율성에 대해서 거론할 수 있다. 이러한 맥락에서 베니거는 자신이 1936년 발표한 논문 「교육학적 문제 제기의 정신사와 사회학을 위하여: 교육이론의 역사를 위한 서언(Zur Geistesgeschichte und Soziologie der pädagogischen Fragestellung. Prolegomena zu einer

Geschichte der pädagogischen Theorie)」에서 자명하게 형성된 것으로서의 교육과 교육과학의 독립화 과정(Prozess der Verselbständigung)을 추적하였다(Benner, 1978: 203). 이러한 과정은 교육과 교육과학의 고유성에 대한 요구가 우선 교육 외적인 학문영역에서 촉발되었고, 교육현실에 대하여 가해진 비판이 결국은 세계에 대한 교육학적 비판으로 전환되었다는 사실에서 확실해진다(ebenda). 다시 말하면, 교육현실에 대한 타학문과 사회적 세력, 즉 교회, 국가 등의 비판이 결국은 세계라는 현실에 대한 교육학적 비판으로 전환될 수밖에 없다는 사실은 교육학의 상대적 자율성을 추구해야 하는 중요한 근거가 된다(Benner, 1978: 205). 특히 베너거는 교육학 연구를 위한 역사 해석학의 중요성을 재삼 인식하게 되었다. 즉, '역사적 실천학' 으로서의 교육학의 자율성을 찾아내야 하는 것이다. 구체적으로 교육학적 질문의 독자성은 교육 외적인 다른 문화 영역, 이를테면 기술, 정치, 경제, 문화와의 관련 속에서 대답되기도 해야 하지만 교육의 전역사(先史, Vorgeschichte)와의 관계에서도 해명되는 것이 중요하다(Benner, 1978: 204). 특히 후자를 위해 베너거는 이론과 실천의 관계에서의 자율성(Autonomie)과 이론개념(Theoriebegriff)의 차별화에 주목함으로써, 놀이 시작한 역사 해석의 단순성을 극복하고자 했다(ebenda).

일반적으로 해석학적 순환은 원칙적으로 '전이해' 를 점차 명백한 '이해' 로 전이시키는 과정이다. 더 정확히 말하면, '전이해에 대한 해석' 을 통해서 진정한 이해로의 토대를 만들어 내는 것이다. 구체적으로 베너거는 자신의 저작인『Die Grundlagen des Geischichtsunterrichts. Untersuchungen zur Geisteswissenschaftlichen Pädagogik』(1926)

을 통하여 교실에서 일어나는 '역사수업(Geschichtsunterricht)' 의 현장연구를 통하여 교과서 수업의 실제에서 발생하는 도야과정 및 도야의 가치에 주목하였다.[49] 굳이 그가 역사수업을 분석하게 된 근거는 실제로 역사를 다루는 역사수업에서조차도 교육의 역사성이 반영되지 않고 있다는 의심 때문이었다. 즉, 직접 역사를 다루는 역사수업의 현장에서부터 교육의 역사성 또는 역사성에 대한 이해가 있어야 한다는 것이었다. 왜냐하면 학교에서 사용하는 모든 교과서가—굳이 역사 수업만이 아니더라도—역사의 도야가치에 대해서는 무관심으로 일관하고 있기 때문이다. 따라서 그는 역사수업에서조차도 교과서에 쓰여 있는 무반성적인 이론(전이해)이 어떻게 교육 실천을 통하여 학문적 이론(이해)으로 발전될 수 있는가를 보여 주려고 했다. 한마디로 그의 비판은 역사수업에서 다루는 역사의 표층적 순간과 역사적 심층을 대결시키고자 했다 (Dahmer, 1968: 59). 여기서 그는 무반성적인 이론을 보편타당한 이론으로 가능하기 위한 보편타당성을 요청했는데, 이러한 보편타당성은 실제(현실)를 지배하는 고정된 규범이나 이념이 아니라, 오로지 반성의 준거로서의 규범적(지시적) 작용일 뿐이다. 한마디로 베니거는 교육현실에 대한 역사분석이 초역사적이며 추상적인 이념의 해석으로 변질되는 것을 가능한 한 피하고자 했다. 왜냐하면 교육은 교육현실에 대한 역사적 의미를 파악하고, 심지어 역사 자체를 학교와 삶에서 의미롭고 가치 있는 것으로 제시해 주어야 할 해석학적 과제를 가지고 있다고 생각했기 때문이다.

그럼에도 불구하고 역사 수업의 과정에 대한 베니거의 해석은 교육의 이념에 대한 의식적 접근, 의식화, 의식화의 강화로 인하여 교육적 기록에 담겨진 역사 내용에 대한 해석으로 제한되었다. 결국 이는 역사 수업이라는 교육실제(또는 교육 실천)에서도 역사 교과서라는 테두리를 벗어날 수 없기 때문이다. 즉, 역사분석과 역사해석이 이루어지는 역사 수업의 현장에서도 수업의 내용과 유형을 지배하고 있는 이상적인 교육이념이 이미 역사 교과서에 내재되어 있다. 따라서 교육실제(현실)에서의 역사해석은 언어로 고정된 텍스트의 해석으로 귀결된다.

(2) 언어로 고정된 이론(텍스트기록)의 해석

해석학적 교육학의 또 다른 관심은 교육텍스트 속에서 이론과 실천의 관계에 대한 해석이다. 교육에서 실천은 이론에 우선한다. 왜냐하면 교육은 교육이론이 없이도 원시시대부터 실천되어 온 특별한 인간적 활동이기 때문이다(Spranger, 1973: 16). 교육과학의 자명성을 주장한 헤르바르트는 교육에서 "이론이 실천에 앞선다."는 명제로 자신의 규범교육학 이론에 정당성을 부여하였다.[50] 그러나 슐라이어마허는 교육현장에서 실천이 항상 먼저 일어나며, 이러한 실천을 이론이 정리해 주고 아울러 이론적 비판을 통해서—이로써 실천적 동기도 생겨나기 때문에—다시 새로운 실천이 가능해진다고 헤르바르트를 반박했다. 즉, '교육에 있어서 실천의 우위성' 이라는 슐라이어마허의 명제가 해석학적 교육학의 전승이 된다.[51] 결국 해석학적 교육학은 '실천의 우위성' 이라는 전제하에서 교육의 이론과 실천의 관계를 해석하는 데 주력해 왔다.

"정신과학적 교육학에서 이론과 실천(Theorie und Praxis)의 관계 규정은 이론보다 실천의 우위(Primat der Praxis/ Schleiermacher)의 의미에서 항상 유용하다. 교육현실 또는 교육실천은 항상 이론적 또는 과학적 인식에 우선한다. 따라서 교육과학은 우선 이론적이 아닌 실천적 학과로 파악되었다. 이는 자체적으로는 실천의 문제에 과제를 가지고 있는 '실천을 위한 실천의 이론' (W. Klafki)이다. 교육실천은 그것의 중심적 특성으로 역사성이 명시된 사회적 실천의 일부로서 간주되었다." (Wulf, 1983: 16)

아울러 교육에서 이론과 실천 간의 순환 관계는 해석학적 순환의 도식 속에서 해명될 수 있다. 특히 슐라이어마허의 논리를 적극 수용한 놀에 의하면, 삶이 이론에 선행하므로 이론은 삶(실제)에서 형성된다(정기섭, 2002: 11). 이러한 놀의 관점을 계승한 베니거는 실천에서 이론이 나오고, 그 실천은 이론을 통해 행위의 정당성으로 지지받게 되며 행위의 결과는 다시 이론을 통해서 비판되고 반성될 기회를 가짐으로써 새로운 실천이 가능해진다고 주장했다.[52] 우선 그는 교육 이념이 역사 속에서 교육학적 자율성의 구조를 분석함으로써 스스로 드러난다는 놀의 낙관적 가정을 수정할 뿐만 아니라, 동시에 모든 교육학적 운동의 법칙성에 대한 놀의 모델 이면에 서 있는 이론과 실천의 관계에 대한 구조를 드러내고자 했다(Benner, 1978: 207). 이러한 과정에서 베니거는 이론 개념의 차별화 3등급을 수립했다. 달리 말하면, 그는 교육의 이론과 실천의 관계를 더욱 분명하게 해석하기 위하여 교육이론의 형성을 세 단계로 설명하였다. 첫 번째 등급의 이론은 교육상황 속에서 행위자의 표현되지 않은 표상(Voreinstellung)을 나타내며, 두 번째 등급의 이론은 실천가의 표출된 행동양식을 포괄하며, 세 번째 등급의 이론은 '실천 속에서의 이론과 실천의 관계(das Verhaeltnis von Theorie und Praxis in the Praxis)' 를 그의 연구대상으로 하는 '이론의 이론(Theorie der Theorie)' 이다. 그것은 교육현실에 대한 실천가의 항구적인 분석과 결부되어 있다(Benner, 1978: 210). 이렇게 본다면 베니거에게 이론은 항상 실천, 즉 교육현실에 구속되어 있다. 정리하자면, 첫 번째 단계의 이론은 잠정적 또는 잠재적 이론이다. 이는 "아마 이렇게 교육하면 될 것이다."라는 막연한 가설로서 해석학적으로 말하면 전이해의 단계—또는 딜타이의 초보적 이해의 단계—에 해당된다. 그러나 이러한 이론은 명백하게 규명할 수도 없으며 설명하기도 통제하기도 힘들다. 두 번째 단계는 실천가의 행동으로 나타나는 소위 행동이론이다. 마지막으로 단계로 형성되는 이론은 이론과 실천의 관계를 해명해 줄 수 있는 이론, 즉 '이론가의 이론(Theorie des Theoretikers)' 인 '메타이론(meta-theory)' 이다. 이렇게 본다면 실제는 이론에 의해서 앞으로 그리고 뒤로 둘러싸이는(umklammern) 상황이 발생한다. 실천이 앞뒤로 이론에 의해 둘러쳐진다(einklammern)는 것은 이중적 해석을 가능하게 한다. 그 하나는 첫 번째, 두 번째 등급의 이론 사이의 관계에 해당되며, 다른 하나가 바로 세 번째 등급의 이론이다. 그런데 여기서 주의할 점은 일반적으로 실천을 할 때 실천은 이론에 의해서 앞뒤로 포위되지만, 세 번째 등급의 이론에서는 베니거에 의하면 이론이 실천에 의해서 앞뒤로 포위된다(Benner, 1978: 210). 그럼에도 불구하고 어떤 경우라도 실천가는 우선 이론에서 도출된 표상을 가지고 행동하게 된다. 왜냐하면 상황에 대한 이해와 이에 준거한 행동은 항상 이론적 표상으로만 가능해지기 때문이다. 결국 실천은 행동의 조건으로서 이론을 내포하며 행동의 결과로서 이론을 통한 경험으로 완성된다(Weniger, 1953: 16). 이로써 베니거에게도 실천의 우위(Primat der Praxis)는 여전히 유효하게 된다. 즉, 이론은 실천에서 나온다. 모든 실천은 이론 형성에서 확실한 근거이며 원천이다(Weniger, 1953: 76). 그러나 베니거에게서 이론은 아직 놀에게서와 마찬가지로 '무반성적 차원' 이다. 따라서 과학(Wissenschaft)으로 완성되어야 할 이론은 항상 해석학적 순환의 과정 속에 들어갈 수밖에 없는 것이다.

그런데 여기서 중요한 점은 베니거가 주장하는 실천에서 나오는 그 이론은 중간단계(Zwischenstufe)로서 교육의 전 역사와의 관계 속에서 다시 해석될 필요가 있는 이론이다(Weniger, 1967: 348). 이로써 이론은 메타이론으로의 도약이 가능해진다. 이러한 '중간 단계로서의 이론' 과 '메타이론' 은 다른 학문영역에서는 상상하기 쉽지 않은 영역이다. 그러나 이론적 학문이면서 동시에 실천학일 수밖에 없는 교육학에서는 '중간 단계로서의 이론' 은 결코 간과될 수 없는 영역이다. 구체적으로 말하면, 삶과 항상 동반되는 교육현상과 교육현실에서 피할 수 없는 교육적 질문과 문제는 다른 학문에서 말하는 '(이미 확정된) 이론' 으로는 해명될 수 없다. 이러한 근거에서 교육학적 질문의 독자성과 교육학적 이론 형성의 자율성이 성립된다. 즉, 교육학에서의 이론은 항상 실천에서 연유하는 '중간단계 또는 과정으로서의 이론' 이다. 항상 이론은 '잠정적 이론' 이며, 영원히 '형성되어 가는 이론' 일 뿐이다. 이렇게 베니거는 자신만의 독자적인 관점으로 이론과 실천와의 관계 해명을 통하여 역사 해석의 단순성을 극복하고자 했다. 이렇게 본다면 베니거의 역사해석은 '실천/실제(현실)-(중간단계, 과정으로서의) 이론-실천/실제(현실)-이론…메타이론' 이라는 체계적 범주에 구속된다. 궁극적으로는 중간단계의 이론을 메타이론으로 체계화하려는 베니거의 관점은 그만의 독특한 체계적 해석학을 시작할 수 있도록 했다.

결국 베니거에게서 이론 형성 과정을 잘 살펴보면 단계별로 서로 상이한 이론이 형성되는 것을 보게 된다. 즉, 이론 형성의 과정에서는 항상 일종의 해석학적 순환이 발생하는 것이다. 실천에서 실제로 발생하는 현실 속에서 발견되는 객관물(정치, 경제, 사회, 교회, 헉교 등 문화적 시스템)은 주관적 체험의 대상이 되고, 그러한 체험은 다시 객관물로 발생함으로써 상호관계를 통한 순환과정이 삶의 과정이다. 따라서 이러한 순환의 과정이 해석됨으로써 교육현실도 이해된다. 결국 교육현실의 이해에서 해석학적 순환은 필연적이다. 이렇게 얻어진 교육현실에 대한 이해는 '교육이란 무엇인가?' 하는 교육의 실체적 규정뿐만 아니라, '교육은 무엇이어야 하는가?' 하는 교육의 당위론까지 언급하게 될 것이다. 왜냐하면 인간은 삶의 역사를 해석하는 것에 머무는 것이 아니라, 그를 통하여 미래를 계획하는 존재이기 때문이다(정영수, 2002: 25).

그러나 이러한 베니거의 체계적 해석학에서는 교육현실의 연구 역시 교육의 메타이론으로 정리된 교육적 기록물, 즉 교육의 이념사(Geistesgeschichte) 해석에 의존함을 의미한다. 놀에게는 교육의 이념이 역사 속에서 스스로 개명된다는 사실이 이의 없는 조건으로 수용되듯이, 베니거는 "교육적 행위의 자율성이 이미 실존하다는 사실"(Weniger, 1953: 75)을 확실한 것으로 간주했다(Benner, 1978: 206). 아울러 베니거는 이러한 사실을 의식화하고 이를 촉진하는 것이 교육학 연구에서는 더 중요하다고 생각했다. 왜냐하면 교육학도 여느 과학처럼 자명성을 밝혀질 수 있어야 하기 때문이다. 결국 실천과 실제에 내포된 역사성과 함께 촉발되는 이론과 메타이론에 대한 해석은 교육의 정신사(Geistesgeschiche)고 이념사에 대한 해석의 범주로 귀속되고 만다. 이로써 베니거에 의해 교육텍스트에 대한 역사해석의 문제는 좀 더 정교하게 다듬어질 수 있었으며, 정신과학적 교육학에서 해석학의 방법론적 위상을 새롭게 정립하는 계기가 되었다. 그럼에도 불구하고 교육현실이라는 좀 더 커다란 텍스트에 대한 해석을 목표하는 역사해석은 베니거에게서도 또다시 '초역사적 이념'의 내재성을 전제하는 교육의 이념사라는 언어적으로 고정된 기록물에 대한 텍스트 해석으로 귀결되는 한계를 극복할 수 없었다.

심지어 오늘날 교육의 역사와 역사 해석은 이념사적 차원뿐만 아니라 사회사, 제도사, 기관사, 문제사 등 정치적-사회적 조건이라는 현실사적-사회사적 차원의 해석을 포괄할 필요성이 제기 되고 있다.[53] 즉, 교육사를 연구하는 진정한 해석학적 과제는 바로 이러한 다차원의 교육사적 얽힘에 대한 해석과 이해에 달려 있다. 왜냐하면 딜타이 이래로 교육이념이나 교육이상은 고착된 규범성이나 추상적 관념에서 연역되는 것이 아니라, 오로지 역동적이고 복합적인 삶의 현실에서만 귀납적으로 도출될 수 있기 때문이다. 따라서 교육은 다차원적인 역사적-사회적 얽힘 속에 들어 있는 역동적이고 복합적인 현실에 대한 인식과 분석을 통해서만 밝혀질 수 있다.[54]

(3) 문헌해석의 방법: 예시

볼프강 클라프키(Wolfgang Klafki)는 자신의 논문 「교육학에 있어서의 해석학적 방법」에서 문헌해석의 방법을 11단계로 제시한 바 있다 (Klafki, 1971: 134ff.).

[1] 1단계: 모든 해석의 상황결부성과 해석할 때 스스로 들어나는 필연적 조건에 대한 통찰

[2] 2단계: 텍스트의 전이해에 대한 지속적 검토

[3] 3단계: 원전 또는 텍스트 비판

[4] 4단계: 해석의 의미론적 관점에 대한 숙고

[5] 5단계: 그때그때의 해석에 상대방을 끌어들임으로써 텍스트 속에 암시된 특별한 위치 속의 성격에 대한 해명

[6] 6단계: 텍스트 내재적이며 동시에 텍스트 포괄적 관련성에 대한 숙고

[7] 7단계: 해석으로 텍스트 문장의 적절한 편입

[8] 8단계: 텍스트의 사변적 구획에 대한 포괄적 해명

[9] 9단계: 텍스트의 논술구조에 대한 검토

[10] 10단계: 해석학적 나선형 순환으로서의 텍스트 해석

[11] 11단계: 해석할 때 이데올로기적 전망에 대한 숙고

이를 요약하면, [1] 전이해와 문제의 제시, [2] 해석학적 순환: 해석자의 문제제시와 결과, [3] 원전과 텍스트 비판, [4] 의미론적 접근, [5] 대립적 논쟁점의 해석, [6] 텍스트 내재적이고 텍스트 외재적인 의미관련

의 설명, ⑦ 문장론적 접근, ⑧ 텍스트의 의미분석, ⑨ 비판적 텍스트 해석, ⑩ 해석학적 순환: 해석학의 순환적 경과, ⑪ 이념 비판적 접근 등으로 구분할 수 있다(오인탁, 1990: 242-243). 비록 볼프강 클라프키는 비판적 교육학의 관점을 적극 수용하고 있지만, 실천학으로서의 교육학은 해석학적 적용을 위해서는 해석학의 세 가지 차원, 즉 인식론적 차원, 존재론적 차원, 비판론적 차원에 대한 조화로운 적용을 제시하고 있다. 그러나 클라프키는 상기 11단계가 모든 텍스트 해석에서 절대적으로 지켜져야 하는 것은 아니라고 한다. 텍스트의 특성에 따라서 단계가 생략될 수도 있으며 단계의 순서가 뒤바뀔 수도 있을 것이다. 그럼에도 불구하고 그는 일반적으로 최소한 해석의 11단계가 문헌해석 방법의 원칙으로서 적용되는 것이 불가피함을 천명하였다(Klafki, 1971: 140).

2) 교육현실의 이해: 비문헌적 교육텍스트의 해석

딜타이가 해석학의 대상을 언어로 기록된 표현물로 보았을 때 해석학은 협의의 텍스트, 즉 교육사, 교육고전, 교육적 기록물 등 문자화된 문헌적 텍스트로 국한된다. 그러나 '삶도 넓은 의미에서 텍스트' 가 된다고 한다면 해석학의 범주는 '삶의 실제' 로 확장될 수 있다. 교육연구에서 '교육현실(Erziehlungwirklichkeit)' 은 삶이라는 광의의 텍스트의 일종이다. 왜냐하면 삶이나 교육은 비록 언어적으로 고정된 기록물은 아닐지라도 우리 인간의 표현물로 구성됨이 분명하기 때문이다. 이를 테면 문화(文化)가 그것이다. 물론 문화는 반드시 언어적으로 고정되는 것은 아니지만, 분명한 '정신의 객관화' (E. Spranger)이다.[55] 언어로 고정된 표현으로서의 텍스트 역시 정신의 객관화이다. 따라서 해석학은 삶 또는 교육의 실제라는 광의의 텍스트를 해석의 범주로 확대할 수 있게 된다. 한마디로 삶의 표현(Lebensausserung)은 모두 해석의 대상이다.

> "만약 삶의 표현이 완전히 낯설다면, 해석은 불가능할 것이다. 반대로 삶의 표현이 아주 친근하다면, 해석은 필요 없을 것이다. 이 두 가지 가장 극단적 구절 사이에 해석은 놓여 있다. 해석은 어떤 것이 낯선 모든 곳에서 요청된다."(Dilthey, 1981: 178)

해석의 대상이 되는 광의의 텍스트, 즉 비문헌적 텍스트로서 교육현실에는 교실(또는 학교)에서 학생 개개인의 행동, 학생과 교사와의 만남, 학생과 환경과의 관계 등이 해당된다.

> "정신과학적 교육학은 일반적인 역사적 · 사회적 구조 위에서 그때그때 주어져 있는 개인적 조건을 인식하고, 그것들을 탐구하여 바른 교육실천의 실현을 위한 가능성을 얻어 내는 일을 과제로 삼아야 할 것이다. 이러한 과제에 직면하여 정신과학적 교육학은 딜타이가 각 개체적 상황의 해석에 동원하여 정립해 놓은 해석학을 적용하여 주어진 조건의 일회성과 개체성을 해석학적 방법과 절차에 따라 충분히 적절하게 이해할 수 있다고 본다."(오인탁, 1990: 146)

따라서 해석학의 도움으로 우리는 교육현실에 대하여 이해할 수 있는 기회를 가지게 된다. 삶이나 교육현실은 어느 순간에 정지되거나 정체되는 것이 아니라 끊임없이 역동적으로 진행되는 것이다. 따라서 이러한 교육현실의 진행과정이 낱낱이 해석되어야 하는 것이다. 이로써 해석학의 도움을 통한 역동적 · 복합적 교육현실에 대한 해석과 이해는 우리로 하여금 '교육이 무엇이고' 아울러 '교육은 무엇이여야 하는가' 에 대하여 답할 수 있는 가능성을 더 구체적으로 열어 줄 것이다.

(1) 학생(아동)의 행동(文語, 口語, 行爲 등)에 대한 해석

"왜 저 아이는 아침부터 책상에 엎드려 자고 있는가?" 이에 대한 교사의 고민은 "아마 지난밤에 잠을 못잔 모양이다."라는 잠정적 가설에서 시작해서 아동의 행위를 진정으로 이해할 수 있는 단계의 명백한 이론을 창출해 낼 수 있어야 한다. 해석이 요청되는 대목이다. 해석을 통해 아동의 행위는 해석학적 순환을 통해 진정한 이해로 접근된다. 아동의 행위에 대한 진정한 이해 없이 교육에 임한다는 것은 처음부터 단추를 잘못 끼우는 셈이다. 왜냐하면 교육은 인간이해에 근거하고 있기 때문이다. 심지어 우리의 교육현실 속에서는 말로 표현할 수 없는 수많은 교육현상과 돌발적-우발적 사건이 발생한다. 이에 대한 명확한 이해 없이 우리가 교육을 실천한다는 것은 무의미하고 무가치한 일이다. 이는 분명 교육의 해석학이 해 내야 할 중요한 과제영역임이 확실하다. '왜 저 학생은 저렇게 말하고 행동하는가? 라는 의문이 생기는 순간 교사는 학생에 대한 선판단(전이해, 선취, 선입견)을 가지고 그 학생의 말과 행동을 판단한다. 그러나 이러한 선판단은 선입견으로서 분명히 이해의 조건이지만, 아직 완전한 이해가 아니다. 따라서 먼저 우리는 학생의 행동을 좀 더 잘 이해하기 위해서 그가 살아 온 역사성에 대해 해석

해 보아야 한다. 바로 이러한 점은 실천학으로서의 교육학이 목표해야 하는 교육현실에 대한 해석학적 연구의 과제에 해당된다.

딜타이에 의하면 "삶은 역사이다." (Dilthey, GS VII: 291) 인간은 역사 속에서 태어나고 역사를 만들면서 결국은 역사 속에서 살다 죽는 '역사적 존재' (Dilthey, GS VII: 351) 이상도 이하도 아니다. 인간은 쉴 사이 없이 흐르는 역사 속에 내던져진 피투(被投)로서 인간의 삶은 오로지 역사 속에서만 이해될 수 있고 역사만이 인간을 인간으로 파악할 수 있게 한다. 따라서 인간에 대한 이해는 역사해석을 통해서만 가능하다. 결국 개인으로서 그리고 삶으로서 학생을 이해한다는 것은 그가 자라온 역사를 해석하는 일로 집약된다. 또한 삶은 역사 속에서의 맥락이며 의미관련이다. 따라서 진정한 이해는 역사적 삶의 맥락과 이로 인한 의미관련(Sinnzusammenhang)에 대한 해석의 결과로 가능하다.

우선 학생은 교사라는 인식주체에 의해 거리를 두고 서 있는 인식대상이다. 그럼에도 불구하고 학생의 삶이 '역사의 산물' 이라는 해석학적 인식의 기준은 '학생의 자율성' 에 대한 포괄적 이해를 가능하게 한다. 또한 학생의 행동은 이론과 실천의 관계 및 전체와 부분 간의 관계를 떠나서 파악될 수 없다. 즉, 이론과 실천가 결코 다르지 않고 행동은 전체적 삶과 관련을 맺고 있음을 전제하는 해석학적 관점에서는 학생 역시 '경험의 주체' 로서 해석된다. 결국 학생을 자율적 존재, 경험의 주제로 인식하는 해석학적 접근은 학생의 인격, 개성, 인권 등에 대한 이해의 폭을 확장시킬 수 있다. 또한 그의 흥미, 관심, 재능, 능력, 잠재성 등에 대한 이해의 가능성도 열린다. 왜냐하면 해석학적 접근을 가능하게 하는 해석학적 순환의 고리 속에서 학생에 대한 교사의 전이해는 점차 (더 확실한) 이해로 전환되는 과정을 거치게 되기 때문이다. 물론 이때 학생의 말(口語와 文語)과 행동은 인식주체인 교사에게 해석의 중요한 매개체가 된다.

예를 들어, 알프레트 랑에반트(Alfred Langewand)는 아동인권을 이해하고자 할 때 사회운동의 작용사의 해석이 필요함을 주장했다. 그는 아동인권운동은 최소한 네 가지 차원, 즉 소위 60년대 유럽학생운동(student movement), 여성운동(women' s movement), 반(反)정신치료운동(anti-psychiatry movement), 환경 및 동물보호운동의 사회운동과 문맥적으로(contextual) 결부되어 있다(Langewand, 2001: 148-149). 따라서 우리는 역사적 맥락, 즉 문맥적 분석(contextual analysis)을 통하여 아동인권에 대한 이해를 더 잘 해낼 수 있다. 이는 역사성(historicity)에 대한 해석이며 동시에 의미관련에 대한 '작용사적 해석' (Gadamer, 1960)이다. 이를 통하여 아동의 권리는 더욱 명확하게 나타난다. 즉, "만약 당신이 남성, 성인, 정신치료가 필요 없는 정상인 그리고 이성의 동물이 아니라면, 당신은 사회에서 지배적인 이성의 형태 때문에 고통을 받아야 한다." (Langewand, 2001: 149)는 사실을 이해하게 된다면, 우리는 기존 이성의 지배하에서는 하찮은 것으로 인식되는 아동의 권리를 더 잘 이해할 수 있게 된다.

(2) '학생-교사' 의 만남에 대한 해석

학교 또는 교실은 지식을 매개로 하여 교사와 학생이 서로 인격적으로 그리고 교육적으로 만나는 장소이다. 이러한 만남을 통하여 교육현상도 발생한다. 그러나 모든 교실에서 일어나는 교사와 학생 간의 만남은 반드시 바람직한 만남이라고 장담할 수 없으며 이로써 바람직한 교육현상이 이루어질 것이라고도 장담할 수 없다. 설령 인격적 만남이나 교육적 만남을 전제한다고 해도 그것으로 제대로 된 교육이 보장되는 것은 아니다. 따라서 우리는 진정한 인격적-교육적 관계를 위하여 교사와 학생 간의 만남의 현상을 해석하고 이해해야 한다.

학생과 교사의 만남은 역사적 사건이다. 왜냐하면 삶은 역사이기 때문이다. 삶이 역사적인 것처럼 만남도 역사적이다. 따라서 학생과 교사의 만남은 역사성의 차원에서 해석되어야 한다. 또한 역사는 일회적이며 우연적이다. 심지어 역사는 자의적이다. 따라서 일회적이고 우연적이며 자의적인 역사로서 현상하는 학생-교사의 만남은 역사해석의 대상이어야 한다. 물론 역사 해석은 작용사적 배경을 외면할 수 없다.[56)]

우선 학생-교사의 만남은 일련의 삶의 현상으로서 인식주체에 의해서 일회적이며 우연으로 해석될 수 있다. 만남의 의미는 인식주체의 성향에 따라 크게 달라질 수 있다. 만약 교사가 학생과의 만남을 수직적 위계관계로 인식한다면 만남은 위계종속의 관계로 해석되고 이해될 것이다. 반대로 학생-교사의 만남을 수평적 관계로 인식하는 교사에게 학생은 좀 더 동등한 차원에서 해석되고 이해될 수 있을 것이다. 헤르만 놀은 학생-교사의 만남을 이해하기 위하여 이들 간에 성립되는 '교육(학)적 관계(pädagogischer Bezug)' (1948: 169)의 해석을 통하여 풀어내려고 했다. 즉, 교사-학생의 관계는 성숙한 인간이 성숙해 가는 과정에 있는 인간에게 가지는 열정적 관계이다. 이러한 만남의 관계를 슈프랑거는 '교육애(pädagogische Liebe)' 로 해석하였으며, 보르노는 '교육(학)적 분위기(pädagogische Atmosphäre)' 로 해석하였다. 이로써 교사는 종래의 정의대로 더 이상 사회적 대리인이 아니며, 학생의 변호자로 거듭나야 한다. 또한 교사는 학생과 문화를 매개로 만남으로써 궁극적으로는 단순한 문화이식을 넘어서 '문화각성과 문화책임을 자극하기 위한 만남의 관계' (E. Spranger)로 발전해 나가야 한다. 한마디로 정신과학적 교육학에서 추구하는 학생-교사의 관계는 일방적 관계가 아닌 상호작용의 관계가 된다.

한편 모든 역사적 배경이 서로 다른 작용사(Wirkungsgeschichte)(Gadamer, 1960)의 맥락 속에 살아온 개인과 개인 간의 만남에서 오해와 선입견은 필연적이다. 그럼에도 불구하고 교실에서 오해와 선입견에 의한 만남은 어색하기 짝이 없다. 심지어 이러한 만남이 지속되는 교실은 파국일 수밖에 없다. 따라서 교실에서 교사와 학생 간에 이루어지는 역사적 만남은 각 개인의 역사성에 대한 해석의 과정, 즉 해석학적 순환의 과정에 들어가야 한다. 이는 진정한 이해를 위함이다. 예를 들어, 학생과 교사의 만남은 한 인격체와 인격체의 만남이다. 상대가 인격체라고 하는 것은 상대가 역사적 존재라는 것에 대한 인식이다. 모든 역사가 다르듯이 인격도 모두 다르다. 따라서 인격은 인격 자체로서 존중되어도 무방하다. 그러나 인식주체의 선입견이나 선판단으로 인하여 오히려 오해의 소지가 증폭될 수도 있다. 이럴 경우 학생-교사의 만남은 이질적 만남, 즉 낯선 만남으로 지속될 수 있다. 왜냐하면 독립적 역사성에 대한 인식과 인식주체-대상의 거리감 때문이다. 이러한 모든 것은 선입견과 선판단을 야기한다. 따라서 이러한 선입견과 선판단은 해석학적 순환의 도식 속으로 들어가야 한다. 왜냐하면 선입견과 선판단에 기인하는 불투명한 전이해가 투명하고 온전한 이해로 전환되어야 하기 때문이다. 그러기 위해서 교사는 끊임없이 해석학전 순환의 과정에 빠져 들어가야 한다.

(3) 학생과 교육환경과의 관계에 대한 해석

문화인류학자 미드(G. Mead)와 심리학자 번(E. Burne)에 의하면, "나는 너로 인하여 나"다. 또한 마틴 부버(M. Buber)에 의하면, 나와 너와의 만남에서 나의 존재가 확인된다. 또한 딜타이에 의하면 인간은 반드시 사회적-역사적 관점에서만 이해될 수 있으며, 케르셴슈타이너, 리트, 슈프랑거에 의하면 인간은 문화적 존재이다. 한마디로 '나'라는 존재의 형성은 주변 환경과의 상호작용의 결과로 가능하다. 이렇게 본다면, 교육환경과 학생 간의 관계는 절대적이다. 이에 대하여 해석학적 관점에서도 이러한 관계를 해명해 보아야 한다. 물론 교육환경은 부모와 교사 같은 인물일 수도 있지만 교육기자재, 칠판, 교실, 사회제도, 교육제도, 가정환경, 가방, 교복, 두발, 의상 등 인물이 아닐 수도 있다.

우선 학생은 인식주체이며 교육환경은 대상이다. 학생은 환경을 체험한다. 학생은 자신의 체험을 표현함으로써 스스로를—이를테면 환경에 대한 자기반응의 능력을—이해하기도 하며, 남으로 하여금 자신을 이해하도록 하는 자료를 제공한다. 체험이 표현되고 그 표현이 이해된다. 이해는 다시 추체험되고 추체험이 다시 표현되고 이러한 표현이 새로운 이해의 대상이 된다. 결국 이러한 지속적인 해석학적 순환 속에서 우리는 우리 자신에 대하여 또는 남에 대하여 진정한 이해로 접근하게 된다.

한편 교사는 학생으로 하여금 주변의 교육환경과 체험을 하도록 주선할 수 있다. 이를테면 체험학습이 그것이다. 체험이 표현되고 그 표현이 이해되는 과정을 순환시킴으로써 교사는 학생으로 하여금 주변 환경에 대하여 진정한 이해를 할 수 있는 기회를 제공한다. 결국 주변 교육환경에 대한 전이해가 이해로 전환되면서 학생에게 교육환경에 대한 이해는 더욱 명확해진다. 따라서 주변교육환경에 대한 학생의 이해는 '환경 속의 나' 에 대한 이해를 위한 수단이며 방법이다. 그러나 전체와 부분의 관계에 대한 해석에서 인식론적 차원에서는 인식의 주체인 학생에게 교육환경에 대한 인식은 해석학적 순환 속에서 진정한 이해를 할 수 있다고 할지라도 가치론적 차원에서는 한계에 봉착한다. 즉, 교육환경에 대한 학생의 이해가 반드시 교육적 결과로 보장되는 것은 아니다.

5. 소 결

교육학(教育學)은 이론학이면서 동시에 실천학이다. 따라서 교육학의 연구 대상은 분명히 교육(현상)이지만, 인간을 대상으로 인간형성을 목표하는 실천학적 연구를 동반한다. 이렇게 본다면 교육학 연구는 다른 학문 연구에 비해서 독특하다. 따라서 교육에 대한 접근은 다른 과학과 달리 단일한 방법과 단일한 원리로만 가능한 것이 아니다. 즉, 교육을 연구하는 교육학은 간(間)학문적이고 학문 간의 엇물림으로써만 가능하며 연구의 방법론은 실천으로서의 방법론을 포괄한다. 이러한 의미에서 빌헬름 플리트너(W. Flitner)는 교육학을 '철학적-해석학적-

실용적 독립과학' (Flitner, 1963: 23)이라고 규정했다.[57)]

정신과학적 교육학은 방법론으로서의 해석학을 도입함으로써—적어도 규범교육학으로부터의 전승인— '교육학은 반드시 이래야 한다.' 는 통념을 깨 주었다. 이러한 시도는 교육학을 어떤 단일 체제나 단일한 방법을 갖는 학문으로 보려는 모든 시도를 거부한다(오인탁, 1984). 즉, 윤리학에 목표를 두고 심리학적 방법으로 교육현상을 파악해야 한다는 고전적 규범교육학은 해석학의 도입과 함께 하나의 비현실, 즉 관념적 추상(ideal)으로 드러나기 시작했다.[58)] 또한 해석학은 한동안 실증주의의 영향하에서 자연주의적 방법, 즉 방법론적 일원론에 경도되어 온 경험(주의)적 교육학에—또는 행동주의적 교육학에—대한 반성의 기회를 열어 주었다. 한마디로 해석학은 교육학의 과학적 특성을 '다수성의 원리(plulalitaet)' 또는 '방법론적 다수주의' (오인탁, 1982: 8)에서 이해하는 입장을 취한다.

오늘날 정신과학적 교육학에 적용되는 해석학적 연구의 논리는 '언어로 고정된 기록' 으로서의 '문헌적 텍스트' 에 거의 국한되어 있다. 이는 해석학을 교육학 연구의 논리로 차용한 정신과학적 교육학의 성과라고 할 수 있다. 그런데 딜타이는—물론 슐라이어마허로부터—교육현실에도 해석학의 적용이 가능해야 한다고 주장했다. 그럼에도 불구하고 이는 아직 많은 부분이 선언적 수준으로 남아 있다. 즉, 교육현실이라는 소위 비문헌적 텍스트의 해석에 대한 접근은 거의 미지의 영역에 남아 있다고 해도 과언이 아니다. 그럼에도 불구하고 우리는 아동, 학생, 교사–학생 간의 실천(실제, 현실) 관계에 대한 '이해' 가 중요하다는 화두에 대해서는 공감대가 형성되어 있다. 이는 정신과학적 교육학이 발견한 성과이며 동시에 좀 더 기여해야 할 잠재성의 영역이다. 이제 남은 것은 교육현실에서도 보편타당한 이해를 위한 해석의 과정에 대한 연구이다. 특히 실천학으로서의 교육(철)학의 성장을 위하여 '학문으로서의 접근을 충족시킬 수 있는 연구방법', 즉 정신과학적 교육학에서 해석학적 연구의 논리가 교육현실(Erziehugswirklichkeit)에의 보편타당한 적용에서도 바람직한 성장을 보여야 할 때이다.[59)]

후주

1) 이해란 자기의 객관화 형식을 통해서 인식될 수 있는 정신의 의미에 대한 재인식(Wiedererkennen)이자 재구성(Nachkonstruieren)이다(Betti, 1972: 12).

2) 인간의 삶과 이해는 분리될 수 없다(윤평중, 2000: 334). 해석의 완성은 인간의 완성, 성숙의 끝이다(김상환, 2000: 343).

3) 교육현실의 해석학적 연구의 영역은 역사적 텍스트에 대한 해석학적 성과에 비교하여 볼 때 아직은 불충분하게 조명되어 있다(Wulf, 1983: 31).

4) 딜타이에 충실하면서 오로지 해석학을 '정신과학의 일반방법론'으로만 규정한 대표적인 학자는 이탈리아의 법학자 에밀리오 베티(Emilio Betti)이다. 이에 대한 그의 대표적인 저서는 『Die Hermeneutik als Allgemeine Methodik der Geisteswissenschaften』(Tübingen, 1962)로서, 여기서 그는 해석학적 유산이 유럽은 물론이고 발상지인 독일 땅에서조차도 점차 사라지고 있는 사실과 낭만주의 전통과의 연속성도 붕괴되고 있는 현실에 대하여 안타까움을 토로했다(Betti, 1967).

5) 이 논쟁의 과정은 Betti(1954)–Gadamer(1960)–Betti(1962)–Gadamer의 과정으

로 진행되었다(Bleicher, 1980: 260). 이 글에서는 이들 논쟁을 더 이상 다루지 않는다. 왜냐하면 가다머는 정신과학이라는 용어 자체부터 문제시함으로써 해석학과 정신과학을 연계시키는 것 자체에 무리가 따른다는 입장이었다. 이는 딜타이와 베티, 미슈 등이 해석학을 인식론적 차원에서 차용한 것과는 대조적으로 하이데거는 현상학에서 그리고 가다머는 존재론의 관점에서 보고 있기 때문이다. 특히 가다머는 해석학을 철학(존재론적 해석학, 해석학적 철학, 철학적 해석학)으로서 다시 복권시키는 데에 앞장섰다. 이를 위해서는 딜타이의 인식론적 차원이 장애가 될 수밖에 없었다. 이 연구의 주제는 '정신과학적 해석학' 에 그 범위가 제한된다.

6) 이 논쟁은 Gadamer(1960)−Habermas(1970)−Gadamer(1971)−Habermas(1971)−Gadamer(1971)−Habermas(1971)−Gadamer(1975)의 과정으로 진행되었다(Bleicher, 1980: 260) 이 연구에서는 이들 간의 논쟁에 대해서도 더 이상 다루지 않는다. 물론 연구 주제의 한계 때문이다.

7) 당시 사람들은 시인 호머를 신에게 영감을 받은 자로 간주했다. 따라서 호머는 헤르메스 신과 마찬가지로 신의 메시지를 전달해 주는 매개자의 역할을 하기도 했다. 밀턴에 의하면, 호머는 신이 인간에게로 향하는 여러 가지 길을 정당하게 해 주는 해석자였다. 플라톤의 대화편 『이온(*Ion*)』에서 어떤 젊은 해석가가 호머를 암송하고 억양의 변화를 통하여 호머를 표현하며 심지어는 미묘한 부분까지 설명하면서 해석하고 있는데, 이는 호머 자신이 이해하고 깨닫고 있었던 것보다 더 잘 의미를 전달하고 있다(Palmer, 1969: 15).

8) 이러한 의미에서 특히 아리스토텔레스는 자신의 저서 『해석에 관하여(*Peri hermeneias−De interpretatione*)』에서 수사학과 시학을 해석론의 범주에서 제외시켰다(Palmer, 1969: 20−21). 그는 여기서 해석을 언명(enuciation)으로 간주하였다. 이러한 언명은 사물과 사실로 다가가서 진리를 구체적으로 진술하는 것이기 때문에, 이러한 과정에서 목적(telos)이 정서를 동요시키고(시학), 정치적

행위를 이야기하는 것(수사학)이 아니라 사실에 대한 이해를 진술하는 것이다 (Palmer, 1969: 22).

9) 가톨릭의 입장에서 보면, 이는 반(反)교리적인 행동이며 동시에 반(反)교회적인 사건이라고 할 수 있다.

10) 1645년 단하우어(Dannhauer)는 그의 책 『Hermeneutica sacra sive methodus exponendarum sacrarum litterarum』에서 '해석학'의 개념을 처음으로 사용했다. 여기서 그는 해석학을 세 가지 조류로 분류하고 있다. 이는 오늘날 고전적 해석학으로 불린다. 첫째, 좁은 의미에서 텍스트 해석과 관계하는 문헌사적 해석학(Homer의 Odyssee가 어떻게 이해되는가?) 둘째, 신학적-성서 해석학(구약과 신약이 어떻게 해석되어야 하는가?) 그리고 셋째, 법률적 해석학(구체적 사례에서 법률의 해석과 적용은 어떻게 이루어지는가?)이 그것들이다(Gadamer & Hermeneutik, Sp. 1062).

11) 해석은 구조적으로 닫힐 수 없고 종결될 수 없다(김상환, 2000: 171).

12) 슐라이어마허는 해석학에서 의미관련, 즉 전체성에 대한 요구를 처음 제시한 바 있다. 그에 의하면 한 작품의 개별적인 요소와 전체의 통일성 사이의 해석학적 상호관계를 강조했는데, 이 상호관계는 작품이 개별적인 부분의 총화에서 생겨나는 통일성이나 개개의 부분이 전체에 대해서 획득하는 의미에 따라서 명료하게 해명되는 것처럼 해석할 수 있도록 해 준다(Betti, 1972: 15-16).

13) 그러나 칸트도 이성과 역사 사이에 다리를 놓으려고 노력한 흔적이 역력한데, 그의 종교철학은 이러한 중재노력의 결과였다고 할 수 있다(Scholtz, 1995: 69).

14) 슐라이어마허에 의해 시작된 낭만주의 해석학은 "개체성과 전체성 사이의 관계에 대하여 초점"을 두고 있다(Bleicher, 1980: 14).

15) 역사학파(historical school)는 목적론적 역사에 대한 헤겔식의 선험적 구성을

거부하면서 등장했으며(Gadamer, 1960: 188), 이의 대지주는 헤르더였다. 헤르더는 진리와 사실의 가치와 의미를 각 시대의 역사에 귀속시켰다. 이러한 헤르더의 역사관은 나중에 딜타이의 "신 앞에서는 모든 것이 동일하다."라는 언어로 표현될 수 있었다.

16) 슐라이어마허는 하나의 텍스트 또는 여러 상이한 텍스트 해석의 상호교호적인 경과로 드러나는 순환의 측면을 해석학적 순환이라고 파악하면서, 텍스트 전체의 단일성과 개체 부분의 구성요소 간에 이루어지는 교호관계에 주목하였다(오인탁, 1990: 269-270).

17) "언어를 통해서 우리는 대상 세계를 잘못 그려 내고 있는 것이다. 그러므로 언어는 더 이상 실재 세계에 대한 적합한 표현수단도 아니고, 이해와 의사소통을 위해 보편적이고 타당한 수단도 아니다. 그렇지만 그 유용성 때문에 우리 인간은 그것을 스스로 만들어 내고 또 사용할 수밖에 없다. 인간은 어떤 오류 없는 이상 언어를 만들어 낼 필요도 없고, 또 만들 수도 없다. 왜냐하면 일상 언어의 오류성은 인간의 필요 때문에 요청되고, 인간은 자신이 필연적으로 갖는 관점성으로 인해 실제적인 관심을 배제한 이상 언어를 만들 수 없기 때문이다."(백승영, 2000: 122) 따라서 언어가 있는 곳에서는 반드시 해석이 필요하다. 왜냐하면 해석이란 '언어를 의심하는 방법'(김상환, 2000: 163)이기 때문이다. 이렇게 본다면, 해석학적 순환은 사용된 언어를 계속해서 의심하게 함으로써 궁극적으로는 진정한 이해로 도달하게 하는 해석의 필수과정이자 방법이 된다.

18) 슐라이어마허는 '정신' 이라는 개념 사용 대신에 대부분 '이성' 이라는 개념을 사용했다(Scholtz, 1995: 68). 그에게서 아직 '정신과학' 이란 용어 사용은 없으며, 윤리학을 '정신의 과학(Wissenschaft der Geist)' 또는 이성과학(Vernunftwissenschaft)으로 전용하고, 또 다른 곳에서는(Ueber den Begriff des hoechsten Gutes. 1. Abb, 1827) '정신의 생동성에 관한 과학(Wissenschaft von

den Lebensthasetigkeiten des Geistes)' 이라는 개념을 사용하고 있다. 그는 자신의 논문 「Ueber den Umfang des Begriffs der Kunst in Bezug auf die Theorie derselben」(1831)에서 '정신에 관한 과학' 을 '이성과학' 으로 동일시했다(Schleiermacher, 1831: 183).

19) 플라톤은 철학의 과제를 지식을 통하여 삶의 행위를 인도하는 것으로 보았고, 소크라테스처럼 논리와 윤리를 불가능한 것으로 간주했다. 이와 같은 이론과 실천의 소박한 통일은, 근대 철학에서 질서 정연한 논리와 주관적인 윤리 사이의 분열로 대체되었다. 특히 논리와 윤리의 분열은 이성의 영역이 극대화된 근대 과학의 산파였던 갈릴레오와 파스칼에 의해 대표된다. 칸트 철학 역시 이러한 범주를 벗어나지 못함으로써 논리와 윤리의 분열을 촉진시켰다(Bleicher, 1980: 21).

20) 칸트의 『순수이성비판』을 보완하기 위하여 '역사이성' 의 비판을 시도해야 하는 필요성은 하나의 사건 속에서 철학과 과학, 형이상학과 인식론, 신념과 지식, 로고스와 에로스, 순수이성과 실천이성, 체계적 철학과 삶의 철학, 논리학과 역사 사이의 그것으로 다양하게 묘사되는 이원론을 양산해 내는 근대 철학 속의 긴장에서 생성되었다(Bleicher, 1980: 20). 구체적으로 1883년 딜타이의 글 「정신과학입문(Einleitung in die Geisteswissenscahften)」(GS. Bd. 1)은 인긴과 인간 스스로 만들어 낸 역사와 사회를 파악하는 인간의 인식능력에 대한 비판을 다룬 역사이성비판이다.

21) 딜타이의 체험 개념은 드로이젠의 해석학 이론에서 나온다. 드로이젠의 해석학은 '체험의 이론' 과 '재구성의 이론' 으로 구성된다(Bleicher, 1980: 18). 우선 헤겔에게서 작용을 받은 체험의 이론에서 드로이젠은 '내적 체험의 과정을 표현해 보려는 인간의 욕구' 에 대하여 논하고 있다. 어떤 사람이 자신의 내적 체험 과정을 표현할 때, 이는 이를 지각하는 다른 사람의 마음에 투사된다. 이때 표현하는 사람과 지각하는 사람 사이에서는 공유하는 감정이

형성될 수 있으며, 이러한 과정은 계속해서 반복될 수도 있다. 궁극적으로 체험자와 체험자의 표현을 지각하는 사람은 서로 무엇인가를 공유함으로써 마침내 '절대적 전체성' 이라는 개념에 도달하게 된다. 한편 재구성이론에서는 표현을 지각함으로써 자신의 내적 재생산을 이루어 낼 수 있는 방법을 다루고 있다. 이러한 드로이젠의 구상을 구체화시킨 사람이 바로 딜타이(Wilhelm Dilthey)였다. 딜타이는 '역사과학' (또는 문화과학: 빈델반트, 리커르트)이라는 용어 대신 '정신과학(Geisteswissenschaften)' 이라는 용어를 대체시켰다. 이로써 딜타이는 정신과학의 창시자가 된다.

22) 16~17세기부터 갈릴레이, 케플러 등은 수학적 방법을 동원함으로써 자연과학에서 객관적 타당성을 입증하고 검증하는 체계를 세웠다. 이로써 근대 자연과학의 틀이 형성되는데, 이러한 자연과학의 방법론은 그 후 모든 학문의 방법론으로 군림하면서 학문세계를 지배하게 되었다. 이러한 상황에서 데카르트와 스피노자의 철학적 사유도 영향을 받게 됨으로써 인간의 정신세계에 대한 분석 역시 자연과학적 방법에 주도될 수밖에 없었다. 이러한 경향은 결국 칸트의 철학적 집대성에서도 계속적으로 작용하게 되는데, 바로 이러한 문제의식에서 딜타이는 인간, 역사, 사회를 다루는 정신과학의 복원작업—또는 정신과학의 체계화작업—을 자연과학의 그것과는 다른 방법으로 시도할 계획을 하게 되었다.

23) 균형, 기능, 적응과 같은 개념으로 특징지어진 사회체계에 관한 딜타이의 언어들은 대표적인 기능주의 사회학자 파슨스(T. Parsons)로 계승된다.

24) 딜타이는 자신의 '정신과학적 심리학(Geisteswissensschaftliche Psychologie)' 에서 구조주의 심리이론을 정초했는데, 이는 슈프랑거(E. Spranger)에 의해—비록 관점의 차이는 인정되지만—계승되었다.

25) 이미 딜타이는 실제적인 이해과정과의 관련을 통하여 해석학적 지식의 가능성을 전제하고 인식론에 해석학적 통찰을 적용함으로써 메타과학을 실현하

고자 했다. 이로써 '정신과학의 인식론적-논리적-방법론적 토대' (Johach, 1987: 182)가 계획된다. 이를 위해 딜타이는 우선 '삶의 범주'를 해석의 틀로 사용했다. 딜타이를 계승한 슈프랑거는 해석의 틀로 작용하는 삶의 범주를 구체적인 삶의 형식(Lebensformen)으로 범주화시키고 이를 '객관적인' 이해를 가능하게 하는 사고의 틀로 전용한다. 형식이란 수많은 지각 가능한 요소가 상호 관련되어 있는 동질적인 구조, 자기가 만들어 낸 또는 자기 안에 구현된 정신의 특성을 보유하는 데 적합한 동질적인 구조라는 넓은 의미에서 이해되어야 한다(Betti, 1972: 8).

26) 비코(G. B. Vico)에 의하면, 인간이 스스로 역사를 만들기 때문에 역사를 이해할 수 있다(Bleicher, 1980: 16). 즉, 자연에는 역사가 없다. 역사는 오로지 자유롭게 선택하고 결단하여 책임질 수 있는 인간에 의해서만 가능하다. 따라서 어떤 사건이 역사적이려면, 그 사건은 인간과 관련되어 있어야 한다(오인탁, 1990: 48). 이러한 의미에서 딜타이는 '인간의 삶을 역사' (Dilthey, GS VII: 291)로 보았다.

27) 딜타이는 우리의 모든 정신활동에는 주석(註釋)이 필요하다고 보았다. 왜냐하면 정신행위 및 활동은 매우 복잡하여 쉽게 이해하기가 어렵기 때문이다. 이는 희랍 신화에 나오는 헤르메스 신들이 신의 메시지를 전달할 때 오해와 전달지의 자의성을 피하기 위해시 꼭 주석을 달았던 사실과 맥락을 같이한다. 이때 헤르메스 신들은 신의 언어를 아마 나중에 명료화나 아니면 나중에 부가적인 주석을 필요로 하더라도 하여간 일단 이해하기 쉽고 의미 있는 것으로 바꾸어 놓는 해석자로 행동한다(Bleicher, 1980: 11). 따라서 딜타이가 추구했던 주석작업은 해석학이 된다. 해석의 과정이 점점 자체적으로 해석의 규칙과 법칙을 갖추게 되면서 효율적인 해석이 이루어질 뿐만 아니라, 해석의 결과는 자의성과 주관적인 요소에서 일반적인 타당성을 획득할 수 있게 된다. 여기서 이해를 도와주기 위한 지식의 명증성을 위해서 체계화된 해석

의 기법(Kunst)이 요청된다. 이러한 해석기법이 바로 해석의 방법이며, 이러한 기술에 대한 이론(Kunstlehre)이 바로 '해석학 이론' 으로 발전된다. 즉, 해석학은 처음부터 인식론적 입장에서 논하여진 것이 아니고 방법론의 문제로 나타났던 것이다(이규호, 1979: 241-242).

28) 디머(A. Diemer)는 '정신과학' 이라는 용어는 1789년 「누가 계몽가인가?(Wer sind die Aufklaerer?)」(작자미상)라는 논문에서 처음으로 나타났다고 한다. 또한 이 용어는 셸링(Schelling) 학파에 속하는 베르버(W. J. A. Werber)의 논문인 「Der Parallelismus zwischen Natur und Kultur, Ein System der Natur und Geistesphilosophie」(1824)에서도 등장하고 있다. 특히 1847년 칼리니히(E. A. E. Calinich)는 자신의 논문 「Philosophische Propaedeutik fuer Gymnassien. Realschlen und hoehere Bildungsanstalten sowie zum Selbstunterricht」에서 자연과학적 방법과 정신과학적 방법을 구분하고 있으며, 시엘(Schiel)은 밀(J. St. Mill)의 『논리학』에 나오는 'moral science' 를 정신과학으로 번역하고 있다(오인탁, 1990: 143에서 발췌 인용함). 그러나 이러한 논문에서 나타난 '정신과학' 은 아직 학문적으로 다듬어진 개념은 아니었다.

29) 19세기 말경 독일에서는 정신과학의 방법적 특이성, 즉 자연과학의 방법과는 다른 독자적인 것을 찾아내려고 하는 움직임이 일어났다. 빈델반트(Windelband)는 1894년 그의 하이델베르크(Heidelberg) 대학 총장 취임연설에서 아주 인상적인 표현으로 모든 과학은 법칙적 과학(die nomothetische Wissenschat) 과 개성적 과학(die idiograohische Wissenschaft)으로 나누었다. 자연과학이 보편적인 법칙을 발견하려고 하는 데 대하여 역사과학은 일회적인 것(the Einmalige)의 특수성을 표현하려고 한다. 빈델반트와 함께 신칸트주의의 서남학파에 속하는 리케르트(Rickert)는 이와 같은 빈델반트의 사상을 이어받아 인문과학의 이름을 문화과학(文化科學)이라고 부를 것을 제안했다. 이러한 문화과학이라는 이름은 곧 딜타이로 말미암아 정신과학이라는 이름

으로 대체되었다(이규호, 1979: 240-241 참고).

30) 딜타이는 자신의 논문 「Einleitung in die Geisteswissenschaften」(1888)에서 자연과학과 달리 정신과학은 사적 · 사회적 현상을 대상으로 하는 모든 과학을 의미한다고 했다. 또한 여기서 그는 해석학을 정신과학의 방법론적 기초라고 보았으며, 이해를 정신과학의 구성적인 방법으로 파악했다. 그리하여 슐라이에르마허가 '이해의 예술론'으로 구상한 해석학이 딜타이의 노력을 통하여 정신과학의 방법론으로 발전했다(오인탁, 1990: 144).

31) 딜타이는 해석학을 '정신과학의 방법'론적 기초라고 보았으며, 이해를 정신과학의 구성적인 방법으로 파악하였다(오인탁, 1990: 144). 따라서 우리는 '정신과학의 구성적 방법'으로서의 '이해'를 토대로 하여 '이해에 기반을 둔 실천' 특히 '교육실천'의 가능성을 얻게 된다.

32) 딜타이에 의해서 '정신과학적 방법'으로 수용된 해석학은 자신의 방법적인 고유성에 대한 주장과 함께 정신과학적 방법의 정당성을 회복하기 위하여, 당시 자연과학적 연구방법의 차용으로 정신과학의 영역에서도 득세하고 있었던 영국의 경험주의와 프랑스의 실증주의에 대해서 비판의 끈을 놓지 않았다(Bollow, 1982: 117).

33) 당시 사회과학의 영역에도 연구방법은 빠른 속도로 발전하고 있었다. 이를테면 프랑스와 영국에서 시작된 '실증주의(positivism)'가 바로 그것이었다(박순영, 1978: 101). 특히 자신의 저서 『실증철학의 과정(Cours de philosophie positive 6 Bde.)』(1830~1842)에서 콩트(August Comte, 1798~1857)에 의해 구체화된 철학적 연구방법론으로서의 실증주의적 접근은 자연과학의 방법을 정신과학에 적용하는 것도 가능하지 않다는 암시로 작용했다. 또한 1866년 브렌타노(Franz Brentano, 1838~1917)는 자신의 교수자격논문에서 "철학의 참된 방법은 자연과학의 그것과 다를 수 없다."(Brentano, 1929: 36)라는 선언을 함으로써 정신과학에 자연과학적 방법을 도입 적용하는 경향이 고조되기 시작했

다. 이러한 관련 속에서, 즉 방법론 연구에 치우쳐 있던 당시 학계의 조류에 편승하여 딜타이의 방법론적 시도가 이루어지게 된 것이다. 그러나 딜타이의 방법은 실증주의와 자연과학적 방법의 적용이라는 차원과는 판이했다. 왜냐하면 자연현상을 하나의 보편타당한 법칙 속에서 설명하는 것과 복잡하고 다양한 인간의 삶과 정신 현상을 설명하는 것은 차원이 다르기 때문이다. 자연법칙은 '규칙적 반복성' 을 전제한다. 그리고 검증될 수 있다. 반면, 인간이 만들어 내는, 즉 삶에서 드러나는 표현인 역사와 문화는 '특수성' 과 '유일무이한 일회적 현상으로서' 규칙적으로 반복되는 자연현상과 다르며 검증될 수도 없다. 한마디로 자연법칙은 반복적이지만, 역사는 일회적이다. 이는 마치 봄에 꽃이 피고 겨울에 떨어지는 자연의 법칙처럼 인간의 삶도 항상 똑같이 반복되는 것은 아니라는 뜻이다. 따라서 인간의 삶과 정신 현상을 연구하는 데 같은 규칙이나 법칙을 적용할 수도 없다. 또한 이러한 규칙이나 법칙을 적용한다고 해도 모든 삶이 관찰되고 설명될 수 있는 것은 아니다. 삶에서 무수히 부딪히는 '돌발 상황' 이나 '돌출 행동' 은 모두 우리 인간의 삶이 규칙적-법칙적으로 설명될 수 없음을 알려 준다. 물론 자연현상에서도 돌연변이가 있다. 그러나 이 역시 어떤 법칙이나 규칙을 가지고 설명된다. 다시 말하면, 우리는 자연현상을 모두 인과원칙(또는 인과법칙)에 따라 설명하면 되지만, 인간은 사회를 형성하고 그 안에서 사회의 한 주체로서 역동적으로 현상하기 때문에, 어떤 단일법칙으로 그의 개별행동을 파악할 수 없다. 심지어 역사는 각 개별사건이 특수성을 띠고 있기 때문에 보편적인 자연법칙으로 이들을 파악할 수 없다. 역사는 불가역성, 비반복성, 일회성으로 해명되어야 한다. 이렇게 본다면, 보편타당한 법칙을 지향하는 자연과학의 방법으로 인간의 삶을 설명한다는 것은 인간의 삶과 정신현상을 축소 왜곡하게 된다. 바로 이러한 점에서 정신과학의 특수성과 고유성이 주어지는 것이다. 이러한 연유로 딜타이는 '방법론적 독단론' 또는 '방법론적 단일주의'

를 비판하였다. 당시 자연과학적 방법 또는 자연과학적 방법의 응용, 즉 실증주의 및 경험주의 등만이 학문연구의 방법으로 인정되고 있었던 현실에 대한 딜타이의 거부였다. 이러한 딜타이의 노력으로 우리는 비로소 학문에서의 '방법론적 개방성', 즉 자연과학적 방법론 이외에도 다른 방법론이 있을 수 있다는 사실을 취득할 수 있었다고 평가한다.

34) 딜타이는 역사적 정신과학의 핵심인 '이해의 방법'을 통하여 사회과학의 연구 영역에도 새로운 차원을 열어 주게 되었다. 구체적으로 딜타이에 의해 제시된 이해의 방법은 과학주의적 접근 방법의 개념적 망을 통하여 빨려들어가거나, 아니면 그러한 접근 방법으로 환원되었던 대상의 부분을 구성하는 의미의 범주에 의해 인도되고 있다(Bleicher, 1980: 26).

35) 딜타이는 "오로지 삶의 목적을 통해서만 교육이 연역되는데, 이러한 삶의 목적을 윤리학은 보편타당하게 규정할 수 없다."(Dilthey, GS.VI: 57))라고 하면서, 윤리학에 목표를 두고 심리학에 방법을 의존하고 있던 전통적 교육학, 특히 헤르바르트의 규범교육학을 비판하면서 정신과학적 교육학으로의 전환을 요구했다. 교육의 의미와 목표는 그 역사를 통해서만 인식될 수 있으며, 윤리와 도덕은 단지 부분적인 인식만을 제공할 뿐이다(Dilthey, GS.IX: 178).

36) 딜타이는 초보적 차원의 이해를 다시 초보적 심리학적 이해(감정이입)과 초보적 의미-이해(몸짓의 파악, 단어 의미의 이해)로 구분했다(Danner, 1994: 38).

37) 이러한 딜타이의 생각은 특히 하이데거와 가다머 등 존재론적 사상가에 의해서 실증주의, 객관주의로 비판을 받는 빌미를 허용하게 된다. 실제로 딜타이는 심리학적 분석 내지 '통계적 방법'(Dilthey, GS.IX: 179)을 결국은 사적-사회적 작용관련을 함께 조직적으로 연결하는 해석학적 작업을 통하여 정신과학의 과제를 발전시켰다.

38) 따라서 딜타이는 해석학을 텍스트의 예술적 해석의 학문으로서 정신적 객관화들 전체를 이해하는 학문의 하나로 파악했다(오인탁, 1990: 223).

39) 이로써 해석학에서는 전체–부분의 관계를 해석하고 이해한다는 것이 명백해진다. 여기서 전체는 시공을 초월한 가상이나 형이상학의 세계가 아니고 인간이 그 안에서 실제로 서로 서로 관련이 되고 의미로운 관계를 맺고 있는 하나의 단일한 세계(einheitliche Welt), 즉 삶의 전체가 된다. 에밀리오 베티에 의하면, 개별적인 요소에서 전체의 의미를 얻어 낼 수 있고, 그 개별적인 요소 자체가 하나의 부분으로서 구성하고 있는 포괄적이며 철저한 전체와 관련하여 이해될 수 있다(Betti, 1972: 16). 한 단어의 의미, 강도, 뉘앙스는 그 단어가 언급된 의미연관과 관련하여 파악될 수 있듯이, 즉 말의 유기적인 구성과 확증성의 상호적인 연관성에 관련됨으로써만 이해될 수 있는 것이다 (Betti, 1972: 16).

40) 푸코에 의하면, 해석이란 역사적 미래를 개방하는 것이다(김상환, 2000: 199)

41) 작가는 자신의 작품을 언어로 기록함으로써 '객관'을 내놓지만, 해석자에게는 아직 잠정적 객관이다. 이러한 객관이 완전한 객관이 되고 이러한 객관을 매개로 작품을 완전히 이해하기 위해서는 작품에 대한 지속적인 추체험이 요청되는 것이다. 이러한 근거에서 (완전한) 이해를 위한 지속적인 해석학적 순환의 과정은 정당하다.

42) 이러한 의미에서 하이데거는 이해의 역사성, 즉 해석과정의 역사적 제약성을 해석학의 원리로 끌어올리기 위해 이해의 전구조를 사용하며, 이 사실을 통하여 그는 선입견을 '이해의 조건'으로 보아야 하는 역설을 낳게 된다 (Betti, 1972: 39). 이렇게 본다면 해석자는 항상 선입견을 가지게 마련인데, 참된 선입견과 그릇된 선입견을 가르는 것이 해석학의 과제이다(Betti, 1972: 40). 가다머는 선입견이 밖으로 드러나도록 부축이는 것을 전통과의 만남이라고 표현하였다(Gadamer, 1960: 33).

43) 본래 의미란 저서 속으로 들어가서 해석할 수 있는 것이 아니라 저서에서 이끌어 낼 수 있는 것을 말한다(Betti, 1972: 14). 따라서 의미란 자의적인 행위로

또한 어느 정도 부정한 방식으로 의미충족형식에서 추론되는 것이 아니라, 오히려 그 의미는 마땅히 그 형식에서 유래되어 나와야 하는 것이다(Ebenda).

44) 바로 이러한 추체험의 구조에 주관과 객관 사이를 매개하는 해석학적 순환의 의미가 있으며, 해석학적 개념 형성의 방법론이 근거하고 있다(오인탁, 1990: 224).

45) 정신과학적 교육학의 테두리 속에서는 교육의 역사성이 인식되었고, 교육실천(Erziehungspraxis)의 이해를 위한 의미가 도출되었다. 동시에 사람들은 교육현실(Erziehungswirklichkeit)의 이해를 위한 해석학적 방법의 중요성을 발견하였다(Wulf, 1983: 10).

46) 예를 들어, 딜타이 제자로서 실질적인 정신과학적 교육학을 정초한 것으로 평가되는 헤르만 놀(Herman Nohl)은 교육현실에 대한 이해는 역사적 분석을 통해서만 가능하다고 생각했지만, 실제로 그의 역사분석이 개별적 교육행위, 실천의 유용성이나 의미를 얼마나 가능하게 했는가의 문제는 여전히 남아 있다(Wulf, 1983: 20)

47) 놀이 법칙적이라고 분석한 개혁교육학운동의 첫 단계는 구시대의 교육 형태와의 모순이 도출되는 단계이며, 두 번째 단계는 사회적이고 민주적 힘이 작용하는 단계이며, 마지막 세 번째 단계는 이념적 진리에 힘의 개입이 요청되는 단계로서 개혁운동의 내용, 방향 그리고 힘의 결합이 이루어지는 단계로 구성된다(Nohl, 1948: 218f.).

48) 물론 딜타이에 의해 제기된 테마인 교육현실에 대한 역사적 해명(Explikation), 즉 역사적 발달 속에서 스스로 드러날 수 있는 교육의 이념에 대한 계몽에 기여할 것이라는 놀의 생각은, 교육의 과제와 가능성에 입각해서 교육형식과 도야 내용 내지 도야의 이념에 실천학적 타당성(praxeologische Gueltigkeit)을 부여하는 데 도와줄 것이라는 점에서는 충분하지가 않다(Benner, 1978: 202). 이러한 관점에서 보켈만(H. Bokelmann)은 "놀에게서 현재

의 교육적 삶의 구조는 해당 카테고리의 역사적 탐구를 위한 가설적 출발점이기 때문에, 놀의 방법적 개입과 출발점은 실천의 관점에서 본다면 모호하다."라고 말한다(Bokelmann, 1969: 78).

49) 1926년 교수자격논문으로 제출한 이 연구에서 그는 역사 수업의 역사를 연구하는 과정에서 비로소 부딪치고 다루게 되는 역사학이나 역사철학 또는 도야의 이론에서 출발한 것이 아니라 역사수업의 역사성에서 출발하고 있다(오인탁, 1990: 216). 그는 여기서 역사과목의 예를 가지고 수업에서의 역사성이 얼마나 다루어지고 있는가에 대해서 집중적으로 탐구했다.

50) 규범적 교육과학은 헤르바르트(Herbart, 1776~1841)에서 시작되는데, 그의 추종자인 질러 등(Ziller, Rein, Stoy, Waitz)이 헤르바르트학파(Herbartianer)를 형성한다(Wulf, 1983: 16).

51) 이론에 대한 실천의 우위성을 처음 주장한 슐라이어마허(F. Schleiermacher)는 "실천의 위엄은 이론에서 독립적이며, 실천은 이론을 통하여 의식될 뿐이다."라고 하였다(Scholz, 1995).

52) 이론과 실천의 상관성 문제는 이미 놀, 리이히바인(Reichwein), 프리샤이젠-쾰러(Frischeisen-Koehler)에 의해 해명된 테마였지만(Benner, 1978: 203), 베니거(E. Weniger)에 의해서 이러한 문제는 교육적 행위와 교육과학의 고유성 내지 상대적 자율성의 문제와 함께 역사 해석의 과정에 들어서게 되었다. 즉, 베니거의 고유한 실적은 자율성개념과 이론개념의 차별화에 있다(Benner, 1978: 203). 사실 베니거는 교육실제(현실)에 대한 해석학적 과제 수행에서 정신과학적 교육학이 교육학적 독립성 때문에 쉽게 접근할 수 없음을 학문적 한계로 자인하였다. 따라서 베니거가 이론과 실체의 관계에 대한 해석학에 몰두하게 된 동기는 그가 정신과학적 교육학의 특성이면서 동시에 한계이기도 한 '역사성에 대한 해석과 분석에 지나치게 집착하는 것'을 극복하면서 해석학적 적용을 좀 더 세련되게 하기 위함이었다. 이러한 베니거의 노력은

후에 빌헬름 플리트너(W. Flitner)에게도 영향을 미쳤다. 플리트너는 해석학을 실용주의적 차원에서 접근함으로써(실용주의적-해석학적 접근) 역사해석에 지나친 의존도를 극복하고자 '참여적 반성' 을 기반으로 하는 '사회참여적 해석학' 의 필요성을 주장했다. 이렇게 본다면 베니거와 플리트너 등의 노력은 역사해석에 지나치게 경도된 정신과학적 교육학과 서서히 이별을 고하는 추세였다고 볼 수 있다. 이러한 추세는 연구의 중심을 정신과학적 교육학에서 비판적 교육학으로 이동해 간 볼프강 클라프키에게서 절정을 이룬다. 그러나 이러한 교육현실에 대한 해석학적 관점의 전이는 인식론에서 비판론으로 이어지는 해석학적 과정에 대한 더욱 숙련된 연구를 거치지 않고는 쉽게 결정될 수 있는 것이 아니다. 그럼에도 불구하고 분명한 것은 정신과학적 교육학에 적용된 해석학이 교육현실을 더 잘 해석하기 위해서는 인식론적 차원에서 벗어날 수밖에 없음에 대한 암시이다. 특히 존재론적 차원에서 접근될 수 있는 철학적 해석학의 관점을 통한 교육현실의 해석에 대한 언급이 교육철학에서 생략되어 있다는 점은 문제가 아닐 수 없다.

53) 굳이 말하자면, 딜타이에 의해 시작된 전기연구(傳記, Biographieforschung)에서 수용되었다고 볼 수 있는데, 베르너 로흐(Werner Loch), 헤닝젠(J. Henninsen)의 자서전 연구 등은 교육사 연구를 이념사의 테두리를 넘어서 사회사적 접근을 시도한 단초로 볼 수 있으며, 스펙(Speck)의 교육사의 문제사적 접근(Problemgeschichte) 역시 이러한 맥락의 시도라고 할 수 있다. 그러나 클라프키(W. Klafki)는 교육학을 사회과학으로 이해하기 위해서는 교육사 연구 역시 정치적-사회적-경제적 관련을 충분히 반영할 수 있어야 한다고 주장한다(Klafki, 1971a: 361). 즉, 사회사적 연구와 비교연구적 관점의 강화가 그것이다. 이러한 맥락에서 그는 비판적 교육과학의 관점을 취함으로써 엄밀하게 정신과학적 교육학과 이별을 하게 된다. 교육사 연구에서 사회사적이고 이념비판적 관점의 수용은 결국 사회과학의 질적 연구방법인 상호교섭주의 및 민

속지적 연구방법론으로까지 확대되어야 한다는 논리로 발전되었다.

54) 아마 이러한 다원적 교육사의 얽힘에 대한 해석을 위해서는 — 정신과학의 방법론으로서의 해석학을 거부하는 — 가다머의 존재론적(또는 철학적) 해석학의 차원인 '작용사(Wirkunggeschichte)' 의 개념이 '방법론으로서의 해석학' 이라는 차원에서 도입 적용된다면 일말의 도움을 줄 수 있을지 모른다. 또한 이와 더불어 구체화될 수 있는 '해석학적 반성의 차원' 에도 방법론적으로 접근할 수 있는 실천적 시도가 요청된다. 그러나 우리는 이러한 정신과학적 방법론으로서의 작용사적 접근과 해석학적 반성을 통한 교육사 및 교육고전에 대한 해석학적 과제에는 아직 미숙한 실정이다.

55) 인간이 역사적으로 창조한 문화는 정신의 대상화 곧 주관의 객관화이다(최성환, 2000: 20). 오늘날 인문학의 위기에 대한 사색적 모색이 문화에 대한 관심을 증가시키고 있다(최성환, 2000: 15). 문화의 발흥을 '과학-기술적 세계관' 에 대한 반작용으로 간주하는 태도에는 여전히 자연-문화의 이분법이라는 전통적 사고가 깔려 있다(최성환, 2000: 18). 이미 18세기에 이탈리아의 철학자 비코(G. Vico)는 자연과 문화를 이원화했는데(Vico, 1744: 51), 이러한 이분법이 오늘날 크게 왜곡되어 해석되었다. 즉, 인간은 자연의 영역에서 살아남기 위해 자신의 탁월한 정신능력을 바탕으로 문화를 창조했다. 인간학자 아르놀트 겔렌(Arnold Gehlen)에 의하면, '문화는 제2의 자연' (Gehlen, 1962: 34)이다. 인간은 자신들이 살아남기 유리하도록 자연환경을 다른 모습으로 바꾸어 놓을 수밖에 없었으며, 바로 이러한 바꿈의 흔적이 문화로 전개된 것이다. 이로부터 '인간은 문화적 존재' 로 이해되기 시작했으며, 인간의 문화창조 능력은 우리 인류로 하여금 자신들이 살아남기 불리했던 자연환경 속에서 살아남을 수 있게 했던 유일한 근거가 된다. 이렇게 본다면 자연과 문화는 한 몸이다. 다만 문화는 자연의 형태변화일 뿐이다. 그러나 문화는 인간에 의해 창조되었으면서도 동시에 인간을 문화화해야만 하는 과제를 가지게 된다(최

성환, 2000: 20). 바로 이러한 과제가 쉽지 않은 것이다. 즉, 인간이 문화를 창조하는 과제보다 인간이 다시 그 문화 속에서 문화화되는 길은 쉽지 않다. 이러한 근거에서 짐멜(G. Simmel)은 이를 '문화의 비극' (Simmel, 1968: 116)이라고 파악했다. 그러나 인간은 자신들이 만들어 놓은 문화에 문화화(enkulturation) 또는 재문화화되어야 계속 살아남을 수 있으며 — 최소한 살아남기 유리하며 — 더 나아가 필요에 따라서는 새로운 문화를 창조해 낼 수 있어야 한다. 왜냐하면 새로운 문화의 창조 또는 문화적 재창조 역시 때로는 인류를 계속 살아남도록 또는 살아남기에 유리하도록 해 주기 때문이다. 바로 이러한 근거에서 우리는 문화해석의 필요성을 거론하게 된다. 문화해석을 통하여 우리는 문화를 이해할 수 있는 기회를 만나게 되며, 문화 이해를 통하여 우리는 문화를 비판하고 더 나아가 필요에 따라서는 시대 사회적 요청에 따른 새로운 문화를 창조할 수 있는 근거를 마련하게 된다.

56) 역사적 현상은 각각 고립된 채로 고찰된다면 의미를 얻지 못한다. 그것들은 그 시간적 거리와 뒤따르는 의미연관 내에서만 의미를 얻을 수 있다(Betti, 1972: 30).

57) 빌헬름 플리트너는 산만하게 전개되어 온 모든 정신과학적 교육학의 이론적 통합을 위해 '해석학적-실용주의적 방법' 을 제안했다. 해석학적-실용주의적 방법은 역사적이고 교육적인 현실의 상황을 해석학적으로 밝혀 주고, 교육학적으로 의미 있는 사실을 경험적으로 탐구하기 때문이다(오인탁, 1990: 147).

58) 정신과학적 교육학은 딜타이와 특히 헤르만 놀의 작용하에 1910년 이후에 발전되었는데, 이는 교육의 목표를 초시간적인 타당성을 요구하는 가치와 규범에서 유추하는 공동의 속성을 가지고 있었던 '규범적 교육과학(normative Erziehungswissenschaft)' 과 현저히 대립되는 노선에 있었다(Benner, 1978). 딜타이는 오로지 삶의 목표에서만 교육의 목표도 근원을 찾아낼 수 있는 것

이며, 삶의 목표가 윤리학을 보편타당한 것으로 규정할 수 없음을 명백히 했다(Dilthey, GS. VI: 57). 한마디로 윤리학보다는 삶이 우선이다. 따라서 교육의 목표는 헤르바르트가 그랬던 것처럼 윤리학에서 도출되는 것이 아니라, 삶 자체의 목표에서 나온다. 교육목표의 근거는 바로 삶이다. 이러한 딜타이의 교육목표의 근거에 대한 요청은 전통적인 규범교육학에 대립하는 것으로 이는 정신과학적 교육학의 본질을 구성하는 특성이 되었다(Wulf, 1983: 16).

59) 일반적으로 딜타이에 의해 정초된 정신과학의 방법론으로서의 해석학은, 특히 해석학의 차원에서 하이데거와 가다머의 철학적 해석학과 하버마스, 아펠 등에 의해 제기된 비판적 해석학에 의해 비판을 받는다. 가다머에 의하면, 딜타이의 정신과학은 지나치게 (정신의) 객관성을 추구하다 보니까, 자연과학을 비판하면서도 스스로 실증주의적 인식론의 오류를 그대로 답습했다. 또한 비판주의의 관점에서 정신과학적 방법론으로서의 해석학은 이데올로기비판의 문제에서 보수적 차원에 머물고 있는 수준으로 간주되었다. 따라서 해석학적-정신과학적 교육학 역시 같은 맥락에서 비판되고 있다. 결국 플리트너, 몰렌하우어, 랑에벨트, 브랑케어츠, 클라프키, 티어슈 등 정신과학적 교육학의 새로운 계승자며 동시에 비판자이기도 한 이들은 이러한 한계를 극복하기 위해서 다원적-복합적 범주를 통한 해석학적 교육학 연구에 몰두했다.

■■■ 참고문헌

김상환(2000a). 새로운 해석학의 탄생 1. 김상환 외. 니체가 뒤흔든 철학 100년. (pp. 147-200). 서울: 민음사.

김상환(2000b). 새로운 해석학의 탄생 2. 김상환 외. 니체가 뒤흔든 철학 100년.

(pp. 337–367). 서울: 민음사.

백승영(2000). 니체철학, 무엇이 문제인가. 김상환 외. 니체가 뒤흔든 철학 100년. (pp. 64–143). 서울: 민음사.

오인탁(1990). 현대교육철학. 서울: 서광사.

오인탁 역(1982). U. Hermann. 현대교육철학의 전망. 서울: 교육과학사,

윤평중(2000). 윤리의 역사에 대한 계보학적 아포리즘. 김상환 외. 니체가 뒤흔든 철학 100년. (pp. 317–336). 서울: 민음사.

이규호(1979). 현대철학의 이해. 서울: 제일출판사.

정기섭(2002/10). Herman Nohl의 역사–해석학적 교육학에 관한 연구. 한독교육학 연구, 제7권 제2호, pp. 1–16. 한독교육학회.

정영수(2002/10). 정신과학적 교육학의 학문적 성격에 관한 연구. 한독교육학연구, 제7권 제2호, pp. 17–31. 한독교육학회.

최성환(2000). 문화 해석과 해석 문화: 합리적–합의적 문화 이해의 해석학적 기초. 한국해석학회 편. 문화해석학. 서울: 철학과 현실사.

한국철학사상연구회 편(1989). 철학대사전. 서울: 동문선.

Benner, D. (1978). *Hauptströmungen der Erziehungswissenschaft: Eine Systematik traditioneller und moderner Theorien*. 2. Auflage, List Verlang Muenchen.

Betti, E. (1972). *Die Hermeneutik als Allgemeine Methodik der Geisteswissenschaften*. Tübingen: J.C.B. Mohr.

Bleicher, J. (1980). *Contemporary hermeneutics, Hermeneutics as method, philosophy and critique*. London: Routledge & Kegan Paul.

Bokelmann, H. (1969). Die Bedeutung der 'Geschichte der Pädagogik' im hermeneutischen Verständnis: Zum Problem pädagogischer Theoriebildung. In: *Neue Folge der Ergänzungshefte zur Vierteljahrsschrift für wissenschaftlicher Pädagogik, Heft 10*, Bochum.

Bollnow, O. F. (1980). *Dilthey. Eine Einführung in seine Philosophie, 4.* Auflage. Schaffhausen: Novalis Verlag.

Bollnow, O. F. (1982). Die Methode der Geisteswissenschaften. *Studien Zur Hermeneutik. Bd.1. Zur Philosophie der Geisteswissenschaften.* Freiburg/ Muenchen.

Bollnow, O. F. (1963/3). Der Erfahrungsbegriff in der Pädagogik. In: *Zeitschrift füer Pädagogik.*

Bultmann, R. K. (1958). *Geschichte und Eschatologie,* Tübingen: J.C.B. Mohr (P. Siebeck).

Dahmer, I. (1968). Theorie und Praxis. In Dahmer, I. und Klafki, W. (Hrsg.) *Geisteswissenschaftliche Pädagogik am Ausgang ihrer Epoche–Erich Weniger.* Weinheim/ Berlin.

Danner, H. (1994). *Methoden geisteswissenscahftlicher Pädagogik: Einführung in Hermeneutik, Pänomenologie und Dialektik,* 3. Aufl. Ernst Reinhard Verlag München/ Basel.

Diemer, A. (1977). *Elementakurs Philosophie: Hermeneutik.* Düsseldorf: Econ Verlag.

Dilthey, W. (1919). *Das Erlebnis und die Dichtung. Lessing, Goethe, Novalis, Hölderlin,* 4. Auflage. Göttingen.

Dilthey, W. (1958). *Die Geistige Welt. Einleitung in die Philosophie des Lebens.(GS V)* Hrsg. von Georg Misch. I Häfte: Abhandlungen zur Poetik, Ethik und Pädagogik. Stuttgart, B.G. Tuebner Verlag.

Dilthey. W. (1978). *Die geistige Welt. Einleitung in die Philosophie des Lebens.* Hrsg. von Georg Misch. II Häfte: Abhandlungen zur Poetik, Ethik und Pädagogik.*(GS VI)* 6. Auflage. Stuttgart, B.C. Tuebner Verlag.

Dilthey, W. (1979). *Der Aufbau der geschichtlichen Welt in den Geistewissenschaften.(GS VII)* Hrsg von Bernhard Groethuyenm 7. Auflage. Stuttgart, B.C. Tuebner Verlag.

Dilthey, W. (1977). *Weltanschauungslehre. Abhandlungen zur Philosophie der Philosophie. (GS VIII)* Hrsg. von Bernhard Groethuysen, 5. Auflage. Stuttgart, B.C. Tuebner Verlag.

Dilthey, W. (1986). *Pädagogik. Geschichte und Grumdlinien des Systems.(GS IX)* Neudruck der 4., unveränderten Auflage 1974. Hrsg. von Otto F. Bollnow, Stuttgart, B.C. Tuebner Verlag.

Dilthey, W. (1982). *Grundlegung der Wissenschaften vom Menschen, der Gesellschaft und der Geschichte. Ausarbeitungen und Entwürfe zum zweiten Band der Einleitung in die Geisteswissenschaften (ca. 1870–1893).(GS XIX)* Hrsg. von Helmut Johach un Frithjof Rodi, Göttingen und Zürich: Vandenhoeck & Ruprecht.

Ebeling, G. (1968). *The Word of God Tradition.* London: Collins.

Flitner, W. (1963). *Systematische Pädagogik.* Breslau.

Gadamer, H.-G. (1960). *Wahrheit und Methode, Grundzüge einer philosophischen Hermeneutik.* Tübinger: More.

Gehlen, A. (1962). *Der Mensch: Sein Natur und seine Stellung in der Welt.* Frankfurt am Main. Bonn.

Johach, H., & Dilthey, W. Anwendung der Psychologie auf die Pädagogik. Vorlesungsnachschrift (Zwischen 1883 und 1893), In Frithjof Rodi (Hrsg.). *Dilthey-Jahrbuch für Philosophie und Geschichte der Geisteswissenschaften. Bd. 4/ 1986–1987,* S. 181–222. Vandenhoeck & Ruprecht in Göttingen.

Klafki,W. (1971). Hermeneutische Verfahren in der Erziehungswissenschaft. *Erziehungswissenschafte, Bd.* 3, 126–153. Frankfurt.

Klafki, W. (1971a/17). Erziehungswissenschaft als kritisch-konstruktive Theorie: Hermeneutik, Empirie, Ideologikritik. In: *Zeitschriften für Pädagogik.*

Langewand, A. (2000). Children' s rights and education: A hermeneutic approach. In: *Methods in Philosophy of Education,* Frieda Heyting,

Dieter Lenzen and John White (ed.) *Routedge International Studies in the Philosophy of Education*, 143–159. London and New York.

Nohl, H. (1948). *Die Pädagogische Bewegung in Deutschland und ihre Theorie*, 3. Auflage. Frankfurt.

Palmer, R. E. (1969). *Hermeneutics. Interpretation theory in Schleiermacher, Dilthey, Heidegger, and Gadamer.* Evanston [Ill.] : Northwestern University Press.

Scholtz, G. (1995). *Ethik und Hermeneutik. Schreiermachers Grundlegung der Geisteswissenschaften.* Suhrkamp taschenbuch wissenschaft 1191, Frankfurt/a. M.

Spranger, E. (1973). *Philosophische Pädagogik(GS II).* Hrsg. von Otto Friedrich Bollnow und Gottfried Braeuer, Heidelberg.

Weniger, E. (1926). *Die Grundlagen des Geischchtsunterrichts. Untersuchungen zur geisteswissenschaftlichen Pädagogik.* Leipzig/Berlin.

Weniger, E. (1953). *Die Eigenständigkeit der Erziehung in Theorie und Praxis. Probleme der akademischen Lehrerbildung.* Weinheim.

Weniger, E. (1967). Zur Geistesgeschichte und Soziologie der pädagogischen Fragestellung. Prolegomena zu einer Geschichte der pädagogischen. Theorie. In H. Röhrs (Hrsg.), *Erziehungswissenschaft und Erziehungswirklichkeit*, 2. Auflage. Frankfurt.

Wulf, C. (1983). *Theorien und Konzepte der Erziehungswissenschaft.* Juventa Verlag Muenchsen.

제2장

교육사의 해석학적 연구

1. 도입부

19세기 말 빌헬름 딜타이(Wilhelm Dilthey)가 해석학을 정신과학의 연구방법으로 차용하면서, 처음으로 인문학적 연구방법으로서의 가능성을 열어 놓았다.[1)] 특히 "언어기록으로 고정된 텍스트를 해석하는 방법"으로서 해석학을 차용하면서,[2)] (문서로 기록된) 교육사 연구에서 그의 가능성을 확보할 수 있었다. 실제로 서구 교육사 연구는 이러한 차원, 즉 해석학적 차원에서 적지 않은 성과를 이루어 내기도 했다.[3)]

일반적으로 서구의 교육사 연구는 크게 연대기-사건 중심, 이념사-사상사 중심, 법-제도사 중심, 문제사-이슈 중심, 사회-문화사 중심, 비교사 중심 등으로 발전했다.[4)]

"이들을 전체적으로 묶어 보면, 교육사학은 주로 다음의 네 가지 문제 지평을 다루고 있다고 볼 수 있겠다. (1) 교육 사상사, (2) 시대정신의 연구의 빛 안에서 개괄적으로 역사를 다루는 교육사, (3) 교육 현실의 역사 그리고 (4) 이러한 역사적 문제 영역을 다루는 방법과 논리에 관한 역사 서술의 방법론이 그것이다."(오인탁, 1990: 76)

그런데 여기서 중요한 사실은 이러한 다양한 범주의 연구 저변에는—연구자도 알게 모르게, 의식적으로 또는 무의식적으로—'해석의 과정'이 이입된다는 점이다. 이를테면 수집된 사료(史料)를 분석하는 과정에서 사가(史家) 자신도 알게 모르게 자기 나름대로 '해석(解釋)'을 하게 된다. 일반적으로 사료의 분석은 계량적(정량적) 분석과 질적(정성적) 분석으로 가능하다. 해석이란 질적 분석의 일환이며 때로는 양적 분석과도 병행된다. 구체적으로 우리는 과거의 문헌, 즉 사료를 접하고 이들을 분석하고 기술하는 과정에서 자신의 관점에서[5] 또는 자신의 주관적 사유에 따라 해석하고 이러한 해석 결과에 따라 연구를 수행하게 된다.

이 글은 지금까지 인문학과 사회과학에서, 즉 정신과학의 영역에서 연구방법론 또는 연구의 논리로서 발전될 수 있었던 해석학의 면모를 살펴보고, 교육사의 연구방법론으로서 해석학적 적용가능성을 모색하고자 하는 데 목적을 두고 있다.[6] 어차피 교육사의 연구에서 문헌 또는 사료에 대해서 연구자의 해석이 이루어질 수밖에 없다면, 해석의 과정이 해석학적 방법의 원리에 따라 이루어지는 것이 바람직하다. 심지어 이미 기록된 문헌기록 또는 사료 역시 역사가 자신의 '주관적 해석'에서 수행된다는 사실을 인정한다면, '해석의 기술과 원리에 대한 학문적-과학적 이해'는 개관적 연구방법의 추구라는 차원에서 결코 배제될 수 없는 학문영역이 된다.

2. 해석의 근거와 대상목표

1) '해석'의 당위성 근거

교육의 역사(기록)를 해석하는 일은 궁극적으로 교육과 교육의 역사를 (제대로) 이해하기 위함이다. 일반적으로 교육사연구는 '문서로 남겨진 역사기록'에 의존하고 있다. 우리는 역사기록을 그대로 믿고 수용하기도 하지만, 반대로 이를 의심하고 거부하기도 한다. 심지어 그 기록이 왜곡되었다고 주장하기도 한다. 물론 역사기록에 대한 신뢰 또는 불신의 문제는 '철저한' 역사적 고증(考證)이나 논리귀결 등을 통하여 나중에 다시 해명될 수 있다. 이는 역사학이라는 학문 연구를 객관적으로 수행하는 중요한 방법임에 틀림이 없다. 즉, 이러한 연구방법을 통해서 우리는 사료의 사실성과 진실성에 좀 더 가깝게 접근할 수 있다는 기대를 하고 있다.[7] 그러나 어떠한 경우에도 당시 역사를 집필한 역사가나 후대에 그 역사적 기록을 (비교)확인하고 연구하는 후대 사가(史家)에게는 어쩔 수 없는 '주관성' 또는 자의성(自意性)의 문제가 남아 있다. 아무리 역사가가 역사를 객관적으로 쓴다고 하더라도, 그가 역사를 자신의 눈으로 기록하는 한 역사기록에서 주관성은 어떻게든 남아 있게 마련이다.[8]

우리가 학문을 하고 과학을 하는 이유는 주관성을 '객관성'[9]으로 전환시키기는 데에 있다. 주관은 항상 위험하다. 주관이 결코 객관이 되지 못한다면 우리에게 사회적 삶도 없다. 우리가 글과 언어를 매개로 남과 소통하지만, 소통의 매개가 되는 글과 언어가 객관적이지 못하다면 공감대의 형성조차도 어렵다. 만약 학문이 주관적이라면 삶에 의미가 없다. 학문이 객관적이지 못하다면, 이는 학자의 사적 견해 또는 억견(doxa)일 뿐이다. 따라서 학문(과학)이 객관성을 추구해야 하는 이유는 자명해진다. 즉, 학문(과학)이란 보편타당한 지식(episteme)을 창출해야 하는데, 이는 객관성을 담보하고 있다. 자연과학이든 정신과학이든 궁극적으로 추구하는 것은 객관적 지식이다. 이러한 객관적 지식의 창출능력을 통해서 학문은 삶에 기여하게 된다.

역사기록에 대한 연구에서도 마찬가지이다. 역사연구의 방법으로서 차용하고자 하는 해석학적 방법은 '해석' 을 통하여 피치 못하게 발생할지도 모르는 '주관적' 역사기록을 '역사적 객관' 으로 치환시킬 수 있다는 가정을 하고 있다.[10] 주관성을 가진 글과 언어를 객관성으로 치환하는 것이 바로—특히 딜타이 학파의 해석학자에 의하면— '해석의 과정' 으로 간주되는 것이다.[11]

그렇다면 우리는 무엇 때문에 해석하는가? 즉, 해석의 궁극적 목표는 무엇인가? 바로 이해이다.[12] 인간은 객관을 통해서 서로를 이해한다. 인간은 결코 주관을 이해할 수 없다. 물론 '주관적 이해' 라는 말이 있다면, 그건 얼마든지 가능할지 모른다. 그러나 "열 길 바닷물의 깊이는 잴 수 있어도, 한 치 사람의 마음은 (진정) 알 수 없다." 라는 말이 있는 것처럼, 인간이 다른 사람의 주관을 이해할 수 없다. 주관이 어떻게든 객관으로 드러날(표현될) 때 비로소 이해된다. 인간은 '언어' 라는 매개체를 통하여 상대를 이해한다. 이때 '언어' 는 잠정적 객관이다. 우리는 일단 언어라는 객관을 통해 이해한다.[13] 그러나 언어를 매개로 한다고 해도 (진정한) 이해는 쉽지 않다. 상대의 말이 어떤 때는 이해되다가도 어떤 때는 이해가 안 되는 이유도 바로 여기에 있다. 이렇게 본다면 언어는 일련의 객관으로서 분명 이해의 매개물이지만, 언어 자체만으로 이해는 완성되지 않는다. 반대로 그 언어 때문에 '오해(誤解)' 될 수도 있다.

> "일반성의 추구라는 성향 때문에 언어는 개별적 인간의 체험의 다양함과 차이를 표현할 수 없다. 따라서 이해는 항상 동시에 오해를 의미하게 된다…. 언어를 통해서 우리는 대상 세계를 잘못 그려 내고 있는 것이다…. 그러므로 언어는 더 이상 실재 세계에 대한 적합한 표현수단도 아니고, 이해와 의사소통을 위해 보편적이고 타당한 수단도 아니다…. 그렇지만 그 유용성 때문에 우리 인간은 그것을 스스로 만들어 내고 또 사용할 수밖에 없다. 인간은 어떤 오류 없는 이상 언어를 만들어 낼 필요도 없고, 또 만들 수도 없다. 왜냐하면 일상 언어의 오류성은 인간의 필요 때문에 요청되고, 인간은 자신이 필연적으로 갖는 관점성으로 인해 실제적인 관심을 배제한 이상 언어를 만들 수 없기 때문이다."(백승영, 2000: 122)

한마디로 똑같은 언어를 사용한다고 해도 서로 이해하지 못하는 경우가 발생할 수 있다. 하물며 다른 언어를 사용하는 외국인과의 의사소통에서의 이해는 더욱 어렵다. 결국 언어는 원칙적으로 이해의 매개체로 작용하지만, 그의 객관성은 보장되지 않는다. 따라서 우리는 언어를 이해하기 위해서 언어사용에 대한 특별한 조처, 즉 '해석'을 필요로 하게 되는 것이다. 해석이란 '언어를 의심하는 방법'(김상환, 2000: 163)이다. 정리하면, 언어는 이해가 그 안에서 완성되는 일반적인 매개물이며, 이해의 성취방식은 해석이다(Gadamer, 1960: 366).

그렇다면 이러한 현상은 왜 생겨나는 것일까? 언어는 화자(話者 또는 作家)와 청자(聽者 또는 讀者) 간에 매개되는 언어가 '상징'하는 것이 다르다. 따라서 언어사용에서는 서로 '의미'의 차이가 발생한다.[14] 언어사용에서 발생하는 의미의 차이는 상호 간에 이해를 불안하게 한다. 즉, 화자(작가 또는 史家)의 말(언어, 표현, 기록)이 청자(독자)에게 다른 의미로 수용될 수 있다. 따라서 이러한 의미의 차이는 곧 해석의 차이로 나타난다. 이는 말하는 사람과 듣는 사람은 사용되는 언어에 대해서 서로 주관적으로 해석하기 때문이다. 해석의 차이가 발생함으로써 언어는 의미가 달라진다.

> "해석된 세계는 주체가 경험하는 세계이고, 주체가 의미를 부여하는, 주체가 의미를 만들어 내는 그런 세계이다. 또 이 세계가 바로 주체에게 어떻게든 상관하는 세계이다…. 해석된 세계의 범위는 단지 주체가 경험하는 세계의 범위일 뿐 대상으로서의 세계 자체의 범위와 같은 것은 아니다. 또한 내 해석의 한계는 나에 의해 경험된 세계의 한계일 뿐이다…. 경험 가능한 세계가 인간 경험의 한계이고, 경험의 한계가 바로 인간 자체의 한계이다. 해석의 세계는 하나의 그물이고, 우리는 그 안에 잡혀 있

다. 니체는 이를 '유리잔에서 나올 수 없는 파리' 로 비유했다…. 해석 주체에게 상관하는 해석의 세계는 그에게는 완전히 옳다. 왜냐하면 이 세계는 해석 주체가 자신의 관점성에 의해, 즉 삶의 유지를 위해 창조한 의미 세계이기 때문이다." (백승영, 2000: 129-130)

딜타이에 의하면, '체험' (Erlebnis)[15]이 '표현' 되고, 그 '표현' 이 '이해' 된다. 또한 그 이해가 다시 체험, 즉 '추체험(Nacherleben)' 된다고 하면서, 슐라이어마허(F. Schleiermacher)에게서 전승된 개념인 '해석학적 순환(Hermeneusche Zirkel)' 의 논리가 적용된다. 그런데 여기서 주의해야 할 점은, 표현과 이해의 관계에서 표현이 먼저 있고 이해가 뒤따르는 것이 아니라 표현과 이해는 동시적이고 직접적이다(이규호, 1979: 254). 또한 이때 독자는 텍스트에 대한 자신의 '이해' 에 맞추어 '표현' 을 보충한다(Palmer, 1969: 17). 즉, 체험은 표현되고 표현은 새롭게 체험되어 결국 체험과 표현은 하나가 된다(Dilthey, 1919: 236). 이는 한 개인의 체험이 이해되는 과정에서 자신도 알게 모르게 (자의적인) 해석이 개입될 수 있다는 사실을 암시한다.

역사기록에 대한 후학(歷史硏究家)의 체험도 마찬가지이다. 예를 들면, A라는 사가(史家)는 역사적 사건 또는 역사기록(선조 사가의 기록)을 체험하는 순간, 자기 나름대로의 해석을 통해서 표현(기록)하게 된다. 또한 후학은 자신의 체험을 해석하는 과정에서 선대 사가(先學)의 특정한 기록을 인용하고 수용하기도 한다. 결국 체험이 표현으로 되는 과정에서 이미 (자기 나름의 주관적) 해석이 작용하고 있으며, 바로 그러한 해석의 결과가 표현(기록)으로서 제시되는 것이다. 여기서 해석은 동시에 이해이다. 즉, 우리는 이해하기 위해서 해석하지만, 그 과정에서 우리는 특정한 체험을 이미 (우리 나름대로) 해석하고 이해한 결과에 따라 표현하게 된다.

결국 사가는 자신의 관점에서 체험된 것을 표현할 뿐이지만, 이 과정에서는 알게 모르게 체험을 이해하기 위한 해석이 작용한 셈이다. 그러나 문제는 이러한 과정에서 이루어진 해석 작업이 바로 '주관적' 이며 심지어 '자의적' 일 수 있다는 사실이다. 물론 사가의 주관적이고 자의적인 해석 및 이해를 통한 표현이 객관적으로 판명될 수도 있다. 수많은 독자(讀者)나 후학이 공감하는 역사기록은—설령 그것이 사가의 주관으로 쓰였다고 하더라도—궁극적으로는 객관성을 확보할 가능성이 높다. 객관성은 온전한 이해를 가능하게 한다. 그럼에도 불구하고 어쩔 수 없이 사가의 주관성으로 비롯되는 역사 또는 역사기록에 대한 체험의 과정, 즉 체험에 대한 해석 및 이해 그리고 표현은 반드시 객관성을 보장하지 못한다. 객관성이 담보되지 못하는 '체험-표현' 의 관계는 이해하지 못함, 즉 오해의 소지를 낳게 된다.

그렇다면 이제 남은 것은 역사해석의 객관성을 어떻게 성취할 것인가? 하는 문제이다. 이러한 연유로 해석학은 위에서 언급한 대로 (진정한) 이해를 위해서 해석학적 순환의 고리를 설정하고 있는 것이다. 즉, "…체험-표현-이해-추체험…" 의 도식으로 설명되는 지속적인 해석학적 순환의 과정은 우리에게 점점 더 객관적 해석의 가능성을 열어준다.

2) 해석의 대상 목표

(1) 의미

이제 남은 것은 '그렇다면 과연 우리는 구체적으로 무엇을 해석해야 하는가?' 라는 질문에 대답할 차례이다. 바로 위에서 잠시 암시한 대로 '의미' 이다.[16)] 의미를 해석해 냄으로써 우리는 온전한 이해를 향한 발걸음을 시작할 수 있다. 즉, 우리는 기록(문자, 문헌, 문서, 표현) 자체를 설명하는 것을 넘어서 그 기록이 내포하고 있는 의미까지를 해석해 낼 수 있어야 한다. 즉, 이때 비로소 우리는 (진정한) 이해의 길목에 들어설 수 있게 된다. 바로 이 점은 지금까지 교육사 연구자가 취약한 점으로 지적되는 부분이기도 하다.

> "(교육사) 연구자들은 현재적 관점의 중요성에 대한 인식이 없을 리 없겠지만, 당시에는 이런 교육제도와 학교와 교육사상이 있었다는 객관적인 기술에만 치중하고 있는 경우가 대부분이다. 애초에 현재의 우리 교육을 이해하고 문제의 실마리를 찾기 위해 연구에 착수했다거나, 혹은 연구의 결과를 지금의 교육과 연관시켜 '의미 있게' 논의하고 있는 연구는 극히 소수에 불과하다. 그렇다 보니 현재의 교육에 직접적인 시사를 제공하는 연구물은 드물다. 그리고 이러한 관행은 한국교육사에 대한 일반인의 시선을 부정적으로 만드는 계기가 되고 있다." (이원재, 2005: 78)

'의미' 는 (온전한) 이해를 위한 궁극적인 매개체이다. 그러나 문제는 '의미' 가 객관적이라면 이해가 쉽겠지만, 의미는 처음부터 말하는 사람에게서도 듣는 사람에게서도 모두 서로 다르게 제시된다. 왜냐하면 언어나 기록은 외형상으로는 객관적 외현이지만, 내용상(의미상)으로는 '주관적' 이기 때문이다. 즉, 언어나 기록은 그들이 내포하고 있는 고유한 '의미' 를 숨기고 있다. 결국 언어로 고정된 기록으로서의 교육사(텍스트)를 해석해야 하는 우리에게 남는 과제는 '기록된 언어가 내포하는 의미' 를 해명(해석)해 내는 일이다.

우리가 역사기록을 접하고 체험하다 보면—역사적 사실을 입증(또는 고증)하고 밝혀냄으로써 또는 만약 사가가 어느 정도 아니면 상당한 정도까지 초인적 능력을 가지고 있다고 한다면—사실(사건) 또는 사실관계를 알아낼 수 있을지 모른다. 그러나 역동적이고 다원적이며 일회적인 인간의 삶 속에서는 정해진 '사실관계' 로만 모든 것을 (진정으로) 이해할 수 없다. 물론 역사기록(史料)은 언어로 고정되어 있지만, 그 속에는 역동적 삶의 사건의 의미가 농축되어 있는 것이다. 예를 들면, 해석학의 뿌리라고 할 수 있는 법률해석학의 경우에도 법률로 규정된 법조항에 대한 저마다의 해석이 분분하기 때문에 특별히 법률해석을 요청하게 된다. 법률해석에서 대표적인 사례 중에 정상참작(情狀參酌)이라는 말이 있다. 정상참작이란 개념은 단순한 '사실관계' 의 파악을 넘어서 법리(法理)를 해석함으로써 가능해지는 소위 사실정황에 대한 해석학적 결과이다. 재판이 사실관계에 대해 '설명' 으로만 모든 것을 종결한다면, 사실관계에 대한 (진정한) '이해' 를 위해서 법리(法理)해석은 더 이상 필요가 없다. 법률상으로는 사람을 죽이면 반드시 죽어야 한다. 그러나 정당방위의 문제가 정상참작으로 고려되기 시작하면서, 결과는 꼭 그렇지만도 않다.

교육의 역사기록에 대한 해석에서도 마찬가지이다. 궁극적으로 교육의 역사에 대한 연구는 사실 및 사실관계에 토대를 두지만, 역사적 기록에서 나타나는 사실 및 사실관계의 정황, 즉 '의미' 에 대해 해석할 수 있어야 한다. 다만 위에서 언급한 대로 의미에 대한 해석 역시 자의적이고 임의적인 해석이 가능하다는 사실 때문에 문제가 발생한다. 따라서 의미해석 역시 항구적으로 객관성에 접근하기 위해 해석학적 순환의 도식 속에 들 수밖에 없다. 지속적이고 항구적인 의미해석의 순환과정을 통하여 주관적 의미는 점차 객관적으로 이해될 수 있다. 하여간 해석을 통한 이해란 바로 '의미이해' 로 귀결된다.[17)]

이는 마치 인간이 언어를 매개로 대화를 하지만 그 의미를 파악하지 못하고서는 (진정한) 이해를 할 수 없다는 사실과 같은 이치이다. 예를 들어, '의자' 라는 단어는 언뜻 이해되는 것 같다. 왜냐하면 의자라는 단어는 일종의 객관적 표현이기 때문이다. 그러나 사실은 말한 사람과 듣는 사람에게 의자의 의미는 서로 다르다. 물론 일치할 수도 있다. 즉, 누군가 '의자' 라고 말을 하면 어떤 사람에게는 '앉는 것' 이 생각나지만, 어떤 사람에게는 '얼마지?' 또 어떤 사람에게는 '어떤 디자인?' '식탁용?' 등등 상당히 다른 것을 의미한다.

그러나 여러 의미를 내포하고 있는 단어에 대한 주관적 의미가 객관성을 확보하면 할수록 이해의 선명도는 높아진다. 반대로 의미이해에서 실패하면 진정한 의사소통은 불가능하다. 반대로 의미를 이해하면 할수록 소통은 더 원활해진다. 소통이 원활해질 때 우리의 이해는 객관성에 접근한다. 교육의 역사기록도 마찬가지이다. 의미해석과 의미이해를 근거로 할 때 비로소 우리는 역사기록에 대한 객관적 이해를 시작할 수 있다.

(2) 맥락(또는 상황)과 의미관련

우리가 의미해석을 통해 이해한다고 하지만, 해석을 하는 우리도 주관이라고 본다면 과연 객관적 의미해석이 가능한가? 하는 의문은 여전히 남게 된다. 또한 해석학적 순환을 통해 끊임없이 해석하다 보면 (온전한) 이해에 접근할 수 있다는 사실도 의문투성이다. 결국 의미를 해석해 내는 객관적 준거가 문제가 된다. 과연 의미해석의 객관적 기준은 무엇인가?

일반적으로 언어는 상징성을 내포하고 있다. 그런데 다양한 상징을 내포하고 있는 언어는 언어를 사용하는 개인에 의해 선택된다. 다시 말하면, 개인에 의한 언어사용이란 본래 언어가 내포하는 상징성 중에서 '특정한 상징에 대해서 특별히 의미를 부여하는 행위' 이다. 위에서 언급한 '의자'라는 단어는 그것이 본래 내포하고 있는 여러 다양한 상징성 때문에 여러 다양한 의미로 전달될 수 있다. 심지어는 복잡하기까지 하다. 어떤 사람은 의자가 내포하고 있는 상징성 중에서 경제적 차원에 의미를 부여한다. 이때 의자는 의자의 '교환 가치' 에 따라 이해된다. 또한 어떤 사람은 의자가 내포하고 있는 상징성 중에서 미학적 차원에서 의미를 부여한다. 이때 의자는 아름다운 디자인의 차원에서 의미가 부여된다.[18)]

결국 언어는 언어를 사용하는 개인이 그것에 의도하고 부여하는 의미에 따라서 물론 전부는 아니지만 언어의 상징성이 고정되는 것이다. 그런데 이러한 언어의 상징과 의미는 단어와 단어를 결합시킴으로써 하나의 의미로 연결된 '문장(文章)' 속에서 더욱 구체적으로 고정된다. 즉, 단어는 문장 속에서 이해될 때 더욱 의미가 명백해진다. 다시 말하면, 단어가 문장에서 격리되어 있을 때에는 무한한 상징 때문에 의미파악이 어렵지만, 그 단어가 문장의 일원으로 소속될 때에 더 구체적인 의미로 수렴되는 것이다. 이는 수많고 다양했던 상징이 문장 속에서 좀 더 간소화된 결과이다.

그럼에도 불구하고 의미이해는 쉽지 않다. 왜냐하면 어차피 문장 속에서 좀 더 간결하게 고정된 의미라고 하더라고, 이러한 의미는 언어를 선택하고 문장을 사용하는 말하고 쓰는 주체의 주관에 의해 부여되기 때문이다. 즉, 수많은 다양한 상징 중에서 상징을 선택하고 이를 의미로서 고정하는 자는 바로 주관이다. 결국 우리는 어디서도 주관적 의미만을 접하게 된다.

문장 속에서 고정되고 수렵된 언어의 의미는 문맥(context) 속에서 고정될 때 더욱 명료해진다. 따라서 우리는 텍스트를 읽지만 텍스트를 문장이나 구절의 사실관계만 읽는 것이 아니라 그 텍스트가 품고 있는 콘텍스트를 해석할 수 있어야 한다고 한다.[19] 객관적인 해석을 위해서 우리가 문맥을 중시해야 한다는 말이다. 일반적으로 우리는 뜻을 좀 더 선명하게 이해하기 위해서는 "행과 행 사이를 읽어라(read between the lines)." 라고 주문한다.

그러나 문제는 '문맥(맥락)의 범위' 가 한정될 수 없다는 사실이다. 문맥은 더 커다란 문맥으로 확대된다. 과연 어디까지가 문맥인가? 또는 우리는 어떠한 문맥 속에서 그 안에 존재하는 단어의 의미를 해석하여야 하는가? 결국 객관적인 의미해석과 의미이해를 위해서 우리는 문맥적 의미이해 또는 문맥적 사고의 중요성을 알고 있지만, 과연 '문맥'의 범위와 내용 등이 불분명하다면 어떻게 문맥을 파악할 수 있을까?

하는 문제가 남는다.

이제 우리는 이에 대해서 역추적하는 방식을 채택할 수밖에 없다. 이미 언급한 대로 단어는 자체적으로 수많은 상징성을 내포하고 있다. 그러나 그러한 상징성 중에서 특정한 선택을 하는 것은 주관적 개인이다. 또한 언어는 언어를 선택하는 언어사용을 주도하는 개인에 의해서 의미가 부여된다. 상징을 내포하고 있는 언어가 선택됨으로써 의미를 가지게 되는 것이다.

언어가 의미를 가진다는 사실은 우리가 부여하는 의미에 의해 언어가 포획된다는 뜻이다. 예를 들어, 단어는 또 다른 단어와 결합되면서 또 다른 의미에 포획된다. 그러나 이는 지금까지 격리되어 있던 단어가 가지고 있었던 의미가 사라지는 것이 아니다. 본래 단어가 부여받을 수 있었던 수많은 다양한 의미 중에서 '단어와 언어의 결합' 이 의도하는 '특정한 의미' 로 고정되는 것이다. 한 걸음 더 나아가, 수많은 단어와 단어의 결합으로 이루어지는 문장 속에서 단어는 또다시 또 다른 특정한 의미에 따라 고정된다. 이번에도 단어의 본래 의미가 사라지는 것이 아니라 수많은 가능한 의미 중에서 특정한 의미, 즉 문장이 의도하는 의미 속으로 수렴되는 것이다. 더 나아가 더 커다란 '맥락' 속에서 특정한 의미로 고정된다. 이 역시 단어의 본래 의미가 사라지는 것이 아니라, 수많은 의미 중에서 문맥의 의도에 따라 특정한 의미가 선택되고 고정되는 것이다.

결국 '의미관련(Sinnzusammenhang)'[20]이 바로 개별 단어에 대한 이해, 더 정확히 말하면 문맥적 이해를 위한 해석의 준거가 된다. 다시 말하면, 언어기록의 해석은 각각의 단어 그리고 단어와 단어의 결합, 문장 속의 단어 그리고 문장과 문장 심지어 문맥과 (더 커다란) 문맥 속에서 이루어지는데, 이 과정에서 해석은 점차 객관적 해석으로 접근된다. 마치 카메라의 뿌옇던 상이 조리개의 조절 작용으로 인하여 점차 선명하게 나타나는 것처럼, 상의 윤곽이 점차 선명해진다. 여기서 처음에 뿌연 상은 의미가 관련되어 있는 전체로서의 맥락이고, 선명한 윤곽으로 나타난 카메라의 상은 보다 뚜렷해진 그러나 고정되고 축소된 의미에 해당된다. 또한 이렇게 해서 뚜렷해진 상이 바로 객관적 상이다. 언어로 기록된 글의 해석과 이해에서도 마찬가지이다. 즉, 모든 글의 이해는 (가장 커다란) 문맥적으로 이해될 때 바로 '객관적 이해'를 성취하게 된다.

그러나 지금까지 (한국) 교육사 연구에서는 과거의 사실과 현재적 관점 사이의 의미관련에 대한 연구가 태부족이었다는 주장이 제시되고 있다.

> "현재적 관점의 결여라는 것은 환언하면 과거직 관짐의 중시라고 할 수 있을 것이다. 과거적 관점이란 과거는 과거일 뿐, 역사는 이러한 과거를 충실히 드러내 보이기만 하면 되는 것으로서, 현재와의 (의미)관련성을 찾아내는 것은 부차적인 일이라고 보는 입장이라고 할 수 있을 것이다. 이것은 과거 역사주의의 연장으로서 하루 빨리 사고의 전환이 필요한 부분이라 할 수 있다." (이원재, 2005: 78)

결국 과거사실과 현재사실 간의 의미관련성을 찾아내지 못하는 연구의 한계는 자명하다. 의미관련에 대한 연구의 취약성은 좀 더 보편적인(객관적) 의미관련을 찾아내기 위한 준거인 '더 커다란 맥락' 에의 요청에도 무반응적일 수밖에 없다.

(3) 더 커다란 맥락(또는 상황)

그렇다면 과연 '더 커다란 맥락' 이 무엇인가? 에 대한 대답이 남아 있다. 따라서 우리의 해석과정은 결국 지속적인 해석학적 순환의 고리 속으로 빠져들 수밖에 없다.

역사기록에 대한 해석 역시 마찬가지이다. 역사기록에 대한 객관적 또는 진정한 이해는 맥락적 이해에서 비롯된다. 물론 맥락의 범위가 모호하기 때문에 가장 커다란 맥락을 찾아낼 때 비로소 객관성이 확보될 수 있다. 여기서 가장 커다란 맥락이 모든 의미관련성의 진원지가 된다.[21]

따라서 의미관련성이라는 준거하에서 역사기록에 대한 해석을 할 수 있다면 이는 해석을 통한 객관적 이해로의 진입을 성취하게 되는 것이다. 물론 더 커다란 의미관련성이 객관성의 선명도를 결정한다. 즉, 우리는 더욱 객관적인 이해를 위해서 더 커다란 맥락을 찾아내야 한다. 결국 의미관련성을 준거로 우리는 해석 작업을 시작하지만, 궁극적으로는 더 커다란 의미관련성을 찾아내고 이를 준거로 더욱 객관적인 의미해석을 성취해 내기 위해서는 지속적인 해석학적 순환의 고리로 들어갈 수밖에 없게 된다.

그렇다면 과연 우리는 사가가 남겨 놓은 역사기록에서 더 커다란 맥락을 어떻게 찾아낼 수 있으며, 그러한 맥락에서 해석되는 의미관련이란 무엇인가? 예를 들어, 홉스의 『사회계약설』은 수많은 종교전쟁 속에서 인류 역사상 가장 험난한 시절에 태어났던 자신의 불안한 삶의 상황을 그대로 반영하고 있다. 자고 일어나면 전쟁으로 죽어 가는 사람이 수두룩한 세상에서 "인간은 인간에 대해 이리이며, 만인의 만인에 대한 투쟁만이 존재한다."라는 선언이 자연스럽게 나올 수 있다. 바로 그것이 그에 의한 역사기록의 저변을 지배하는 맥락이었다. 따라서 그는 이제 모두 만인에 대한 투쟁의 상황, 즉 동물적 차원에서의 싸움을 멈추고 인간의 이성적 능력을 바탕으로 소위 '사회적 계약' 을 주장할 수밖에 없었다. 종교를 대의명분으로 하는 싸움과 죽음보다는 사회가 좀 안정되었으면 하는 홉스의 바람이었다.

플라톤의 '국가론' 역시 마찬가지이다. 사회적 소요와 혼란이 거듭됨으로써 아테네가 멸망하는 것을 목도한 플라톤에게 가장 중요했던 것은 사회질서의 회복이며 진정 지혜로운 자가 통치하는 것이 중요했다. 반대로 수많은 사람이 죽어 가는 한이 있더라도 부패한 종교가 개선됨으로써 사회적 정의를 쟁취해야 한다는 대의명분 때문에 종교개혁이라는 전쟁을 진두지휘할 수밖에 없었던 마틴 루터의 종교개혁에 대한 기록은 반대의 역사적 맥락 속에서 이루어졌다고 해석될 수 있다. 또한 인간 이성의 위대함을 강조하면서 하나님 세계에서 벗어나려는 속세의 인간의 움직임에 대해서 그래도 엄한 일침을 놓으면서 성서와 하나님 세계의 중요성을 강조하고 끝까지 버티려고 했던 토마스 아퀴나스의 역사관과, 시대적 대세를 어느 정도 인정함으로써 하나님 세계에서 인간세계로의 연착륙을 도모했던 에라스무스, 코메니우스의 역사관은 서로 의미하는 바가 다르다. 이는 모두 역사를 경험하고 체험하고 이를 역사로 기록했던 그들이 의미를 부여했던 '맥락' 이 달랐

기 때문이다.[22)]

이러한 경우는 모든 사가와 또한 이들에 의해 언어화된 역사기록에서도 마찬가지가 될 수 있다. 즉, 모든 사가가 의미를 두었던 삶의 맥락은 천차만별일 수 있다. 따라서 역사기록에 대한 이해도 천차만별이기 때문에 오늘날 우리에게도 역사이해는 서로 달라질 수밖에 없다. 그러나 분명한 것은 역사이해의 객관성은 의미의 관련성이라는 차원에서 결정된다. 즉, 점차 큰 맥락으로 접근해 보면 의미는 결국 모두 하나의 뿌리로 연결되어 있다는 사실이다. 물론 아직 가장 커다란 맥락을 만나지 못했다고 한다면 그 의미관련의 모든 정체는 아직 불분명하다고 하지만, 역사가 체험되고 기록되고 표현되는 과정에서 '의미관련'은 명백하다. 바로 이것이 의미해석과 이해의 준거가 된다.

만약 홉스가 처한 사회 환경이 전쟁도 없고 평화로운 시대였다면, 과연 그의 사회계약설이 쓰였을까? 결국 의미관련에 대한 이해가 없이는 홉스의 사회계약설을 제대로 이해할 수가 없다. 만약 코메니우스의 '실물교육론'을 맥락적으로 이해하지 않고, 즉 의미관련으로 해석하지 않고 사실근거에만 입각해서 이해한다면, 그냥 그의 이론은 '독특한 교수이론'이 된다. 그러나 그의 '감각적 실학주의'는 오로지 인간의 이성적 능력만을 믿고 하나님의 세계에서 급격하게 이탈하는 속세의 아이들을 직접 훈계하지 않고 오히려 그들이 지향하는 세계를 인정하면서 결국은 다시금 이들을 하나님의 세계로 불러 모으려는 의도가 숨어 있다. 즉, 그의 실물교육론의 실천 가이드라고 할 수 있었던 『대교수학(*Didaktica Magna*)』(1628)은 실제로 속세에 존재하고 있으며 또한 이들이 하나님의 세계에서 벗어나 지향하는 실제의 문제가 중요한 교과(教科.

curricula)로 선정되어야 한다는 취지로 논리를 전개하지만, 결국 이러한 교과는 알고 보면 모두 하나님이 창조하신 것(자연의 실물)으로서 그 안에서 하나님의 섭리를 익힐 수 있어야 한다는 것을 암시한다.

이것이 바로 인간과 자연이 거역할 수 없는 합자연성의 공리가 되었다(이상오, 2005: 163). 이는 당시 지배적인 대부분의 종교적 교육관처럼 그냥 속세의 실물(實物)을 인간의 감각을 통해 가르치고 배우는 행위는, 즉 인간의 육체를 통한 감각중심교육이라는 비천함에 의존하는 실물교육은 하나님의 영혼교육에 비해서 격(格)이 떨어진다는 식의 단순논리가 아니다. 이렇게 본다면, 코메니우스의 감각적 실물교육에 대한 해석은 크게 달라진다. 즉, 맥락이 가지는 의미관련을 기준으로 해석한 결과는 사실근거에만 입각하여 해석한 결과와 다르다. 그러나 더 커다란 맥락 속에서 역사적 사건이 해석되고 이해될 수 있는 여지는 아직도 얼마든지 남아 있다. 따라서 우리가 역사기록의 해석을 위해서 지속적으로 해석학적 순환의 고리에 들어가야 하는 이유가 바로 여기에 있다.

결국 맥락적 이해 그리고 의미관련성의 기준 속에서 해석하고 이해하는 것이 우리의 해석 작업을 풍요롭게 한다. 더욱 풍요로운 해석 작업을 통해서, 즉 지속적인 해석학적 순환을 통해서 우리의 역사해석은 더 객관적으로 접근하게 된다. 물론 이는 '맥락의 범위'의 확장 정도에 비례한다.

3. 해석학적 연구방법의 원리와 적용

1) 해석학적 순환의 도식

(1) 전체와 부분

해석학에서는 전체가 부분의 합이 아니다. 또한 전체는 부분보다 먼저이다. 이러한 논리는 게슈탈트 심리학의 영역에서도 밝혀진 부분이다. 게슈탈트 심리학자인 베르트하이머(M. Wertheimer)가 주장한 것처럼 전경과 배경의 논리가 바로 그것이다. 우리가 카메라 렌즈의 초점을 전경(前景)에 맞추면 전경은 선명해지고 대신 배경은 뿌옇게 보인다. 반대로 배경에 초점을 맞추면 배경이 선명해지고 전경은 뿌옇게 보인다. 어디에 포커스를 맞추느냐에 따라서 사진의 그림은 달라진다. 그러나 중요한 것은 전경과 배경 이전에 이미 전체가 먼저 있었다는 사실이다. 우리가 아름다운 여성을 찍기 위해 그녀를 전경에다 놓으면 그 뒤의 배경에는 신경이 가지 않는다. 반대로 그 여성의 배경에 서 있는 배꽃나무가 선명하게 찍히면 뿌옇게 나온 여성(전경)은 의미가 약해진다. 그러나 뿌연 배경에 신경이 쓰이지 않는다고 해서 배경이 없었던 것은 아니다. 배경에 관심이 없었지만 다시 배경에 관심을 가지면 전경은 의미를 잃는다. 배경이 다시 전경이 되는 것이다. 아기가 맨 처음 엄마를 완전하게 익힌 다음에, 주변에 있는 아빠와 형, 오빠를 인식하는 것이 아니다. 처음부터 가족 전체를 희미하게 접하다가 가족이라는 전체의 윤곽을 점차 선명하게 인식하게 되는 것이다. 결국 부분이 일시적으로 강조된다고 해서 전체가 없었던 것이 아니며, 전체가 먼저 있었기 때문에 각 부분도 비로소 '의미' 를 가지게 되는 것이다.

교육의 역사적 문헌기록에 대한 해석도 마찬가지이다. 당시 교육의 역사에 기록된 (일시적) 사실은 이에 영향을 미친 수많은 시대적-사회적 상황과의 관계 속에서 해석되고 재해석되어야 한다. 이때 (이미 기록된) 교육적 사건은 '부분' 이 되고 영향을 준 상황변수, 즉 맥락—이를테면 사회, 정치, 경제, 문화, 이데올로기 등 역사적 사건 또는 사건 기록에 영향을 미친 모든 환경 및 상황—이 '전체' 가 될 수 있다.[23] 다시 말하면, 여기서 전체란 의미관련의 근원이자 준거인 '맥락' 이다. 즉, 맥락은 의미(해석)의 근거가 된다.

하버마스(J. Habermas)와 아펠(K. O. Apel)과 같은 비판사회철학자에 의하면, 전체와 부분의 관계에 대한 지속적인 (이데올로기) 비판과 성찰 행위 역시 일련의 해석 작업이다. 또한 전체와 부분의 관계에 대한 해석은 맥락 해석으로서 각 부분이 더 선명하게 해명됨으로써 궁극적으로는 부분이 내포하는 의미 및 의미관련에 대한 해석을 목표한다. 다시 말하면, 전체라는 '맥락' 속에서의 부분에 대한 진정한 이해가 가능하다는 가정이다. 이러한 해석 작업은 모두 궁극적으로 (온전한) 이해를 돕기 위함이다. 따라서 해석학적 연구에서는 일단 문헌상(교과서상)으로 기록된 교육 사건이 진실(또는 진리)이건 아니건 그것 자체가 중요한 것이 아니다. 왜냐하면 '전체-부분-전체-부분…' 의 해석학적 순환 속에서 언젠가 이러한 교육 사건은 점차 (온전한) 의미로 스스로 드러날 것이기 때문이다. 온전한 의미(또는 의미관련)로 스스로 드러난다는 것은 전체와 부분 간의 상관관계가 (제대로) 드러나는 것이다. 역으로 (온전한) 의미 및 의미관련의 해석은 전체-부분의 관계에 대한 이해를 하게 함으로써 전체뿐만 아니라 부분의 의미이해에 기여한다. 바로 이러한 것이 (점차 완숙한) 객관적 이해를 가능하게 한다.

의미관련이란 이미 전체와 부분의 관계에 대한 이해를 전제하고 있다. 단어 또는 기록이 내포하고 있는 각각의 고유한 의미 또는 언어사용의 주체가 가지고 있는 단어 또는 언어의 의미가 전체의 맥락 속에서 가지는 의미와 관계될 때 의미는 더욱 선명하게 드러나게 된다. 니체(Nietzsche)와 가다머의 주장에 의하면 의미란 해석을 통하여 '서서히 드러나는(生起)' 것이다.

교육의 역사기록에 대한 해석 역시 마찬가지이다. 모든 역사는 의미관련의 역사적 맥락 속에 들어 있다. 이러한 이유에서 가다머는 모든 역사는 작용사(Wirkungsgeschichte)일 수밖에 없다고 선언한다.[24] 모든 역사의 부분이 전체와 관련되어 있다는 말이다. 결국 우리는 전체와 부분의 관계에 대한 해석을 통해서 서서히 그 역사기록의 의미와 의미관련 그리고 의미관련 속에서 고유한 의미가 서서히 드러나는 것을 인식하게 된다. 이로써 우리는 (온전한) 이해에 한 걸음 더 가까이 걸어가게 되는 것이다. 물론 유의해야 할 점은 하버마스의 주장대로 '왜곡된 의사소통' 의 문제이다. 이미 인간이 사용하는 언어 속에는 자신이 알고 있든지 모르고 있든지 간에 말하는 사람이 습관화하고 있는 지배적인 이데올로기가 이미 들어 있기 때문에 상대의 언어(말, 대화, 단어)를 (온전히) 이해하기 위해서는 반드시 이데올로기 비판이 따라야 한다. 그래야만 (온전한) 의사소통이 가능하다. 하버마스에게는 이데올로기 비판 자체가 맥락에 대한 해석의 작업이다. 엄밀히 말하면, 이는 맥락에 대한 의심작업이다. 이렇게 본다면 교육의 역사에 대한 문헌기록에서도 기록 당시의 사회적 이데올로기가 맥락으로 작용했을 가능성이 배제되지 않는다. 또한 사가 자신에게 지배적인 개인이데올로기도 작용할 수 있다. 결국 맥락에 대한 비판적 성찰도 맥락에 대한 의미관련을 검토하는 해석과정이 된다.

정리하자면, 교육의 역사기록에 대한 해석은 작용사에 대한 해석이며, 작용사의 해석은 맥락 속에 내포된 의미관련에 대한 해석이다. 물론 이러한 의미관련에 대한 해석은 결코 사실 또는 사실관련, 달리 말하면 역사적 사건 기록을 토대(또는 근거)로 하고 있다. 왜냐하면 사가가 일단 기록한 역사적 사건이 진실(또는 진리)이든 아니든, 또한 그것이 자의적 기록이든 지배적 이데올로기가 숨어 있는 기록이든, 결국 그러한 사실 또는 사실관련이 '해석학적 순환' 이라는 도식 속에서 지속적으로 새롭게 해석될 수밖에 없기 때문이다. 이렇게 본다면 '해석' 이란 '해석학적 순환' 으로 시작하여 다시 '해석학적 순환' 으로 끝나는—어쩌면 영원히 끝나지 못할 수도 있는, 심지어 니체의 주장처럼 영원히 끝날 수 없는 '영원회귀(ewige Wiederkehr)' 속으로 빠져드는—본말(本末)이 항구적인 '해석의 과정' 일 뿐이다.[25]

> "니체적 의미의 해석학적 무한성은 존재론적 무한성에 가깝고, 그런 자격에서 기존의 형이상학적 무한자를 대신한다…. 해석은 이미 구조적으로 무한하다…. 해석은 구조적으로 닫혀질 수 없고 종결될 수 없다." (김상환, 2000: 171)

즉, 니체에게 하나의 해석은 다른 해석에 의하여 대치될 수 있을 뿐이다(김상환, 2000: 174).

(2) 이해와 전이해

이미 언급한 대로 해석이란 이해에 도달하려는 목적을 지닌 활동이다(Bleicher, 1980: 29). 또한 이해는 해석의 과정에서 성취된다. 그러나 해석하기 전에 이미 우리는 무엇인가를 미리 선취하고(先取, Vorgriff), 선시하고(先視, Vorsicht), 선소유하고(先所有, Vorhabe) 있다. 이를 불트만(R. K. Bultmann)은 전이해(全理解, Vorbegriff)라고 불렀다. 슐라이어마허(Schleiermacher) 이래로 지금까지 의미의 이해의 과정에서 개인적이고 주체적인 동기는 결코 배제되어서는 안 된다는 인식이 해석학적 인식의 논리에서 지극히 자명한 것으로 인정되고 있다(오인탁, 1990: 222). 즉, 모든 해석학자는 대상에 접근할 때 이미 그 대상에 관해 알게 모르게 전이해를 하고 있기 때문에 해석은 결코 중립적-객관적 관점에서 출발할 수 없다(Bleicher, 1980: 2). 따라서 이해의 실존성을 토대로 하는 해석학적 순환은 '전이해' 에서 시작될 수밖에 없으며, 심지어 전이해에서 이해로의 전이는 유실하기까지 하다. 다시 말하면, 인식의 논리에서 인식하는 주체의 고유한 인식관심과 전이해는 바른 인식의 장애물이 아니라 필연적 조건이 된다는 말이다(오인탁, 1990: 222). 또한 가다머는 전이해를 '선판단' 또는 '이해의 전구조' 로 명명하였으며, 더 나아가 그는 전이해를 결국 '지평(地平)' 이라는 개념으로 바꾸었다(Gadamer, 1975: 254). 따라서 전이해는 부분이 아니라 전체이다. 또한 가다머에 의하면 결국 지평과 지평이 만남으로써, 즉 전이해와 전이해가 역사적 경과 속에서 계속 교차됨으로써 이해는 윤곽이 더욱 뚜렷해

진다. 이것이 바로 그의 지평융합이다.[26]

따라서 해석학에 의하면 우리는 무엇인가를 이해하기 위해서 반드시 '전이해' 를 토대로 해야 한다. 또한 그럴 수밖에 없다. 전이해의 단계에서 뿌옇던 상이 이해의 단계에서는 명확해진다. 결국 전이해가 이해의 부분이 아니라 전이해나 이해나 모두 전체이다. 다만 전체의 선명도에서 차이가 날 뿐이다.

한편 우리는 위에서 체험이 해석되고 이해되어 결국 표현으로 드러나면 제3자가 그 표현을 이해하기 위해서 다시 체험하게 되는데, 이를 우리는 추체험이라고 한다. 즉, 이해하는 주체가 타자로의 몰입(Hineinversetzen)을 이룰 때, 여기서 추체험이 발생하게 된다(Dilthey, 1979: 215). 이때 우리는 추체험을 위해 기존의 표현물을 해석하고 이해하는 과정이 되풀이되는데, 이 과정에서 발생하는 이해는 새로운 이해를 위한 또 다른 전이해가 된다. 물론 애초에 원 작가가 세계를 체험할 때 발생하는 이해 역시 전이해를 토대로 하여 발생한다. 결국 전이해-이해의 과정을 포괄하는 해석학적 순환의 도식은 다음과 같이 도식화될 수 있다.

전이해(1)… 체험-표현-이해(1)-추체험(전이해2)-표현-이해(2)-추체험(전이해3)…

이렇게 지속되는 순환관계는 원형 고리의 형식에서 궁극적으로는 나선형(spiral) 순환 고리의 형식으로 발전하게 된다.

표현으로서의 역사기록(텍스트)에 대한 이해의 현상 역시 이러한 순환 고리의 도식 속에서 발생한다. 선학(先學)에 의한 역사기록은 일단 후학에 의해서 전이해, 이를테면 선입견이나 선판단 또는 선이해를 근거로 체험된다.

> "텍스트 해석의 경우 해석자는 언제나 일정한 전이해(Vorverständnis)로부터 출발하기 때문에, 저자의 전이해, 저자와 텍스트에 대한 해석자의 전이해를 해석자는 방법적인 통로 자체로 삼지 않으면 안 된다. 이러한 개별 해석자에게 텍스트와 전이해의 순환이 개인적 무의미성에 머물러 있지 않기 위해서는 다시금 부분과 전체의 해석학적 순환이 요청된다. 부분에서 전체로 접근해 들어가고, 여기서 얻은 전체의 이해를 통하여 부분을 다시 새롭게 이해하며 이렇게 하여 부분과 전체를 통합하고 체계화하는 정신으로 검토하고 확인하는 방법이다."(오인탁, 1990: 63)

결국 부분으로서의 교육사(텍스트)도 하나하나 이러한 해석의 과정, 즉 해석학적 순환과정을 통해서 진정한 의미의 파악을 가능하게 하며 더 나아가 진실로의 이해 가능성을 열어 놓게 된다. 만약 역사적 기록에 대한 객관적 이해가 이루어진다면, 완전한 이상이기는 하지만 역사왜곡시비나 논쟁도 종지부를 찍게 될 것이다.[27)]

2) 교육사 연구에서 해석학적 연구방법의 원리와 실천

(1) 문헌해석의 방법적 원리와 단계

해석학자 볼프강 클라프키(Wolfgang Klafki)는 자신의 논문 「교육학의 연구에 있어서 해석학적 방법」에서 효과적이고 유실한 문헌해석의 방법론적 원리를 다음 11단계로 제시한 바 있다(Klafki, 1971: 134ff.). 이는 문헌기록을 객관적으로 체험하고 이해하고자 하는 독자에게 작용해야 하는 전체-부분 간의 해석의 이상적 원리이며, 동시에 전이해-이해 간의 순환적 도식관계를 포괄한다. 따라서 우리는 위에서 제시된 '(더 커다란) 맥락'을 해석하고 이해하는 사유의 과정과 함께 다음에 소개되는 문헌해석방법의 단계에 들어가야 한다는 전망이다.

1 1단계: 모든 해석의 상황 결부성과 해석할 때 스스로 드러나는 필연성 조건에 대한 통찰
2 2단계: 텍스트에서 전이해에 대한 지속적 검토
3 3단계: 원전 또는 텍스트 비판
4 4단계: 해석의 의미론적 관점에 대한 고려
5 5단계: 그때그때의 해석에 상대방을 끌어들임으로써 텍스트 속에 암시된 특별한 위치 속의 성격에 대한 해명
6 6단계: 텍스트 내재적이며 동시에 텍스트 포괄적인 관련성에 대한 숙고
7 7단계: 해석으로 텍스트 문장의 적절한 편입
8 8단계: 텍스트의 사변적 구획(목차)에 대한 포괄적 해명
9 9단계: 텍스트의 논술구조에 대한 검토
10 10단계: 해석학적 나선형 순환으로서의 텍스트 해석
11 11단계: 해석에서 이데올로기적 관점에 대한 비판적 숙고

물론 클라프키는 해석이 11단계의 순서대로 일어날 필요는 없으며

또는 모든 단계가 빠짐없이 이루어질 필요는 없다고 한다. 다만 해석 또는 해석학적 순환이 이러한 원칙과 기준하에서 이루어질 수 있다면 좀 더 효율적이고 실용적이기까지 하다고 한다. 왜냐하면 어차피 단계를 건너뛴다거나 아니면 순서를 뒤바꾸어 해석을 시도할 경우에는 언젠가 해석학적 순환 과정에서 다루어질 수밖에 없기 때문이다.

물론 자연과학적 방법 또는 실증주의에 의존하는 경험주의 연구과정에서는 처음부터 시행착오를 극소화하고 효과적이고 생산적인 반복적 결과가 도출될 수 있기 위해서 정확한 준거를 마련할 수 있다. 그러나 항상 역동적일 수밖에 없고 조건과 변수가 달라질 수밖에 없는 돌발 상황이 언제라도 계속 연출될 수 있는 인간의 삶에서는 결코 똑같이 반복될 수 있는 경험은 존재하지 않으며 모든 인간의 삶은 일회적이며 복합적 현상이다. 따라서 단 하나의 분명한 조건과 분명한 변수 속에서 경험이 통제와 조작도 가능한 경험주의적 원칙과 준거가 정신과학에 그대로 준용되어야 할 근거는 없다. 오히려 이러한 연구방법으로는 삶의 해석과 이해를 더욱 축소시키고 심지어 왜곡시킬 우려가 다분하다. 따라서 그의 방법론적 원리 및 기준 제시와 유동적인 적용 방법에 이의가 있을 수 없다.

이제 우리는 이러한 이상적 문헌해석의 원리를 구현하기 위해서 과연 무엇을 구체화시킬 것인가 하는 문제가 남겨 놓고 있다.[28] 다음 단락에 제시되는 질문은 이러한 문헌해석의 원리를 구현하기 위한 일환으로서 도입될 수 있다. 특히 문자로 고정된 역사기록을 체험하고 이를 해석하는 데 있어서 과연 우리는 해석의 준거로서의 전체, 즉 의미 관련의 진원이자 준거인 '(더 커다란) 맥락' 에 어떻게 접근하면서 해석의 원리를 구현하는 데에 유용할 수 있다.

(2) 전체 또는 전이해의 영역으로서의 '맥락' 탐색을 위한 질문 제기

리텔마이어와 파르트멘티어(Rittelmeyer & Parmentier)는 자신들의 공저 『Einführung in die pädagogische Hermeneutik』(2001)을 통해서 교육사 문헌기록의 해석을 위한 준거로서 작용할 '(더 커다란) 맥락' 을 해명하기 위해 우리는 다음과 같은 질문을 스스로에게 던져 볼 것을 권장하고 있다(s.50). 즉, 이러한 질문은 우리가 문헌해석의 기점인 '전체' 로서 또는 '전이해' 의 영역으로서의 '맥락' 을 탐색하는 데에 기여한다는 전망이다. 이는 위에 제시된 클라프키의 논리에 대해 특히 텍스트의 맥락 탐색을 위한 맥락적 사고 영역에서의 보충 및 보완이며 동시에 해석학적 사유의 구체화 과정이기도 하다(Rittelmeyer & Parmentier, 2001: 51). 또한 이들의 관심은 특히 문헌해석의 연구방법 중에서도 언어로 고정된 교육사 기록(텍스트)의 연구방법에 집중되어 있다.

첫째, 연구하려는 텍스트(교육사)는 과연 어떻게 역사적으로 정리될 수 있는가? 즉 언제, 왜, 누구에 의해서 그리고 어디서, 어떤 조건 속에서 이 텍스트가 나타났는가? 이 기록은 어떤 독자층을 가지고 있는가? 얼마나 깊고 본질적인 역사적-문화적인 사실관계 위에서 그것이 제시되고 있는가? 그것은 시대정신의 산물로 간주될 수 있는가, 아니면 시대를 초월해서 무엇인가를 말하고 있는가? 아울러 이 텍스트에서는 어떠한 인식과정이 역사적 환경을 개방적으로 고려하게 했는가?

둘째, 과연 이 텍스트에는 어떤 중심적 내용과 개념이 존재하는가? 즉, 텍스트에서는 어떠한 주요 모티브가 확인될 수 있는가? 어떠한 단어, 개념, 관용구가 어떠한 맥락에서 특히 자주 나타나는가? 반대로 이 텍스트에서는 과연 어떤 내용이 일반적으로 중요하다고 판단됨에도 불구하고 다루어지고 있지 않은가?

셋째, 어떠한 논쟁의 규칙이 이 텍스트를 지배하고 있는가? 텍스트의 주장은 주로 어떠한 구조를 가지고 있는가? 이 텍스트를 통해서 독자는 과연 현실에 대하여 어떤 생각을 할 수 있을까? 이 텍스트는 어떠한 구성 원리(또는 대비원리)를 따르고 있는가? 텍스트의 전체 구조의 연출법은 무엇인가? 텍스트의 핵심 내지 결론은 무엇인가? 텍스트 내용의 부가적 표현과 보충하는 구절은 무엇이며, 무슨 부가적인 표현의 방법이 사용되었는가?

넷째, 우리의 해석 또는 타인의 해석 중 어떠한 의미와 주장이 기존에 해석된 텍스트 또는 사료에 의해서 지지되고 있는가? 과연 어디에 작가의 주관적-자의적 해석의 흔적이 투사되어 있으며, 또한 어떠한 여분의 의미가 존재하는가? 또한 이 텍스트 안에 우리가 숙고할 수 있고 느낄 수 있는 대안적 해석도 존재하는가? 아울러 이 텍스트에는 기존 자료의 모든 상세함이 충분히 고려되어 있는가?

다섯째, 해석이 우리의 직접 인식을 가능하게 하는가 아니면 해석은 의역으로만 가치가 있는가? 과연 이 텍스트의 숨겨진 의미가 밖으로 분명하게 드러나 있는가? 또한 이 텍스트에 대한 세부적인 인식영역과 상상과 추상으로 이해될 수 있는 자료가 연결되는 과정에 충분한 해명이 존재하고 있는가?

(3) 교육사 연구방법으로서의 해석 능력

리텔마이어와 파르멘티어(2001)는 교육사의 해석학적 연구를 위해 우리가 획득해야 하는 해석능력을 다음과 같이 제시하고 있다(s. 51).

첫째, 텍스트 구조에 대한 해석능력. 텍스트의 구조 또는 텍스트 구성에 대한 분석, 문장론적 형태, 문장유형 그리고 분류규칙 등에 대한 분석 능력이다. 이는 텍스트의 형식적 속성에 대한 질문을 통하여 구체화된다.

둘째, 슐라이어마허의 의미에서 '문법적 해석' 의 능력. 이는 언어전통 또는 텍스트가 속하는 언어그룹의 분석, 전형적인 은유에의 참여유형, 규칙, 비유, 그리고 역사적-지역적 언어공동체의 주장과 수사학적 모습에 대한 분석 능력이다.

셋째, 비교해석의 능력. 이는 같은 테마를 가진 다른 텍스트와 비교하고, 같은 역사적 상황 또는 다른 시대의 텍스트와를 비교할 수 있는 능력이다. 이 텍스트에서의 특이한 점은 무엇인가? 또한 다른 점은 무엇인가? 그것은 테마의 역사적 전통과 그의 언어적 서술에서 다른 것과 무엇이 같은가? 하는 질문은 이러한 비교해석의 능력향상에 도움을 준다.

넷째, 심리 해석 또는 모방 해석의 능력. 이는 텍스트 속으로의 감정이입과 원저자에게서의 의미를 이해하는 능력이다. 구체적으로 이 텍스트는 어떤 인상, 감정, 사상, 행위를 나의 주관 속에서 해소시키고 있는가? 어떠한 모티브와 결과가 그의 작품 근저에 깔려 있을 수 있는가? 결국 심리학적 내용과 원저자와 독자 간의 상호작용을 짐작할 수 있는 능력이 확보된다.

다섯째, 실험적 해석의 능력. 만약(if) A가 이렇게 해석된다면, 과연 그것은 어떻게 달리 전개될 수 있을까? 이로써 상황에 따라 결과가 달라질 수 있다는 사실을 유추할 수 있게 된다. 따라서 우리는 무엇인가를 가정(if)함으로써, 상황변화에 따른 실험적 결과의 가능성을 계속 열어 두는 해석기술을 익히게 되는 셈이다.

4. 소 결

미셀 푸코(M. Foucault)에 의하면, 해석이란 역사적 미래를 개방하는 것이다(김상환, 2000: 199). 역사를 해석하고 역사를 이해하는 것은 결코 과거의 사건과 과거의 일에 국한되는 것이 아니다. 따라서 우리는 역사에서 무엇인가를 배울 수도 있는 것이다. 왜냐하면 배움은 미래를 지향하기 때문이다. 항구적으로 지속되는 해석학적 순환의 고리 속에서 해석의 작업은 점차 풍요로워지며, 이로써 이해는 더 객관적으로 접근된다.

지금까지 우리는 교육사 연구의 영역에서 (객관적) 역사해석과 역사이해를 통해 (객관적) 역사기술 또는 역사연구를 어떻게 가능하게 구현할 수 있을까에 대한 논리를 전개하면서, 해석학적 연구방법의 적용 가능성에 대한 전망을 살펴보았다. 그런데 이를 좀 더 구체적으로 본다면, '과연 역사기록이 왜 그리고 또한 어떻게 하면 사실근거에서 의미근거로 전이될 수 있으며 또 이를 위해서는 어떻게 문헌의 의미가 해석되어야 하는가?' 에 대한 고민을 이렇게 장황하게 서술해 온 셈이라고 할 수 있다.

> "교육사상이나 교육제도는 다른 무엇보다도 시대배경은 물론 일정한 이념에 의거해서 생겨난 것이다. 따라서 이들의 온전한 이해를 위해서는 역사적(시대적)-사회적 배경(사실근거)의 이해는 물론 일정한 의미 지평적 배경(의미근거)의 이해도 필요하다."(정은혜, 2000: 213)

사실근거에서 의미근거로의 이전 과정에서 부단히 해석과 해석학적 순환의 과정이 개입된다.[29] 왜냐하면 어차피 역사를 기록하는 사가는 사실근거에서 의미근거를 유추하는 과정에서 자의적-주관적으로 해석을 할 우려가 있기 때문이다. 이렇게 된다면 우리는 역사이해가 주관에서 객관으로 전개될 수 있는 기회를 잃게 된다. 따라서 그 과정에서 (가능한 한 더) 객관적 해석의 과정이 전개될 수밖에 없는 것이다. 물론 이는 역사기록에 대한 객관적 이해를 목표한다. 구체적으로 우리는 '전체-부분', '전이해-이해' 의 관계를—나중에 의미근거로 작용하는—맥락 속에서 해석해 내고 이해할 수 있도록 하는 '의미관련' 을 직접 해석해 냄으로써, 사실근거에서 의미근거로의 전이과정을 (객관적으로) 해석해 낼 수 있는 가능성을 추적할 수 있었다.

따라서 중요한 것은 그 시대의 기록이 당시의 사실과 과연 궁극적으로는 어떠한 특정한 의미로 연관되어 있으며, 또한 당시의 기록이 오늘날에도 왜 무엇과 어떻게 '의미관련' 되고 있는지에 대해서 정교하게 '해석' 해 낼 수 있어야 한다. 왜냐하면 역사는 언제나 현재 속에서 재구성된 과거이고, 이 현재적 재구성이 과거가 역사로서 출현하는 조건이기 때문이다(김상환, 2000: 185). 그러나 역사기술 속에서 나타나는 역사적 사실과 사실의 나열 또는 사실적 관련성의 기술 역시 이는 의미관련으로 귀결될 수밖에 없다. 왜냐하면 역사를 기술하는 사람이나 역사를 읽는 독자나 모두 자기 나름대로의 가치나 의미관련하에서 역사를 대할 수밖에 없기 때문이다.[30] 따라서 역사에서는 역사적 사실(Tatsache)과 사실의 관련성(Tatsachenzusammenhang)이 궁극적으로는 의미관련(Sinnzusammenhang)으로 (재)해석될 수 있어야 한다(Dilthey, 1909). 이렇게 본다면 역사적 문헌기록은 아직 해석을 위한 '가능성의 조건' 일 뿐이다. 이는 교육사의 연구에서도 예외가 아니다.

슐라이어마허[31]와 딜타이 이후 해석학은 '해석학적 순환(hermeneutische Zirkel)' 의 원리에 입각한 정신과학(Geisteswissenschaften) 의 연구방법론으로서 도입, 적용되어 왔다. 오늘날 해석학적 접근은 자연과학적 방법론에 의존하고 있는 대부분의 경험주의적 연구에서도 가설 설정 및 연구내용의 해석 또는 결론의 해석을 위해서도 차용되고 있는 실정이다(Klafki, 1971: 125). 일례로 양적 방법과 질적 방법의 병행이라는 최근의 사회과학방법론의 흐름이 그것을 반증한다. 즉, 전체와 부분 간의 관계에 대한 (재)해석은 부분과 부분 간의 해석을 확대시켜 줌으로써 (더 온전한) 이해에 접근한다.[32]

결국 교육사 연구에서는 사실 및 사실관련과 의미 및 의미관련으로까지의 작용사적 맥락에서 연구됨으로써 점차 온전한 이해, 즉 역사적 실재에 대한 이해에 접근하도록 하지만, 역사를 기록하는 개인(저자)이나 독자는 개인적-사회적 이데올로기와 완전하게 이별할 수 없다는 한계 때문에 항구적으로 해석학적 순환의 도식을 거부할 수 없는 것이다. 또한 이러한 해석학적 순환은 전체와 부분의 관계에 대한 해석과 재해석 그리고 또 부단한 재해석의 과정이기 때문에, 역사해석에서 우리는 '전체'가 무엇이며 '부분'이 무엇인가에 대해서 항상 고민할 필요가 있음을 지적했다. 예를 들면, 연구가 '사회사적 관점'에서의 접근이라고 한다면, 사회의 역사가 '전체'가 될 수 있으며—실제로 여기서 전체란 부분에 대한 상위개념으로서 삶의 (마지막) 전체를 의미하지는 않는다. 엄밀히 말하면 부분보다는 좀 커다란 의미를 갖는 '좀 더 커다란 부분'이 더 정확한 표현일 수 있다—교육의 역사는 이러한 맥락에서 해석되게 되는 것이다. 또한 '문제사적 관점'에서 연구가 시작된다고 한다면, (사회)문제가 전체가 될 것이며, '제도-기관사적 관점'에서라고 한다면 제도-기관의 역사가 전체가 될 것이다. 이렇게 본다면, 교육사 연구에서의 해석학적 순환의 문제는 관점주의와 직접적으로 결부되어 있다.[33] 즉, '관점'은 '전체' 또는 맥락이 되며, 이러한 관점하에서 교육의 특정한 문제가 해석되는 것이 바로 역사해석학의 필요성의 근거이며 동시에 의의가 될 것이다.

오늘날 (한국) 교육사 연구는 실증주의적 연구방법에 지나치게 치중하는 점이 없지 않다.[34] 물론 교육사 연구는 사실적 역사기록에 전적으로 의존해야 한다. 그럼에도 불구하고 역사가 자연사가 아니고 인간에 의해 인위적으로 선택된 역사라는 점을 감안한다면, 역사적 기록은 해석되고 재해석되는 것이 마땅하다. 이에 대하여 김인회는 다음과 같이 부연 설명하고 있다.

"모든 역사가의 관점은 동일할 수가 없을 것이다. 왜냐하면 모든 역사가의 현재(사관이 형성되는 바탕인)는 동일할 수 없기 때문이다. 역사가가 자기가 처해 있는 현재적 상황을 어떻게 이해하고 받아들이냐(즉, 어떻게 해석하느냐)에 따라 과거를 보는 그의 관점이 다르게 선택될 것이다. 이 관점에 따라서 과거를 해석한 결과로 그는 역사적 사실을 선택하는 것이다. 따라서 역사가의 해석에서 독립하여 객관적으로 존립하는 역사적 사실이란 있을 수 없다고 말할 수 있다."(김인회, 1995: 85)

심지어 역사가의 해석의 결과로서의 역사 자체도 고정되는 것이 아니다. 늘 해석학적 순환 속에서 재해석의 기회를 가져야만 사실기록과 관련된 사건(현상)의 진정한 의미 및 의미관련에 접근할 수 있을 것이다. 왜냐하면 역사가의 현재적 상황은 늘 변하는 것이기 때문이다(김인회, 1995: 85).

■■■ 후주

1) 가다머(Hans-Georg Gadamer)는 해석학의 방법론적 적용을 반대하며, 해석학을 곧 철학 그 자체로 간주한다. 따라서 이에 대한 베티(Betti: 방법론으로서의 적용을 주장한 딜타이의 변호인 격)와 가다머의 역사적 논쟁은 유명하다. 그러나 가다머는 굳이 진리를 찾는 방법을 들라고 한다면, 비록 간접적이라고는 하지만 '해석학적 반성' 을 들 수 있다고 했다. "해석학적 반성이란 방법적 개념으로서는 아무것도 변화시키지 못한다. 그러나 이는 언제나 과학을 하게 하는 전이해를 점차 투명하게 해 줄 수 있다는 차원에서 간접적으로나마 방법적 절차로 전용될 수 있을 것이다." (Gadamer, 1971: 79) 결국 해석학자 누구에게나 해

석학은 어떤 양상이든 방법적 적용이 가능하다고 할 수 있다.

2) 딜타이가 해석의 대상으로 천명한 '지속적으로 고정된 삶의 외현(dauernd fixierte Lebensäusserungen)' (1978: GS.V. 319)이라는 표현을, 후세 학자들이 '언어기록으로 고정된 텍스트(schriftlich fixierte Texte)' 로 바꾸어 표현하면서, 이것이 해석의 대상으로 일반화되었다.

3) 서구의 교육학계에서는 교육사 연구방법론으로서의 해석학(解釋學, Hermeneutik)을 도입하고 적용함에 있어 이미 오랜 역사와 전통을 가지고 있다. 특히 정신과학(Geisteswissenschaften)의 테두리 속에서 발전되어 온 유럽의 교육학 연구는 교육에 관한 역사적 텍스트(교육사 문헌)의 해석과 이를 토대로 한 이해로 귀결되어 왔다. 물론 이는 해석학의 방법적 원리, 즉 역사해석의 원리에 따라 과학적(학문적)으로 수행되어 왔다. 오늘날 영미계통에서 주도하는 사회과학, 특히 문화인류학의 영역에서 질적 연구방법으로 부각되고 있는 해석학적 패러다임 역시 '해석학적 연구방법' 에 의존하고 있다. 구체적으로 서구에서 주로 연구되고 있는 교육사 텍스트(Textdokumente)에 대한 해석학적 연구의 사례로서, 16~17세기의 도시학교규정집, 19세기의 학교, 고아원, 사회복지원의 내부규칙, 『국가』에서의 플라톤이 보여 준 교육학적 사유, 루소의 『에밀』, 빌헬름 본 훔볼트의 도야 이론적 텍스트, 청년운동과 개혁교육학에서 나온 기본 텍스트와 노래집, 아버지에게 보낸 카프카의 서신, 18~19세기의 아동문고, 토머스 플래터(Thomas Platter, 1499 출생), 카를 필리프 모리츠(Karl Phillip Moriz, 1757 출생), 엘리아스 카네티(Elias Canetti, 1905 출생) 등의 연구물이 대표적이다(Rittelmeyer & Parmentier 2001: 49).

4) 한기언은 이론사, 사실사, 사상사, 제도사 그리고 문제사로 나뉜 교육사 연구의 영역이 교육사학의 학문 구조적 이해에 기반을 줄 수 있다고 피력한 바 있다(한기언, 1988: 391). 이러한 학문적 구조를 기반으로, 일반적으로 교육사 연구는 통사적 연구, 문제사적 연구, 사안별 연구, 접근방식에 의한 연구 등의 방식

으로 전개되어 왔다고 볼 수 있다(정은혜, 2000: 141–160 '교육사 연구현황' 참고).

5) 이를 리케르트(Rickert)의 의미에서 '가치관점' 이라고 이해해도 무방하다. 그에 따르면, 역사가는 하나의 가치관점을 가지고 가치연관적인 개체를 선별하고, 이들을 결합하여 인과적인 연결이 생겨나게 한다(정은혜, 2000: 17–18).

6) 황금중(2006)은 이미 동양학–동양사 연구에서도 서양의 해석학 및 해석학적 순환의 원리와 다름이 없는 해석학적 접근이라고 할 수 있는 '심미적 해석학(心學的 解釋學)' 의 방법이 존재한다고 설명하고 있다(pp. 580–581 참고).

7) 만약 우리가 역사적 사실성과 진실성에만 너무 집착하다 보면, 과거와 현재의 단절 또는 계승에 대한 이해를 부족하게 할 수 있다. 그런데 오늘날 수많은 한국교육사의 연구는 오로지 문헌적 사실기록에 의존한 사실성 파악에 급급한 편이기 때문에(이원재, 2005 참고), 과거–현재 의미 및 의미관련까지를 파악할 수 있도록 해 주는 해석학적 연구방법의 도입과 적용이 시급한 편이라고 할 수 있다.

8) 불트만(R. K. Bultmann)은 절대적이고 궁극적인 지식이라는 관점에서 본다면 역사적 지식의 객관성은 성취될 수 없다고 주장한다(Bultmann, 1958: 136). "이러한 주장은 해석학적 과제는 영원히 완성될 수 없다는 뜻이다. 왜냐하면 이해의 현실성에 항상 의존하고 있는 해석의 과제는 사실상 해결되어서 완수된 것으로 간주할 수 없기 때문이다. 즉, 어떠한 해석이라도 처음에는 납득이 가는 것 같지만, 확정적으로 해석이 완성되었다고는 하기 어렵다. 그러나 해석학적 과제가 결코 완수될 수 없다는 사실은, 원전이나 작품 및 단편에 내재해 있는 의미가 항상 삶을 통하여 다시 탄생하며, 재생의 사슬 속에서 영구히 변형되어 가고 있음을 뜻한다. 그렇지만 이 사실은 객관화된 의미 내용이 타자의 창조적 힘의 객관화로 지속된다는 사실마저 배제하지는 않는다. 즉, 해석자는 자의적인 방법에서가 아니라 통제 가능한 지침의 도움을 입어서 타자의 창조적인 힘을 객관화시킬 수 있다. 왜냐하면 타자의 정신은 직접적으로 말을

걸어 오는 것이 아니라, 정신적인 힘을 부여받은 변형된 매개체를 통하여 시간과 공간을 가로질러서 우리에게 말을 걸어 오기 때문이다. 그리하여 그 매개체는 우리가 작품의 의미에 접근할 수 있도록 해 준다." (Betti, 1967: 68-69).

9) 철학에서 객관성을 거부한 가다머는 우리의 삶에서는 오로지 주관과 주관만이 존재한다고 하면서, '간주관성(Intersubjektivität)' 이라는 용어로 이를 대신하고 있다. 그러나 객관성이나 간주관성이나 모두 보편타당성이나 일반성 또는 공감대형성을 지향한다는 의미에서는 같은 맥락으로 이해될 수 있다.

10) 해석자로 하여금 그의 주관성을 말살하도록 요구하는 일은 분명히 불합리한 일이다(Betti, 1967: 65). 심지어 신학적 해석학자 불트만에 의하면, 가장 주관적인 것이 가장 객관적인 해석이 될 수 있다(Betti, 1967: 65). 물론 이는 해석자가 역사적 주체이어야 한다는 전제하에서 가능한 일이다. 왜냐하면 미래에 대한 스스로의 책임 때문에 역사적 현상에 개방되어 있는 역사가만이 역사를 이해할 수 있는 위치에 있다고 할 수 있기 때문이다(Bultmann, 1958: 137). 그러나 베티는 이를 주관주의로 간주한다. 그에 의하면, 불트만의 주관주의적 입장은 현대의 실존주의의 작용을 받았고, 모든 인문과학(정신과학)에서 해석적 절차에 따른 결과의 객관성에 대해 불신을 품게 됨으로써, 그것은 해석과 의미추론을 분간하지 못하는 경향으로 흐르게 되었고 대상의 자율성에 관한 규준을 제거하려는 경향으로도 흐르게 되었다(Betti, 1967: 73). 따라서 베티는 객관성을 보호하고 그 가능성에 대한 인식론적 조건을 입증하는 일이 역사연구가와 해석학자의 과제로 보았다.

11) 물론 단 한 번의 해석으로 객관이 성취되는 것은 아니다. 따라서 앞으로 더 다루어지겠지만 우리에게 요청되는 것은 지속적인 해석 작업, 즉 '해석학적 순환' 또는 '해석학적 나선 순환(hermeneutic spiral)' 이다.

12) 그러면 우리가 굳이 왜 '이해' 해야 하는가? 하는 의문이 생겨날 수 있다. 그러나 이러한 의문은 비록 매우 중요한 질문이지만 이글의 테마가 아니다. 다

만 참고로 좀 언급하자면, 우리가 타를 이해함으로써 우리는 비로소 사회적 존재가 되며, 서로 이해하지 못하고 오해함으로써 발생하는 삶의 의미축소는 커다란 삶의 상실이며, 또한 이로써 삶 자체가 위험하기까지 하다. 상호 간의 오해로 인하여 발생하는 삶의 제한은 치유하기 어렵기까지 하다. 이 연구가 역사연구이기 때문에 역사의 문제 하나를 예로 든다면, 상호 역사에 대한 온전한 이해가 부재하기 때문에 지금 우리는 한일 간, 한중 간 역사시비문제의 소용돌이 속에 놓여 있다. 이는 앞으로 민족생존차원의 문제가 될 소지도 배제할 수 없다. 결국 생존의 위협이 '(온전한) 이해의 부재'에서 비롯된다.

13) 에벨링(Ebeling)에 의하면, 이해의 최초 현상은 언어에 대한 이해가 아니라 언어를 통한 이해이다(Betti, 1967: 74). 그러므로 언어라는 것은 이해의 대상이 아니라 이해를 가능하게 하고 중재하는 것이다(Betti, 1967: 74).

14) "언어는 알레고리아(allegoria), 즉 다른 의미를 지시하는 알레고리일 수 있다. 따라서 언어는 그 스스로가 말하는 것과 다른 것을 말할 수 있다. 즉, 인간의 언어는 상징적 기호(semainon)의 일부일 수 있다."(김상환, 2000: 163)

15) 딜타이의 해석학에서는 어떠한 소여도 체험되지 못하면 존재하지 않는 것이다. 따라서 체험은 현실을 소유하는 방법이기도 하다. 다시 말하면, 체험은 나에게 모든 현실이 알려지는 결정적인 방식이다(Dilthey, 1978: 21). 이러한 의미에서 딜타이에게 체험은 삶에 접근하는 유일한 인식의 방법이 된다(Dilthey, GS.VI: 313). 그러나 이러한 개별체험은 전체와 분리되거나 파편적인 것이 아니라 항상 전체와 관련되어 있다. 왜냐하면 역사성 속에서 모든 개별체험은 전체와 의미연관으로 구조화되어 있기 때문이다. 이 속에서 개별체험은 부분에서 전체로 확대된다. 결국 딜타이의 해석학에서는 체험이 해석되는 것이다. 왜냐하면 궁극적인 삶에 대한 이해는 체험에 근거하기 때문이다. 체험은 삶을 이해하는 수단이며 삶의 범주 중 하나이다(이규호, 1979: 249). 이런 의미에서 체험은 이해의 전제조건이다.

16) 볼프는 해석학을 '기호의 의미를 알려 주는 규칙에 관한 과학' 이라고 정의했다(Wach, 1929, Bleicher, 1980: 260에서 재인용).

17) 심지어 역사는 (그 자체적으로도) 역사적으로 달리 이해된다(정은혜, 2000: 13). 왜냐하면 역사기록은 시간이 경과 속에서 발생한 일련의 역사적 사건일 뿐이며, 이러한 역사에 대한 기록은 시간의 흐름 속에서 서로 다른 독자에 의해서 서로 달리 이해될 수밖에 없기 때문이다. 결국 똑같은 역사적 사실(사건)이라도 이를 기술한 사가에게나 아니면 독자에게나 이들에게 부여되는 역사적 사건의 '의미' 가 서로 다르다는 것을 알려 준다. 왜냐하면 역사는 역사적으로 또는 좀 더 정확히 말하면 역사적 의미로 제약되기 때문이다. 따라서 해석은 절차상의 순환과정을 통하여 지속적으로 이루어져야 한다.

18) 이러한 맥락에서 슈프랑거(E. Spranger)는 유형론(Typenlehre)을 완성해 냈다. 즉, 인간은 같은 사물을 보고도 서로 생각하는 것이 달라서 이론적 인간, 경제적 인간, 미학적 인간, 사회적 인간, 정치적 인간, 종교적 인간으로 구분된다고 했다. 이러한 이상적 인간유형의 탄생은 사건과 사물에 부여하는 개인의 의미가 서로 다르기 때문이다. 딜타이는 역사란 우리 인간의 삶의 작용관련으로 보았다. 이러한 작용관련 속에서 우리의 삶은 의미를 얻는다. 따라서 역사 기술이나 역사학은 삶의 작용관련에 대한 기록이며 학문이라고 할 수 있다(정혜정, 2006: 149).

19) 해석학에서 가장 커다란 텍스트(text)는 동시에 삶의 맥락 또는 삶의 상황(context)을 의미한다. 즉, 해석학에서의 텍스트란 항구적인 '고무줄 개념' 이다. 텍스트란 얼마든지 넓어질 수도 있으며, 반대로 한없이 좁아질 수도 있다. 따라서 "텍스트가 맥락 또는 상황 속에서 이해되어야 한다." 라고 할 때, 이때 텍스트는 콘텍스트가 된다. 콘텍스트는 범주에 따라서 더 큰 콘텍스트로 발전될 수 있다. 따라서 여기서 콘텍스트는 텍스트의 포괄개념이라기보다는 텍스트의 (확장과 축소가 가능한) 동태적-개방적 연장선일 뿐이다. 한마

디로 해석학에서 두 개념은 범위의 질적-양적 차이와 동적 측면을 부각시키는 같은 속성의 범주에 들어 있는 동일한 개념이다. 이러한 개념은 가다머의 '해석학적 반성' 이라는 논리에 의해 가능해진다. 왜냐하면 그에게서 해석학적 반성이란 진리의 기준을 딜타이에게서처럼 방법적인 엄밀성 속에서 찾는 것이 아니라 상황의 적절성, 즉 상황(맥락)구속성(Kontextgebundenheit)에서 찾기 때문이다. 즉, 진리는 시공을 초월한 보편적-정태적-고정적인 것이 아니라 구체적이고 역동적인 상황(맥락)에서 실천적으로 드러난다. 따라서 텍스트를 콘텍스트로 하는 가운데에서 해석을 통해 이해가 이루어지는 것이 아니라, 이미 존재하는 (전)이해에 해석이 스스로 작용하게 된다. 이렇게 본다면 텍스트가 콘텍스트로 동적으로 열리는 가운데에서 비로소 해석도 (진정한) 이해를 향해 작용하게 된다. 이러한 과정에서 진리에의 접근도 가능해진다.

20) 이는 딜타이와 가다머의 의미로 '작용관련' 이라고 할 수 있다. 딜타이는 역사란 우리 인간의 삶의 작용관련이라고 보았다. 이러한 작용관련 속에서 우리의 삶은 의미를 얻는다(Dilthey, 1981: 168). 따라서 역사기술이나 역사학은 삶의 작용관련에 대한 기록이며 학문이라고 할 수 있다.

21) 이는 다음 단락에서 말하는 '전체' 가 된다. 전체는 해석의 기준이며 준거점이다.

22) 이는 한기언의 교육사학의 학문적 구조를 기반으로 이해한다면, 같은 교육사 기록이라도, 이를테면 사회사적 맥락에서 볼 때와 인물사적으로 볼 때 달리 기술될 수 있다는 것을 의미한다(한기언, 1988: 390-398 참고).

23) 클라프키(1971a)는 교육학을 사회과학으로 이해하기 위해서는 교육사 연구 역시 정치적 · 사회적 · 경제적 관련을 충분히 반영할 수 있어야 한다고 주장한다(s. 361).

24) 가다머의 관심은 역사발생의 존재론적 근거를 밝혀내는 일이다. 이에 비하면 딜타이는 역사의 가능성을 시간 속에서 이루어지는 심리적 연관 속에서

찾았다(정은혜, 2000: 21). "딜타이에게서 역사의 작용관련과 의미관련을 형성하는 것은 시간 속에서의 심리적 연관이다." 그러나 이러한 심리연관으로서의 역사관은 상대주의적 역사의식의 한계를 벗어날 수 없다. 따라서 역사의식은 인식 비판적 역사의식으로 전개될 수 있을 때, "어떻게 역사가 고유하게 그리고 본래적으로 발생할 수 있을까?" 에 대한 해명도 가능해질 수 있다. 가다머의 입장은 후자에 해당되며, 이러한 연유에서 그는 역사이해를 위한 작용사적 관점을 지향하고 있다. 이는 역사 해석 및 역사이해에서 객관성이라는 개념보다는 간주관성에 더 커다란 비중을 두는 일이다. 이는 카우프만(Kaufmann)의 의미에서 '참된 판단' 의 기준을 제공한다.

25) 니체에게 삶 자체는 해석이다(Bleicher, 1980: 244). 즉, 진리로 다가가는 과정인 해석은 인간이 자신의 본질로, 자신의 본질적 유래와 기원으로 다가가는 과정과 같다. 따라서 해석의 완성은 인간의 완성, 성숙의 끝이다(김상환, 2000: 343).

26) 가다머의 지평융합은 유한자가 삶이라는 전체성 안에서 늘 달리 새롭게 구체적으로 적용하며, 실현하며 '있는' 자리이다(박남희, 2003: 156).

27) 예를 들어, 같은 사건(事件)일지라도 일본 사가가 쓴 역사와 한국 사가가 쓴 역사기록이 때로는 다른 이유가 바로 여기에 있다. 일명 역사왜곡의 문제나 역사논쟁이 된다. 그러나 엄밀히 따지고 보면, 누가 옳은지는 오로지 전지전능한 신(神)만이 알고 있지 않을까? 따라서 우리는 역사논쟁 이전에 온전한 역사의 이해를 위해서 (가능한 한) 객관적으로 또는 온전히 역사기록을 끊임없이 (객관적으로) 해석해 낼 수 있어야 한다. (객관적) 역사이해를 기반으로 하지 않는 역사왜곡시비나 역사논쟁은 허공의 메아리로 돌아올 확률이 높다. 심지어 그러한 틈바구니로 강대국의 지배논리가 치밀고 들어설 가능성도 없지 않다. 이렇게 엄청난 결과를 초래할 수도 있기 때문에 우리는 역사기록을 객관적으로 또는 온전히 해석하고 재해석해 내는 일을 게을리 할 수는 없다.

28) 실제로 클라프키는 훔볼트의 교육이론에 대한 역사 해석을 시도한 바 있다. 이는 이미 널리 알려져 있는데, 클라프키 자신의 논문 「Hermeneutische Verfahren in der Erziehungswissenschaft」에 역사해석의 결과가 실려 있다. 이는 자신이 수립한 위의 해석학적 순환의 도식에 입각한 해석결과이다. 여기에서는 이에 대한 상세한 인용은 생략한다. 참고로 오인탁은 자신의 저서 『현대교육철학』(서광사, 1990)에서 이 부분을 군데군데 책의 내용에 맞도록 적절하게 인용한 바 있다(오인탁, 1990: 244-275 참고).

29) 이러한 의미에서, 데리다(J. Derrida)는 해석이란 텍스트에 내재하는 이중적 구조의 발견 혹은 생산이라고 했다(김상환, 2000: 192). 즉, 텍스트는 항상 사실근거와 의미근거에 의존하는 이중적 구조로 되어 있다.

30) 역사적 현상은 각각 고립된 채로 고찰된다면, 의미를 얻지 못한다(Betti, 1967: 69). 그러나 그것들은 그 시간적 거리와 뒤따르는 작용의 의미관련 내에서만 의미를 얻을 수 있다(Betti, 1967: 69). 따라서 의미는 항상 의미관련으로 존재한다. 즉, 의미와 의미는 서로 연관되어 있어서 의미를 해석함은 결국 의미연관성을 해석해야 함을 의미한다. 따라서 우리는 의미 연관성의 규준에 따라 해석해야 한다. 달리 말하면, 우리는 전체성의 원리에 따라서 의미를 해석해야 한다.

31) 해석학의 역사에서 최초로 인식론적인 고찰을 방법론적인 논의 가운데로 포함시키려고 시도했던 사람이 바로 슐라이어마허이다(Bleicher, 1980: 13). 그는 먼저 해석학을 해석법(Auslegungslehre)이라고 하면서, 성서나 기타 고전의 가장 정당한 이해를 위한 방법(Kunst)을 연구하는 것이라고 생각했다(이규호, 1979: 245).

32) 이로써 슐라이어마허 이후 반세기 동안 해석학은 신학과 문헌학에 연관된 해석의 새로운 체계에서 새로운 과학, 즉 정신과학(Geisteswissenschaften)의 방법론으로 발전했다(Bleicher, 1980: 16). 즉, 해석학 개념은 자연과학에서 정신

과학을 격리하는 도구로서 새로운 활동성을 얻게 되었다(Scholtz, 1995: 9).

33) 모든 학문은 학문하는 주체(학자)의 관점에 따라서 이루어진다. 특히 사회과학이나 인문학에서 말하는 관점이란 바로 자연과학에서는 조건이며 동시에 가설이다. 그러나 이렇게 다양한 관점에서 서술된 모든 연구결과 특히 교육사에서는 고증된 역사기록을 어떻게 소화해 낼 것인가? 하는 것이 문제이다. 그러나 만약 역사기록이 관점의 차이로만 돌려 버릴 수 없는 문제라면, 이제 우리에게 남는 것은 무엇일까? 해석학적 연구에서는 해석만이 그 대안임을 주장한다. '관점' 이란 니체의 철학을 관점주의로 해석하는 후학에 의하면 다름 아닌 '해석' 이다.

34) 서구에서 도입된 교육학 및 교육사 연구방법론으로서는 1950년대 실증주의적 연구방법, 60년대 현상학 및 해석학적 연구방법, 70년대 구조주의적 연구방법, 80년대 비판주의적 교육방법이 있지만, 실제로 우리 교육학 연구에서는 실증주의적 연구방법 이외의 방법은 실천적으로 도입 적용된 예가 거의 없다고 할 수 있다(김인회, 1995: 349-357 참고). 물론 실증주의적 방법 역시 아직도 미진하다. 이에 대하여 김인회는 "실증이란 처음에는 경험적 검증만을 의미하다가 후에 논리적 검증으로까지 발달하여 실증될 수 있는 사실의 범위를 객관적 경험대상에만 국한하지 않고 논리적으로 검증될 수 있는 사실의 세계로까지 확대하였고, 차츰 논리전개의 도구인 언어의 명증성을 따지게 되면서 언어분석주의로, 그리고 언어의 문화적 다양성을 극복하기 위한 기술논리학으로 발달했지만 우리나라의 교육학에 실증주의적 방법론이 도입될 당시에는 그러한 철학적 방법론이 체계적으로 소개된 것은 아니었다. 그보다는 실증주의적 사고방법의 토대 위에서 발달한 교육학적 방법과 기술이 소개되었던 것이다."(김인회, 1995: 359)

■■■ 참고문헌

김상환(2000). 새로운 해석학의 탄생 1. 김상환 외. 니체가 뒤흔든 철학 100년. (pp. 147-200). 서울: 민음사.

박남희(2003). 가다머의 지평융합 비판. 연세대학교 대학원 철학박사학위 청구논문.

백승영(2000). 니체철학, 무엇이 문제인가. 김상환 외. 니체가 뒤흔든 철학 100년. (pp. 64-143). 서울: 민음사.

오인탁(1990). 현대교육철학. 서울: 서광사.

이규호(1979). 현대철학의 이해. 서울: 제일출판사.

이상오(2005). 계몽주의 교육: 이론과 실제. 서울: 학지사.

이원재(2005). 한국교육사 연구에서의 신문화사의 의의. 한국교육사학 제27권 제1호.

정은혜(2000). 교육사연구방법론. 서울: 원미사.

정혜정(2006). '교육사 연구에 있어서 해석학적 연구방법의 전망' 에 대한 토론. 교육사 연구의 지평 확대: 동아시아 비교교육사 역구의 가능성 탐색. 2006년 한국교육사학회 연차학술대회 자료집, pp. 148-149. 한국교육사학회, 교육사학회.

박순영 역(1993). Pöggeler, O. (1972). 해석학의 철학. 서울: 서광사.

이길우 외 역(2000). H.-G. Gadamer(1960). 진리와 방법. 철학적 해석학의 기본특징들 I. 서울: 문학동네.

한기언(1988). 서양교육사. 박영사.

황금중(2006). 한국교육사 · 철학 연구의 관점과 방법론. 오인탁 외. 교육학연구의 논리. (pp. 561-588). 서울: 학지사.

Bleicher, J. (1980). *Contemporary Hermeneutics: Hermeneutics as Method, Philosophy and Critique.* London, Boston and Henley: Routlege & Kegan Paul.

Bollnow, O. F. (1982). Die Methode der Geisteswissenschaften. Studien zur Hermeneutik. Bd. *1. Zur Philosophie der Geisteswissenschaften.* Freiburg/München.

Bultmann, R. K. (1959). *Geschichte und Eschatologie.* Tübingen: J. C. B. Mohr (p. Siebeck).

Danner, H. (1994). Methoden geisteswisschenschaftlicher Pädagogik: Einführung in Hermeneutik. *Phänomenologie und Dialektik*, 3. Aufl. München/Basel: Ernst Rinhard Verlag.

Dilthey, W. (1919). *Das Erlebnis und die Dichtung, Lessing, Goethe, Novalis, Hölderlin, 4.* Auflage. Göthingen.

Dilthey, W. (1958). *Die Geistige Welt. Einleitung in die Philosophie des Lebens. (GS. V).* Hrsg. von Georg Misch. I Hälfte. Abhandlungen zur Politik, Ethik und Pädagogik. Stuttgart: B. C. Tuebner Verlag.

Dilthey, W. (1978). *Die Geistige Welt. Einleitung in die Philosophie des Lebens. (GS. V).* (Hrsg.) von Georg Misch. II Hälfte. Abhandlungen zur Politik, Ethik und Pädagogik. 6. Aufl. Stuttgart: B. C. Tuebner Verlag.

Dilthey, W. (1979). *Der Aufbau der geschichtlichen Welt in den Geisteswissenschaften. (GS. VII)* (Hrsg.). von Bernhard Groethuyenm 7. Aufl. Stuttgart: B. C. Tuebner Verlag.

Gadamer, H.-G. (1960). *Wahrheit und Methode. Grundzüge einer philosophischen Hermeneutik.* Tübinger: More.

Gadamer, H.-G. (1971). Rethorik, Hermeneutik und Ideologiekritik. In: Karl Otto Apel (Hrsg.). *Hermeneutik und Ideologiekritik.* Frankfurt: Suhrkamp.

Klafki, W. (1971). Hermeneutische Verfahren in der Erziehungswissenschaft. In: Rittelmeyer. Christian/Parmentier Michael (2001). *Einführung in die pädagogische Hermeneutik.* Darmstadt: WBG, S.125-148.

Klafki, W. (1971a). Erziehungswissenschaft als Kritisch-konstruktive Theorie: Hermeneutik, Empirie, Ideologiekritik. *Zeitschriften für Pädagogik, 17.*

Misch, G. (1947). Der Weg in die Philosophie: eine philosophische Fibel. Munchen: Leo Lehinen Verlag Gmbh.

Nietzsche, F. W. (1967). *Werke: Kritische Gesamtausgabe.* (Hrsg.). von G. Colli, Mintinari, weitergeführt von W. Müller-Lauter, K. Pestallozzi. Berlin/ New York.(KGW)

Palmer, R. E. (1969). *Hermeneutics, Interpretation Theory in Schleiermacher, Dilthey, Heidegger, and Gadamer, Evanston(III).* Northwestern University Press.

Rittelmeyer, C., & Parmentier, M. (2001). *Einführung in die pädagogische Hermeneutik.* Darmstadt: WBG.

Scholtz, G. (1995). Ethik und Hermeneutik: Schleiermachers Grundlegung der Geistenswissenschaften. *Suhrkamp taschenbuch wissenschaft 119.* Frankfurt/a.M..

제3장

해석학적 연구의 적용사례 I

슈프랑거의 소크라테스 해석

1. 도입부

소크라테스 해석을 위해서 우리는 누구든지 우선 크세노폰(Xenophon 또는 세노폰이라고 발음함)이나 플라톤(Plato) 같은 당시의 제자들에 의해 묘사된 소크라테스를 가지고 시작할 수밖에 없다. 한마디로 어쩔 수 없이 우리는—소크라테스가 1차 문헌을 남기지 않았기 때문에—제자들에 의해 묘사된 2차 문헌에 의하여 소크라테스를 접하게 된다. 물론 이미 서두에서 언급한 대로 그가 직접 썼다고 해도 우리는 이를 통해서 그의 사상을 완전히 이해하거나 해석해 낼 수 있다고 장담할 수는 없다. 이러한 근거에서 우리는 해석(Hermenenutik) 또는 '해석(학)적 접근(interpretative approach)' 이라는 학문적 도움을 요청하고 있다. 좀 더 정확하게 원래 작가를 이해하기 위해서 우리는 작가를 가능한 한 객관적으로 해석할 수 있어야 한다. 해석학적 순환은 해석학을 가능하게 하는 하나의 과정이자 방법으로서, 체험을 끊임없이 순환적으로 해석해 냄으로써 점점 더 깊은 이해의 숲으로 접근해 갈 수 있게 한다(Dilthey, 1958). 오토 프리드리히 보르노(O. F. Bollnow)의 말처럼, 운이 좋으면 우리는 해석 작업을 통해서 오히려 작가 자신보다 훨씬 더 잘 그를 이해할 수 있을지도 모른다.

특히 제자 플라톤에 의해 그의 대화편이라는 작품들 속에서 핵심 인물(또는 주인공)로 등장하는 소크라테스는 우리에게 '소크라테스 해석'을 위한 교과서로 제공되기 일쑤이다. 동시대의 제자였던 크세노폰에 의한 소크라테스 역시 몇 편(Memorabilien/ Symposion/ Oikonomikos/ Apologie)이 전해지지만, 플라톤의 소크라테스에 비교가 되지 않을 정도로 적은 분량이다(Bux, 1956). 그런데 이해하기 힘든 것은 동시대의 직제자로 알려져 있는 두 사람이 묘사하고 처방한 스승 소크라테스에 대한 해석은 매우 판이하다. 그 외에 더러 남아 있는 소크라테스의 동시대인에 의해 집필된 문헌은 더 보잘것없으며 매우 산만하기까지 하다. 물론 또 다른 제자나 동시대인이 스승 소크라테스에 대해서 썼다는 흔적은 있지만(Burkert, 1971: 159), 거의 대부분의 필사본은 전쟁 및 화재 등으로 인하여 소실되고 말았다(Burkert, 1971: 162).

결국 우리는 플라톤의 대화편이라는 작품 속에서 주인공으로 등장하는 스승 소크라테스에 더 많이 접근할 수밖에 없는 운명에 처해진다. 즉, 슈프랑거는 거의 대부분의 후학처럼 소크라테스를 해석하기 위해서, 소위 '플라톤의 소크라테스' 에서 시작한다. 따라서 그것이 슈프랑거에게도 소크라테스 해석의 주 텍스트가 되는 셈이다. 한 가지 부언하자면, 이 글에서는 슈프랑거가 수많은 논집에서 혹독하게 비판해 온 '니체의 소크라테스'와 '헤겔의 소크라테스'는 제외한다. 그 이유는 첫째, 니체와 헤겔이 해석한 소크라테스에 대한 논쟁은 이미 철학계에서는 거의 끝난 상태로 근간을 흔들 만한 큰 논쟁은 더 이상 전개되고 있지 않고 있으며,[1] 둘째, 이 글은 순수철학 쪽이 아니라 교육학적 관점에서 쓰인 글이기 때문이다. 따라서 이 글은 소크라테스의 직제자인 플라톤, 크세노폰 그리고 소크라테스에 관한 한 플라톤적 비판적 계승자로 알려진 아리스토텔레스에 의한 '소크라테스 처방(Sokrates-Rezeption)' 및 해석을 가지고 슈프랑거가 소크라테스를 자신만의 시각으로 (재)해석하는 과정에 대한 추적 작업과 이에 기초한 사상적 전개로 연구의 범위를 제한한다.

2. '소크라테스 해석'을 위한 슈프랑거의 전제

지금까지 우리 학문세계에서 특히 철학 및 교육학의 영역에서 소크라테스(Sokrates, 470~399 B.C.)에 대한 수많은 소개서와 다양한 해석이 나왔음은 누구나 주지하는 바이다. 간단히 말하면, 이미 언급한 대로 역사적 소크라테스는 때로는 훌륭한 교사로, 때로는 천박한 수다쟁이로 알려져 있다(Burkert, 1971: 161). 이러한 역사적 사실 근거는 소크라테스에 대한 역사적 평가가 매우 상반되어 있다는 점을 분명하게 한다. 특히 동시대인의 평가에서도 소크라테스에 대한 평가는 엇갈리고 있다.

이를테면 소크라테스의 제자이자 절친한 친구였던 알키비아데스는 소크라테스를 고대 그리스 현신(賢神)의 대명사였던 '실레노스(Silenus)' 에 비유하는 반면, 동시대의 유명한 극작가 아리스토파네스(Aristophanes, 455~375 B.C.)는 자신의 희극 『구름(The Clouds)』(또는 '뜬 구름 잡는 사람들' 이라고 번역하기도 함)에서 소크라테스를 상당한 허풍쟁이 또는 협잡꾼 등으로 묘사하고 있다(Kaufmann & Baird 1994: 2). 이 밖에도 소크라테는 소피스의 대명사,[2] 소피스트의 공격자, 현자(賢者), 모든 지식의 공박자 또는 현학자(衒學者), 자연철학자, 엄격한 윤리주의자, 호모렐리기오수스(homo religiosus, 종교적 동물), 무신론자,[3] 합리주의자, 마법사(Hexenmeister), 민중선동가 또는 국민정신의 오염자 등으로 소개되었다(Burkert, 1971: 161, 171).

한마디로 소크라테스에 대한 후세의 평가는 어떤 부분은 위대한 성인(聖人)이고 어떤 부분은 정반대로 알려져 있다. 바로 이러한 엇갈린 해석이 이 연구의 쟁점으로 부각될 수 있을 것이다. 특히 이러한 상황은 서구의 근대철학사상사에서도 얼른 이해하기 어렵게 소위 헤겔, 니체 등 몇몇 대(大) 철학자에 의해서도 반복되었다.

이를테면 헤겔은 소크라테스를 국민정신의 파괴자(Verderber des Volgsgeites)로 해석하였으며(Hegel, 1955), 니체는 소크라테스를 민족공동체를 부정하는 전형적인 소피스트인 민중타락자로 해석하였다(Nietzsche, 1988). 실제로 당시 소크라테스는 새로운 신을 끌어들이고 젊은이를 도덕적으로 타락시켰다는 이유로 고발되어 자신의 고국 아테네에서 사형선고를 받았다(한국철학연구회 편, 1898: 715). 그러나 사후 소크라테스는 곧 아테네 시민에 의해 명예가 복권되었다. 이는 소크라테스의 사후에 그를 실레노스로 신격화시킨 아테네 시민의 현명한 해석에서 반증된다.

"실레노스는 술의 신 디오니소스의 동반자로서 늙었고 추하나, 대단히 현명하고 술을 즐기며 음악을 알고 앞일을 예언하기도 하는 신화적 존재이다…. 소크라테스가 죽은 후에 사람들이 철인 소크라테스의 조상을 실레노스의 얼굴로 조각하였다. 실레노스의 특징은 그의 용모에서 부드럽게 각색되거나 감추어지고 오류를 가르고 진리를 추구하며 지혜를 사랑하는 철인의 품위가 풍기는 넓은 이마, 잘 다듬어져 귀 뒤로 흘러내리는 머리털, 부드러운 선을 이룬 탐스러운 턱수염으로 표현되었다."(오인탁, 1996: 14-15)

심지어 초대교회의 시대에 사람들은 그를 그리스도 이전의 순교자 중에서 최고의 순교자로 여겼으며, 또한 중세시대 위대한 인문주의자인 에라스무스(Erasmus)는 그를 성자의 한 사람으로 보고 "성자 소크라테스여, 우리를 위하여 간구하여 주소서."라고 그를 향하여 기도하였다(오인탁, 1996: 15-16). 당시 소크라테스가 마신 독배는 진정 그가 '악법도 법' 이라는 강직한 소신에 따라 마신 것이지, 법정의 판결처럼 또는 니체와 헤겔의 해석처럼 소크라테스는 고의로 민중을 호도하여 민심을 흉흉하게 만듦으로써 인위적으로 사회질서를 어지럽힌 경거망동한 소피스트로서의 죄가(罪價)를 치른 것이 아니었다는 평가였던 것이다. 한마디로 당시 소크라테스에 대한 법의 판결이 잘못된 것이었음을 역사가 재평가한 셈이다.

따라서 근대철학사상사에서 큰 족적을 남긴 니체와 헤겔에게서 국민정신을 파괴한 소피스트로서 해석된 소크라테스는 우리의 철학사상사에서 한동안 중요한 논쟁거리로 남게 되었지만, 결국 오늘날 이들에 의한 '소피스트로서의 소크라테스' 는 역사적 오해였음으로 판정나고 말았다. 왜냐하면 니체와 헤겔의 소크라테스 해석이라는 관점으로 볼 때, '소크라테스의 죽음과 실레노스 상' 이라는 역사적 맥락에 대한 해석 작업 속에서 역사적 사실근거와 의미근거 사이의 논리적 모순이 뚜렷하게 드러나기 때문이다.

그러나 오늘날 논쟁의 이슈를 찾아내는 것보다 더욱 중요한 사실은, 역사가 소크라테스의 생애를 어느 정도로 정확하게 묘사하고 있는가? 라는 문제가 여전히 소크라테스 연구가들을 괴롭히고 있다(오인탁, 1996: 5). 이제 우리에게 소크라테스 자체, 즉 '역사적 소크라테스(historischer Sokrates)' 에 대한 해석이 더욱 중요한 것이다. 이렇게 본다면 니체와 헤겔에게서의 소크라테스 상에 대한 논리적 모순을 밝혀내는 것도 필요하겠지만, 우리는 해석학적 순환을 통하여 진정한 역사적 소크라테스에 접근하는 것을 중요한 과제로 삼아야 한다. 이러한 의미에서 이미 슈프랑거는 '역사적 소크라테스' 에 대하여 자신만의 고유한 (독특한) 시각을 가지고 역사 논리적 해석을 바탕으로 자신만의 역사해석 작업을 시작하였다고 할 수 있다.

3. '역사적 소크라테스'에 대한 슈프랑거의 해석과정

1) 후대인의 '소크라테스 처방'에 대한 슈프랑거의 문제제기

사실 소크라테스는 평생 스스로 아무것도 쓰지 않았기 때문에, 우리는 지금도 소크라테스 자신을 수수께끼로 접하게 된다(Spranger, 1954: 11). 이미 언급한 대로 그는 크세노폰이나 플라톤 같은 직제자의 문학작품 속에서만 알려질 뿐이다. 이러한 작품을 두고 우리는 이들의 '소크라테스 처방(Sokrates-Rezeption)'이라고 일컫는다. 따라서 이들의 처방에 의한 스승 소크라테스는 우리에게 그의 존재와 사상을 어렴풋하게나마 짐작하게 할 수 있는 대목이 된다. 그러나 슈프랑거는 우리가 크세노폰이나 플라톤 같은 제자가 묘사한 소크라테스를 '역사적 소크라테스'로 간주하는 데에는 좀 더 신중해야 한다는 입장을 가지고 있다. 심지어 소크라테스 가르침의 진실에 대한 역사해석은 어느 누구에게도 결코 쉽지 않다. 실제로 지금 우리 옆에 살아 있으며 계속 우리를 가르치고 있는 교사나 부모의 가르침을 이해하는 것도 쉽지 않다는 사실을 감안한다면, 이 천 몇 백 년 전에 있었다고 가정되는 소크라테스의 가르침에 대하여 우리가 얼른 이해할 수 없는 것은 당연하다. 그러나 이러한 어려움 때문에 우리가 소크라테스의 가르침에 대한 접근조차 포기하는 것도 문제가 아닐 수 없다. 왜냐하면 우리는 아직도 소크라테스를 인류 최초의 스승 중 한 사람으로 간주하고 있으며, 모든 사상사적 문헌기록에서도 그를 서구사상(교육사상 포함)의 시조로 삼고 있기 때문이다.

물론 우리는 논리적 수미일관성만으로 소크라테스에게 접근할 수밖에 없다. 그러나 선대(先代)의 소크라테스 처방과 해석이 누구에게나 그대로 전수되어야 한다는 법은 없다. 그 반대도 마찬가지이다. 따라서 동시대의 제자들에 의해 묘사된 소크라테스라고 하더라도 이에 대한 비판적 접근이나 '반성적 고찰(Reflexion)' 없이 그대로 수용한다면 오류를 범하게 될지도 모른다. 물론 그 반대일 수도 있다. 예를 들어, 플라톤과 크세노폰에게서 소크라테스는 전혀 다른 인물로 나타난다. 두 사람은 모두 소크라테스의 동시대인이며 직제자라고는 하지만 스승 소크라테스를 보는 관점은 전혀 달랐으며, 서로 스승 소크라테스를 바라보는 관심 영역도 달랐던 것이다. 특히 플라톤과 크세노폰 이외에 다른 소크라테스 연구자의 책은 대부분 유실되었으며, 설령 이들이 존재한다고 하더라도 소크라테스 자신보다는 명확하지도 않았을 것이다 (Burkert, 1971: 162).

그렇다면 과연 우리는 누구의 소크라테스 처방을 따를 것인가? 따라서 우리가 역사적 소크라테스에 접근하기 위해서는 이들에 의해 묘사되고 처방된 소크라테스에 대한 반성적 해석만이 중요함을 알 수 있다. 심지어 언급한 바처럼 근대철학의 거성이라는 니체와 헤겔에게서 소크라테스의 상이 그 정도로 왜곡될 수 있었던 사실에 대해서 우리는 과연 무엇으로 변호할 수 있을까? 이렇게 소크라테스는 언제든지 누구에 의해서도 엄청나게 다양하고 심지어 서로 판이하게 해석될 수 있다. 심지어 직제자에 의해서 알려진 소크라테스조차도 진정한 소크라테스, 즉 '역사적 소크라테스'가 아닐 수 있다. 동시대의 제자들도 소크라테스를 계승하지 못한 면이 많으며, 심지어 잘못 계승했다고 이해된다. 슈프랑거는 바로 이러한 해석의 다수성과 다의성에 주목한다.

2) '플라톤의 소크라테스'에 대한 슈프랑거의 비판적 해석

(1) 플라톤의 '이데아론'에 대하여

우리가 소크라테스와 만나기 위해서는 그의 동시대인이며 직제자로서 스승 소크라테스를 비교적 상세하고 집요하게 다룬 플라톤에 의해 묘사된 소크라테스의 대화와 함께 시작할 수밖에 없다. 왜냐하면 소크라테스는 제자 플라톤에 의해서 역사의 무대에 처음 등장했기 때문이다. 그러나 플라톤에 의해 서술된 소크라테스의 대화는 문학적으로 묘사된 창작물일 수도 있다(Jaeger, 1994: 66, 142, 143; Spranger, 1954: 24). 이러한 연유에서 슈프랑거는 우리가 '플라톤의 소크라테스'를 매우 조심스럽게 천착해야 한다고 강권하고 있는 것이다.

20세기 대표적 철학사가인 슈퇴릭히(H. J. Störig)는 소위 '플라톤의 소크라테스 처방'에 대하여 우리가 신중할 수밖에 없는 근거를 다음과 같이 적고 있다.

> "소크라테스가 사망한 직후에 기술된 첫 번째 대화편(『소크라테스의 변론』)에서는 바로 소크라테스 자신이 중심인물로 등장하고 있다. 그뿐만 아니라 여타의 모든 후기 저술에서도 여전히 그가 중추역할을 하고 있는 것은 사실이다. 다만 여기서 소크라테스가 이야기한 내용 중의 어느 정도까지가 그 자신의 발언에 근거한 것이며 또한 플라톤이 자기의 생각을 나타내기 위하여 단지 그를 이용한 데 지나지 않은 부분은 어느 정도에 달하고 있는가를 분간하기는 매우 힘들다고 하겠다."(임석진 역, 1981上: 199)

1931년 슈프랑거는 「소크라테스(Sokrates)」라는 자신의 논문에서 '소크라테스와 그의 대화에 대한 플라톤의 처방(Platos Sokrates Rezeption)' 특히 플라톤이 구축한 '이데아론(Ideenlehre)의 전통과 해석'에 대하여 강한 의구심을 가지고 '플라톤의 소크라테스(Platos Sokrates)'에 접근하고 있다. 과연 플라톤의 '이데아론'은 플라톤의 독자적 구상이냐? 아니면 스승 소크라테스의 계승이냐? 한마디로 슈프랑거는 소크라테스의 가르침과 플라톤의 '이데아론'과는 특별한 상관성도 발견할 수 없다고 주장한다(Spranger, 1954: 34). 또한 소크라테스는 플라톤의 이데아론처럼 완전한 윤리체계를 구축하려는 의도도 가지고 있지 않았다(Spranger, 1931: 34; Nelson, 1975: 275). 왜냐하면 영혼적-정신적 결정은 영원한 것이 아니고 오로지 단편적이기 때문이다(Spranger, 1931: 35). 쉽게 말하면, 사회시스템은 인간의 영혼과 정신을 능가할 수 있을 만큼 정교하거나 복합적이지 못하다. 따라서 소크라테스에게서는 시스템을 구축하기 이전에 개인에게 잠자는 영혼을 어떻게 각성시키는가 하는 것이 더 중요한 것이었다.

20세기 플라톤 연구의 대가로 알려진 베르너 야에거(Werner Jaeger)는 자신의 대작이며 심지어 대표적 플라톤 사상의 해설서 격인 『파이데이아』에서 "플라톤이 소크라테스를 똑같이 계승하지도 않았다."(Jaeger, 1944: 140)라고 결론을 내린 바 있다. 즉, 야에거는 "제자 플라톤이 '이데아론'을 구축하면서 '역사적 소크라테스'를 벗어나고 있다."(Jaeger, 1944: 65)라고 하면서 슈프랑거의 견해에 완전 동의하고 있는 것이다.

이러한 근거에서 슈프랑거는 플라톤의 소크라테스 처방에 매우 신중하게 접근해야 함을 요청하면서, 후세에게 '플라톤이 기술한 소크라테스 대화'와 과연 우리가 어떻게 만나야 할 것인지에 대한 지침을 주고 싶을 정도라고 안타까워 한 바 있다(Spranger, 1954: 15). 슈프랑거에 의하면, 플라톤의 대화편 『메논(*Menon*)』은 바로 스승 소크라테스와 제자 플라톤의 사상이 결별하게 되는 기점이다. 즉, 플라톤의 열 번째 작품으로 (슈프랑거의 분류상) 초기 대화편의 끝 작품이라고 할 수 있는 『고르기아스(*Gorgias*)』는 『메논』[4]에서 출발하기 시작하는 '이데아론(Lehre von den Ideen)'으로 넘어가는 가교였다(Jaeger, 1944: 149; Spranger, 1954: 24). 여기서 슈프랑거는 플라톤의 사상적 전이과정에 크게 주목한다. 슈프랑거는 바로 이 과정에서 플라톤은 역사적 소크라테스를 벗어나기 시작했다고 생각한 것이다. 실제로 플라톤은 『고르기아스』를 쓰는 과정에서 스승 소크라테스가 독배로 세상을 하직하는 심각한 상황을 목도했으며, 스승의 사후에 훌쩍 이탈리아의 시칠리아로 먼 여행을 떠났다(Grimmelt, 1924: 2). 물론 슈프랑거는 플라톤의 여행이 스승의 죽음에 대한 안타까움의 표출이라고 볼 수도 있다고 설명한다. 그러나 이로부터 시작되는 후기 플라톤의 작품은 상당히 다른 사상적 스타일로 전개되기 시작했던 것이다.

심지어 슈프랑거는 플라톤이 자신의 이데아론을 구축하기 위해서 "의도적으로 소크라테스의 사상을 왜곡하였을지도 모른다."(Spranger, 1931: 10)라고 주장하기도 한다. 하여간 슈프랑거는 "플라톤의 이데아론이 구축되는 과정에서—그것이 그의 고의적이었건 아니면 오해였건 또 아니면 의도적 사상 전회였건—이로부터 역사적 소크라테스는 플라톤에게서 영원히 사라졌다."(Spranger, 1954: 34)라고 해석한다. 즉, 플라톤은 슈프랑거에 의하면 자신의 이데아론을 구상하는 순간부터 스승 소크라테스를 벗겨 나갔다는 주장이다. 물론 이러한 사실을 두고 우리는 플라톤이 스승 소크라테스를 한 단계 넘어섰다고 할 수 있을지도 모른다. 소위 청출어람(靑出於藍)이라고나 할까? 그러나 슈프랑거는 이로써 역사적 소크라테스가 제자 플라톤에 의해서 강하게 퇴색되었으며 심지어 왜곡되었다고 주장한다. 이것이 바로 슈프랑거가 '플라톤의 소크라테스' 를 비판하는 근거이다.

그러나 슈프랑거에게 더욱 심각한 문제는 플라톤이 나중에 '이데아론' 을 마치 스승 소크라테스와의 관련 속에서 발전시킨 것으로 우리를 착각하게 하였다는 점이다.[5] 즉, 우리 인류가 플라톤의 이데아론을 마치 소크라테스 철학의 계승이며 종착역이었다는 사실로 착각할 수 있도록 플라톤이 의도적으로 슬그머니 스승 소크라테스를 끌어들이고 있다는 분석이다. 한마디로 슈프랑거에 의하면, 플라톤의 이데아론은 역사적 소크라테스와도 무관하며, 플라톤에 의해 보인 소크라테스도 아니며 다만 플라톤 자신과만 관련된다(Spranger, 1954: 24; Spranger, 1962: 383; Jaeger, 1944: 66; Hegel 1976: 277). 이렇게 본다면, 어떤 면에서는 플라톤이 그의 스승 소크라테스를 극복하였다고 할 수 있을지 모른다(Spranger, 1931: 10). 왜냐하면 플라톤이 완성한 이데아론은 후대에게 역사적 관념철학의 뿌리가 될 수 있었기 때문이다. 그러나 플라톤의 이데아론이 사상적으로는 아무리 우수하다고 해도 슈프랑거에게 이는 소크라테스의 계승도 아니며, 따라서 소크라테스 해석을 위해서 플라톤의 이데아론은 관심의 대상에서 제외된다고 암시한 바 있다(Spranger, 1931: 12).

(2) '전기 플라톤'과 '후기 플라톤'의 사이

후대의 많은 연구에 의하면, 플라톤의 후기 작품은 전기 작품과 거의 일치하지 않고 있는 것으로 나타난다. 이에 대하여 야에거, 라머, 크로호 등 후세 철학자는 "플라톤의 세계관은 일생 동안 항상 변해 왔다." (Jaeger, 1944: 144–148; Lamer & Kroh, 1989: 567)라고 쓰고 있다. 그러나 평생 동안 플라톤이 초지일관해 온 분야도 분명 존재한다. 바로 소피스트(sophist)에 대한 맹공이었다. 플라톤의 모든 문집의 공통적 특징은 명백히도 소피스트와 첨예한 대립에 서 있다. 플라톤은 항시 '시대의 교사'로 자처하고 다녔던 소피스트에 의해 지지되고 가르쳐진 모든 사회적 규범 및 가치 그리고 진리에 대한 상대화(相對化)를 지식과 삶에서 가장 커다란 불안 요인으로 간주했다(Spranger, 1931: 13). 이러한 상황에서 플라톤은 자신의 고유한 방식으로 스승 소크라테스의 시도를 계승하려고 했던 것이다(Spranger, 1931: 13). 왜냐하면 플라톤은 스승 소크라테스가 소피스트와 같은 부류로 세간에 인식되고 잇는 것이 못마땅했으며, 특히 소크라테스의 방법은 분녕 당시 나른 소피스트의 방식과는 차원이 다르다고 인식하고 있었기 때문이었다(Jaeger, 1944: 60). 심지어 플라톤에게는 기껏 '무지(無知)'의 차원에 머물면서 더 커다란 세계, 즉 영원하고 진정한 지식인 진리로의 행진을 하지 못했던 스승 소크라테스가 안타깝기까지 했다(Spranger, 1948: 120). 따라서 플라톤은 스승이 아무리 이루지 못한 부분, 즉 인간 사고의 확실한 토대로 돌입하고 완전한 지식을 터득하는 것을 제자인 자신의 과제로 간주했던 것이다. 플라톤은 이러한 기초를 이상적 관념(Ideen), 즉 이데아의 세계에서 발견하려고 했다(Hegel, 1963: 88; Spranger, 1948: 121). 슈프랑거에 의하면, 이것이 바로 플라톤이 이데아론을 구상하게 된 동기이며 단초였다. 이렇게 플라톤은 순수하고 형이상학적 삶에 대한 추억을 통하여 (순수)철학으로 가게 된 것이다(Spranger, 1961: 415). 플라톤은 이를 자신의 대화편 『국가론(*Staat*)』에서 매우 상세하게 발전시켰는데, 여기서 그의 이데아론은 인식론과 윤리학의 결집으로 나타났다(손인수, 2000: 95).

플라톤은 이데아를 영원하고 불변하는 사물(사실)의 원형으로 이해하였다(Spranger, 1955: 353). 즉, 이데아는 우리를 둘러싸고 있는 세계, 피조물의 현상계, 대상의 모든 원형일 뿐 아니라 덕목(Tugend)과 선(善, 좋음) 같은 추상개념의 원형이기도 하다. 플라톤에게 이데아는 사고의 원형(아르케타입, Archetyp) 속에 주어져 있다(Lamer & Kroh, 1989: 567). 그러나 슈프랑거에 의하면, 플라톤의 이러한 이데아론은 사변적으로 관념적으로 가능한 세계이지 실제 가능한 현실은 아니었다. 또한 실제로 소크라테스가 자신의 방법, 즉 교육적 행위(산파술의 논박법, 반어법, 무지론 등)를 통하여 플라톤이 추구했던 이데아의 세계에 도달하고자 했는지에 대해서도 우리는 알 수 없다. 따라서 슈프랑거는 플라톤의 이데아론이 소크라테스의 직접적인 가르침은 아니었으며, 그의 계승은 더더욱 아니며 오로지 플라톤 자신의 사상 또는 사상적 전환이었을 것으로 단정짓는다(Spranger, 1931: 11; Spranger, 1954: 34). 한마디로 플라톤에게서는 최초의 작품인 『이온(*Ion*)』에서부터 『고르기아스(*Gorgias*)』까지의 전기 작품과 시칠리아 여행(389~388 B.C.)을 마치고 나서 쓰기 시작한 후기 작품인 『메넥세노스』와 『메논』에서부터 시작되어 『국가』에서 완성된 '이데아론'은 완전히 다른 세계였던 것이다.

(3) 소크라테스의 방법적 대화와 무지론

소크라테스의 대화는 주로 용기, 겸손, 정의 같은 덕목(tugend) 또는 우정 같은 윤리적 삶의 관계에 대한 정확한 정의(定義)를 추구하는 데 관련된다(Spranger, 1954: 24f.). 그러나 슈프랑거는 소크라테스의 대화 속에서 "정의 내림의 시도는 항상 모든 대화편의 끝부분에서 좌초된다."(Spranger, 1954: 25, 32)라는 사실에 주목한다. 즉, 소크라테스에게서 대화는 항상 결론도 없이 갑자기 중단되면서 끝이 나고 만다. 그리고 대화는 다음날을 기약한다. 그런데 결론 없이 중단되어 버리는 소크라테스의 대화는 대화로서의 의미와 가치를 상실하는 것이 아니라, 오히려 앞으로 계속 이어지는 후속 대화를 위한 개방성과 가능성을 의미한다. 다시 말하면, 소크라테스는 항상 '됨의 과정'으로서 대화가 존재한다고 생각했던 것이다. 아니면 소크라테스는 대화를 통하여 상대방의 영혼에 '전기적 자극(elektrischer Schlag, electric shock)'을 주거나 메기(물고기)의 침으로 무엇인가(德知)를 각성시키고자 하는데, 그것이 여의치 못할 때에는 의도적으로 대화를 중단시켰을지도 모른다. 한마디로 대화의 상대방이 단답형이나 아니면 언어로 논리적으로만 덕행에 대해서 규정하고 단순히 정의만 하는 행위가 맘에 들지 않았던 것이다. 슈프랑거의 생각으로는 진리란 결코 논리적으로 누군가에 의해 규정되는 것이 아니라, 서로 '대화를 하는 동안 대화자가 스스로 사고하고 깨우침으로써' 얻어지는 것이다. 즉, 진리와 참지식은 단순한 개념이나 개념정의에서 나오는 것이 아니다(Spranger, 1961: 240). 따라서 우리 인간에게는 진리를 찾아가는 과정에 반드시 '방법적 대화'가 요청되는 것이다. 물론 소크라테스의 대화는 단순히 모여서 서로 갖은 수

다를 떠는 것이 아니고, 그렇다고 마치 그렇게 보이는 것 같지만 시시껄렁한 잡담이나 농담을 하면서 시간을 보내는 것도 아니다. 왜냐하면 이로써 진리를 찾아내기는 쉽지 않기 때문이다.

소크라테스는 대화를 통하여 진리를 추구하였다. 따라서 그가 시도한 대화는 진리를 찾아가는 하나의 방법으로서 거짓 지식 대신 진정한 진리에 대한 애정을 가지고(愛知) 이를 추구하도록 하는 것이었다. 왜냐하면 소크라테스에게 (진정한) 지식은 아폴론 신만이 알고 있는 영역이었으며 인간(진정한 교사)은 기껏해야 숙달된 솜씨로 진리를 찾아가도록 스스로 생각하도록 자극을 줄 수 있을 뿐이기 때문이었다(Bröcker, 1990: 64; Spranger, 1931: 33). 이로써 소크라테스는 산파의 기술인 산파술(Mäeutik)을 고안하게 된다(Spranger, 1948: 121). 진리는 산모가 낳은 것이고 산파는 오로지 산모가 순산하도록 도울 수 있을 뿐이다(Spranger, 1916, 1917: 259). 물론 여기서 진리를 낳는 것은 정신적 순산을 의미한다.

그러나 진리에의 애정을 가지고 진리를 찾아 나서게 하기 위한 이러한 방법적 과정을 시작하기 전에 소크라테스에게서 중요한 것은 반드시 인간의 무지(無知, Nichtwissen)가 전제되어야 한다는 점이다. "너 자신을 알라." "나는 모른다는 사실만을 알고 있을 뿐이다."라는 구호와 함께 소크라테스는 우리 모두가 자신의 무지함을 각성하고 고백해야 한다고 하는 무지론을 주장한다. 슈프랑거의 소크라테스 해석에서 강조점은 바로 이러한 소크라테스의 '무지론(無知論)'에 놓인다. 물론 '무지의 소크라테스'를 발견해 낸 것은 플라톤의 혁혁한 공적이라고 슈프랑거도 인정한다. 왜냐하면 소크라테스의 무지론은 동시대의 같은 제자였던 크세노폰에게서는 전혀 발견되지 않기 때문이다. 즉, 같은 제자라도 플라톤은 소크라테스의 '무지' 에 대한 관심을 가진 반면, 크세노폰에게서 소크라테스의 무지론은 관심 밖의 영역이었던 것이다. 아마 크세노폰에게서 소크라테스의 무지는 전혀 의미가 없는 영역이었을지 모른다. 그러나 오늘날 소크라테스의 무지론은 소크라테스의 가르침과 사상에서 가장 핵심적인 영역으로 평가된다. 소크라테스의 무지론에 사상적 핵심이 존재한다는 사실이 인정된다면, 크세노폰에게서의 소크라테스는 어쩌면 후대에도 주목될 수 없는 근거를 이미 내포하고 있는 셈이다. 하여간 동시대의 같은 제자 간에서도 소크라테스는 매우 달리 나타나게 된다. 이로써 우리는 소크라테스를 연구하는 후학에게서 소크라테스의 상(像, image)이 달리 나타날 수 있다는 생각을 당연지사로 받아들일 수 있도록 한다. 이에 대하여 베르너 야에거는 다음과 같이 쓰고 있다.

> "플라톤의 작품에서 소크라테스의 인성이 우리에게 포착되는 것처럼, 소크라테스와 그의 대화 내용에 대한 묘사에서 제자와 후학 사이에서는 극단적으로 다양한 이해가 엇갈린다. 이렇게 서로 다른 이해는 명백한 갈등과 끊임없는 이질성으로 이어질 정도이다." (Jaeger, 1944: 65)

결국 소크라테스가 무지를 외치고 자기 자신도 스스로 아무것도 모른다고 주장했던 사실이 플라톤에게서도 주목되지 못했다면, 지금 우리는 소크라테스의 무지론에 대해서 전혀 말할 수 없었을지도 모른다. 소크라테스가 등장하는 플라톤의 대화편에서 보더라도 소크라테스의 입속에는 항상 무지의 반복적인 강조가 있었을 뿐이다(Spranger, 1961: 415). 이렇게 본다면, 소크라테스 가르침의 핵심은 '무지론' 으로 모아진다고 해도 과언이 아닐 것이다.

그러나 제자 플라톤에게 소크라테스의 무지는 실제 소크라테스가 의도했던 만큼 정말 그렇게 의미심장하게 수용되었는가 하는 의문점은 남아 있다(Spranger, 1954: 34). 바로 이 점에 대해서 슈프랑거는 주목한다. 슈프랑거의 또 다른 주장은 무지의 소크라테스를 발견한 플라톤이 이를 넘어서 순수 형이상학적인 삶에 대한 추억을 통해서 스스로 이념적-관념적으로 (순수)철학하는 길(philosophieren)로 들어서 버렸다는 사실이다(Spranger, 1933: 57). 가능한 한 오랫동안 자신의 무지에 대한 인식, 자각, 각성 그리고 고백을 통하여 비로소 진정한 진리에의 추구가 시작될 수 있음을 인식시키기 위한 스승 소크라테스의 노력은 수제자 플라톤에게서조차 그렇게 중시되지는 못했다. 심지어 슈프랑거는 플라톤에 의해 소크라테스의 무지가 '부정적(negative)' 으로 평가되었으며, 언젠가 소크라테스의 무지는 반드시 극복되어야 한다고 믿었다(Spranger, 1954: 35). 즉, 플라톤에게 중요한 것은 무지에의 오랜 집착이 아니라, 가능한 한 빠른 시간 내에 이를 극복하고 지식(또는 진리)을 찾아가는 일이었다(Spranger, 1954: 35).

반면 슈프랑거는 "소크라테스에게서의 무지는 오히려 긍정적이며 생산적인 것"(Spranger, 1931: 11; Spranger, 1954: 24, 35)이었다고 해석한다. 왜냐하면 소크라테스에게 무지는 무지각성 및 무지고백을 위한 개념으로서 반드시 우리가 진리에 접근하기 위해서는 결코 건너뛰거나 소홀히 할 수 없는 필수적 전제조건이었기 때문이다. 또한 소크라테스의 무지에는 자기숙고, 자기시험, 자기반성, 자기결정이 중요한 역할을 한다(Spranger, 1961: 415). 결국 소크라테스에게서는 무지에 대한 진정한 자각과 각성 그리고 이에 대한 고백 없이는 어느 누구라도 진정한 지식을 단 한 걸음도 달려갈 수 없다. 그런데 소크라테스의 고민은 대다수의 사람이 자신이 무지하다는 사실을 각성하고 고백하지 않는다는 점이다. 즉, 당시 아테네인은 자신들이 많이 알고 있으며 자신들이 진리를 알고 있다고 여기고 있었다. 왜냐하면 당시 사람은 훌륭한 교사로 자칭했던 소피스트에게서 수많은 지식을 배웠다고 생각하고 있었기 때문이다. 따라서 이들은 소크라테스의 무지고백이나 무지각성이 자신과는 전혀 무관한 것으로 생각하고 있었으며, 만약 자기가 잘 모르면 그냥 자꾸 더 배우면 된다는 생각을 가지고 있었다. 또한 그가 말하는 무지는 그냥 못 배운 자에게나 해당되는 소리로 일축했던 것이다. 심지어 소크라테스가 무지각성과 무지고백을 그렇게 외치고 돌아다녔을 때 마치 실성한 사람으로 생각한 사람도 적지 않았을 것이다. 반대로 도대체 왜 저 사람은 잘 알고 있으면서도 저렇게 모른다고 저렇게 외치는 것일까? 하고 의아심을 가진 사람도 있었을 것이며, 도대체 그가 무엇을 모른다는 것인지? 아니면 자기는—니체와 헤겔이 '반어적(irony)' 이라고 지적한 것처럼—모든 것을 다 알고 있으면서도 마치 모르는 척하면서 설령 누군가를 비아냥하는 것은 아닌지?

당시 아테네 사람에게 이러한 소크라테스의 언행은 도무지 이해하기 어려운 대목이었다. 슈프랑거의 견해로는 플라톤 역시 소크라테스의 무지에 대한 이해의 면에서는 이러한 부류에서 크게 벗어나지 않았다는 것이다(Spranger, 1954: 25). 슈프랑거는 플라톤이 바로 이 점에서 스승 소크라테스의 가르침을 잘 이해하고 있지 못했다고 애석해하는 것이다(Spranger, 1954: 25). 플라톤은 소크라테스가 그렇게 오래 머물기를 원했던 '무지(無知)의 과정' 에 대한 지대한 관심보다는 오히려 '지(知) 그리고 지의 과정' 에 대한 급박한 열정만을 가지고 있었던 것이다. 플라톤은 무지를 외치는 스승 소크라테스의 행동은 인식하고 있었지만, 무지에 대한 선각자 소크라테스의 심오한 의미에 대해서는 그리 큰 비중을 두고 생각하지 않았던 것이다. 한마디로 소크라테스에게는 무지(無知) 또는 무지인식, 무지각성, 무지고백의 시간을 감내하는 것이 중요했던 반면, 플라톤에게는 '지' 로 한 걸음 더 먼저 더 빨리 재촉하는 '지의 추구' 가 더 중요했다.

슈프랑거는 만약 소크라테스가 진리 또는 '지' 로의 행로에서 단순히 지나가는 과정으로서의 무지라면 "너 자신을 알라."라는 델포이 신탁(oracle)을 그렇게 오랫 동안 그렇게 많은 자리에서 주문하지는 않았을 것으로 보는 것이다. 실제로 소크라테스는 자신이 진리를 알고 있다고 말한 구절이 어디에도 없다. 오히려 소크라테스는 항상 "나는 모른다는 사실만을 알고 있을 뿐"이라고 중얼대었을 뿐이다. 왜냐하면 아폴론 신만이 모든 것을 알고 있다고 믿었기 때문이다. 이에 대해서 니체와 헤겔은 소크라테스가 "자기는 다 알고 있으면서 남 앞에서 거짓으로 모른 척했다."라고 하면서, 소크라테스의 반어(Irony) 문제를 술수적 반어라고 비판했다.

이 부분에 대해서는 그동안 많은 논쟁이 있었고 많은 부분은 해명되기도 했지만, 아직 소크라테스의 반어법에 대해서는 완전히 이견(異見)이 사라진 것은 아니다. 과연 소크라테스가 자기는 (지식 또는 진리를)

다 알고 있었으면서도 모른 척하면서 자신이 알고 있는 답으로 상대를 유도하는 소위 유도식 대화를 했는지, 아니면 정말 자신도 모르기 때문에 "계속해서 물어보는 일을 짓궂을 정도로 계속했는지(Befragung)"? 이에 대해서는 아마 소크라테스 자신 이외에는 정말 아무도 모를 것이다. 그러나 슈프랑거는 단연코 후자를 입장을 취한다. 즉, 그는 플라톤의 대화편에서 묘사된 소크라테스의 대화에 나타난 언행구조와 행동반경의 맥락을 잘 추적해 보면, 소크라테스 스스로도 진정한 진리(또는 지식, epistemē)를 알 수 없었기 때문에 대화의 상대방에게 끊임없이 그리고 집요하게 질문할 수밖에 없었다는 해석이다. 모르기 때문에 질문하는 것이냐, 아니면 알면서도 모른 척 질문을 유도하는 것이냐? 결국 슈프랑거는 소크라테스가 자신은 모르고 오로지 아폴론 신만이 모든 진리(지식)를 알고 있기 때문에 질문할 수밖에 없었다고 본 것이다.

그러나 더 중요한 사실은—사실 아폴론 신만이 유일한 진리의 신이기 때문이라는 논지의 연장선에서—슈프랑거는 "인간이란 지(知)와 무지(無知)의 중간자(中間子)"(Spranger, 1931: 21, 34, 36; Spranger, 1948: 148)로 보았다는 사실이다. 따라서 자신도 인간이기 때문에 진정한 지식을 알 수가 없었던 것이다. 결국 지와 무지의 사이에서 왔다 갔다 하다가 죽어 없어져야 하는 중간과정에 서 있는 자로서의 인간의 운명(유한성)에 대한 소크라테스의 강한 믿음은, 항간에 퍼져 있는 모든 의혹(학문적 의혹 포함)을 말끔히 씻어 주는 계기를 제공한다. 이로써 니체와 헤겔의 소크라테스 반어에 대한 의구심도 해결될 조짐을 보인다. 즉, 소크라테스가 그들의 주장처럼 알면서도 모른 척하고 질문과 대화를 유도했다면, 정말 그렇다면 소크라테스는 자신을 유일한 진리(지식)

의 소유자인 아폴론 신과 동일시했다는 것인데, 이는 논리적으로도 모순이 아닐까? 생전에 아폴론 신을 추종했던 소크라테스, 호모 렐리기외수스(homo religiösus)! 인간은 결코 신이 될 수 없으며 신과 동일한 인간은 우상일 수밖에 없다는 사실을 알고 있었던 소크라테스 아닌가? 이러한 신과 인간 간의 관계에 대한 논리는 물론 신학철학자 헤겔이 확연하게 주창하고 강조한 일이며, 심지어 무신론자 니체조차도 이를 단호하게 부정하지 못할 것이다.[6]

소크라테스의 언행에 대한 의구심을 해결하는 중요한 사실은 계속 더 존재한다. 즉, 소크라테스에게 진정한 지식은 주지하는 대로 영혼(Seele, soul)으로 접하는 지식이었다는 사실이다. 따라서 당시 소피스트가 지식으로 간주하는 '처세술로서의 지식'과는 차원을 달리하고 있었다. 따라서 진정한 지식 또는 진리에 접근하기 위해서는 우리가 지금까지 알고 있는 소피스트 지식을 부정하고 영혼의 속삭임으로 시작하는 새로운 지식 추구의 길을 시작해야 하는 것이다. 영혼 그 자체로서, 즉 전체로서의 삶의 진리, 바로 그것만이 인간이 체험으로 체득할 수 있는 유일한 영혼지식이다.

따라서 우리 인간은 죽는 날까지 그 길을 가야 하는 것이고 또한 그럴 수밖에 없는 유한자이다. 진리(진정한 지식)를 향해 무한정 떠나는 멀고도 기나긴 여행! 그것만이 인간이 할 수 있는 유일한 삶이고 유한자로서의 숙명이다. 그러기 위해서는 지금까지 오로지 머리(이성)로만 외운 지식을 모두 거부하고 '나는 모른다는 사실'을 자각하고 이를 용감하게 고백할 수 있어야 한다. 그래야만 우리는 비로소 진정한 지식, 즉 영혼으로서만 접할 수 있는 덕지(德知)인 덕행지식(德行知識,

Tugendwissen, aretē)으로의 여행을 홀가분하게 떠날 수 있는 것이다. 한마디로 소크라테스는 스스로는 무지하다고 고백하지만 항상 덕지로의 길 위에 서 있었던 참지식의 추구자였던 것이다(Spranger, 1931: 36; Spranger, 1948: 148). 바로 이 길에 서기 위해서 우리는 '나는 모른다' 는 무지의 사실을 통감하고 이를 과감하게 고백해야 하는 것이다. 반복하지만 소크라테스에게 진정한 지식은 아폴론 신만이 알고 있다.

소크라테스는 영혼으로 체험하게 되는 덕지를 찾아 민중과 함께 떠나는 동반여행을 꿈꿨지만 그 여행은 결과적으로 실현되지 못했다. 오히려 혼자 쓸쓸히 독배의 이슬로 사라졌다. 이러한 연유로 와일즈(E. H. Wilds)는 "만약 소크라테스가 추구했던 이러한 꿈의 동반 여행이 이루어졌다면, 전 세계의 교육의 역사는 완전히 달라졌을 것이다."(Wilds, 1944: 112)라고 안타까움을 피력했을지도 모른다.

(4) '교육자 소크라테스' vs '철학자 플라톤'

1960년 11월 14일 플라톤의 이데아론과 관련하여 슈프랑거는 독일 튀빙겐 대학교 철학부에서 '플라톤의 소크라테스 대화' 라는 강좌를 개설하고 있었던 동료 철학자 발터 슐츠(Walter Schulz) 교수에게 '플라톤은 소크라테스와 완전히 다른 길을 갔다.' 라는 내용으로 다음과 같은 장문의 편지를 쓴 적이 있다.

> "… 소크라테스는 원래 교육자였습니다. 그러나 플라톤은 열정적인(순수사변)철학자였습니다. 모든 교육자는 우리가 진리를 단순히 간직만 해도 안 된다는 사실을 잘 알고 있습니다. 젊은이가 진리의 응집 상태를

견디지 못할 때에는 진리도 거부될 수 있습니다. 어떠한 젊은이도 토론 중에는 나에게 당신이 옳다는 내색을 하지 않습니다. 그러나 다음 날 곧 그는 내게 자신의 생각보다는 나의 견해를 먼저 말하고 다닙니다. 길을 보여 주거나 달려가게 하는 단계는 결코 비약될 수 있는 것은 아닙니다. 역사적 소크라테스의 방법(산파술, 반어법 등)은 플라톤에게 깊은 감명을 주었음에 틀림이 없습니다. 그래서 플라톤은 (자신의 대화편에서) 항상 이를 반복해서 거론했으며 진지하게 다루었던 것입니다. 그러나 그는 철학자로서 (소크라테스와는 다른) 자신만의 길을 갔습니다. 소크라테스가 자신의 행위 이면에 가지고 있는 것이 진정 무엇일까요? 소크라테스가 이를 표현할 수 없었거나 아니면 표현하려 하지 않았는지에 대해서는 아랑곳없이 말입니다. 그것이 플라톤에게 어떻게 관철되었는지에 대해서 우리는 과도기의 대화편에서도 하나하나 추적해 낼 수 있습니다…."(Im Brief an Prof. Dr. Walter Schulz, 14. Nov. 1960: 360-361)

이에 대해서 슐츠 교수는 영원히 답장을 보내지 않았다고 한다. 그가 절친한 친구이며 동료 학자였던 슈프랑거의 의견에 동의한 것인지, 아니면 그것이 슐츠 교수에게 일고의 가치가 없었던 것인지는 모두 죽었으니 아무도 알 길이 없다. 하여간 슈프랑거에 의하면, 플라톤은 무지에 머물던 스승 소크라테스의 고민을 이해하는 대신 오로지 진리 지식만을 추구했으며 결국 이데아론을 완전하게 구축해 냈던 것이다. 이로써 플라톤은 소크라테스와는 완전히 다른 단계에 서 있었던 셈이다(Jaeger, 1944: 74). 결국 슈프랑거는 플라톤에 의해서 매우 다르게 채색됨으로써 이질적이고 다양한 관점하에서 묘사된 소크라테스를 해석하는 데 있어서 후대의 우리에게 종합적 반성 작업을 요청하고 있다. 특히 슈프랑거의 의심은 소크라테스가 과연 플라톤이 자신의 이데아론에서 추구한 지식의 세계와 같을 정도로 심오한 사변 수준의 철학적 테마를 가지고 사람들과 대화를 하였는가 하는 점이다. 슈프랑거에게서 소크라테스의 대화는 항상 일상의 수준을 벗어나지 않는다. 대화의 장소만 하더라도 대개 시장 바닥이나 아니면 기껏해야 아스파시아(Aspasia) 살롱 같은 곳이었으며 거기서는 자기 일을 보면서 지나가는 사람들이 잠시 머물면서 담소 정도를 하는 곳이었다. 아니면 김나지움 같은 동네 체육관(또는 공설운동장) 같은 곳으로 이곳 역시 심도 있는 토론과 논쟁 또는 진지한 가르침 같은 것이 이루어질 수 있는 곳은 아니었다고 할 수 있다. 베르너 야에거는 당시 소크라테스가 선택한 대화장의 분위기를 다음과 같이 전하고 있다.

> "여기서는 한가함과 긴장해소가 존재한다. 진정 특별한 것이 지속적으로 만발하는 것도 아니며, 여기서는 중요한 사업도 성사될 필요가 없었다. 우리는 이곳에서 일반적 일상사만을 다루면 되었을 뿐이다."
> (Jaeger, 1944: 83)

슈프랑거는 이렇게 대화의 장소가 특정한 곳도 아니었던 사실이 오히려 소크라테스의 대화가 격의 없이 이루어졌다는 사실과 또한 항상 그곳에 가면 늘 사람들이 모이는 곳으로 자연스럽게 대화가 규칙적으로 이루어질 수 있었다는 사실을 의미한다고 보았다(Spranger, 1954: 20). 결국 소크라테스의 대화에서는—슈프랑거에 의하면—물론 내용도 중요하지만 더 중요한 것은 소크라테스가 의도한 것처럼 절차와 방법적 차원이었다고 할 수 있을 것이다. 누구에게든지 진리를 찾아가는 것은 자유로우며, 진리로의 추구는 모든 사람에게 항상 열려 있다. 문제는 절차와 방법이다. 예를 들어, 소크라테스의 산파술과 반어법은 그만이 갈구할 수 있는 무지각성의 방법이자 동시에 진리추구의 방법이었다. 만약 우리가 자신이 알고 있는 지식이 완벽한 지식이라고 한다면, 굳이 우리는 또 다른 진리를 찾아갈 필요가 없다. 그러나 그렇지 못하다면 한번 정도는 고민을 해 보아야 한다. 이때 비로소 우리는 왜 우리가 진정한 지식을 찾아가야 하는지에 대하여 알게 될 것이다. 자신의 지식이 완전한 지식이라는 주장을 굽히지 않는다면, 그에게 진정한 지식으로 가는 길은 폐쇄되어 있는 셈이다. 따라서 소크라테스는 '아이를 낳는 산모를 돕는 산파(Hebame)처럼' [7]그리고 반어적인 방법으로 대화의 상대에게 무지고백과 새로운 진리추구를 위한 동반여행에의 결심을 할 수 있도록 적극적으로 유도했던 것이다.

그러나 여기서 간과할 수 없는 것은, 소크라테스가 무지에만 머물지 않았다는 사실이다. 소크라테스는 항상 '무지와 지' 의 중간에 머물면서 항상 자신을 피드백하고 있었다(Spranger, 1931: 21, 34). 이렇게 본다면 역사적 소크라테스는 사변적 진리를 논하는 (순수)철학자였다기보다는 진정한 진리(참지식)를 찾아가기 위해 항상 방법적 차원에 머물고 있었던 천부적인 교사(교육자)라고 할 수 있을 것이다(Spranger, 1954a: 325). 반면, 슈프랑거에게 플라톤은 이데아의 세계까지 돌진하여 모든 진리를 거머쥐고 있는 완전한 인간상으로서의 이상적 통치자(철인 왕)를 추구하였으며, 동시에 이상적 세계를 이미 머릿속에 가지고 있었던 이상적 관념론의 사변 철학자였던 것이다.

3) '크세노폰의 소크라테스'에 대한 슈프랑거의 비판

소크라테스의 직제자에 해당하는 크세노폰은 원래 아테네의 귀족 출신으로서 직업적으로는 무사(武士) 계급으로 직책은 장군이었으며 지주계급이었다. 그는 당시 플라톤처럼 20대 청년 시절에 소크라테스의 제자 군에 속하였지만, 무사로서 아테네의 변방에 배치되어 국방의 의무를 수행하였기 때문에 스승 소크라테스와 한동안 떨어져 있었다. 군에서 퇴역한 후 비로소 크세노폰은 퇴역 장군으로서 소크라테스를 회상하면서 『메로라빌리엔(추억, *Memorabilien*)』, 『심포지온(향연, *Symposion*)』 등을 집필하였다. 여기서 그는 동시대의 같은 제자였던 플라톤과 달리 스승 소크라테스를 '직업기술', 즉 농사기술, 결혼 생활 그리고 무사의 전쟁기술 등 실생활의 지식에 가치를 부여한 '실용주의 철학자'로 묘사하였다(Burkert, 1971: 173). 그러나 그가 묘사한 스승 소크라테스는 동료였던 플라톤에게서는 거의 부각되는 내용은 아니었다. 물론 이러한 소위 '크세노폰의 소크라테스'에 동의하는 학자도 더러 있다. 특히 '크세노폰의 소크라테스'를 지지하는 학자들에게 소크라테스는 18세기 계몽적 박애주의 철학의 선구자로 해석되기도 하다(Burkert, 1971: 173).

그러나 크세노폰이 이렇게 스승 소크라테스를 묘사한 배경에는 학문적-이론적 관심보다는 실제로 자신의 개인적 입장이 좀 더 작용했을 것이라는 해석이 지배적이다. 즉, 그가 스승 소크라테스를 묘사하여 글을 쓰게 된 동기에는 플라톤과의 논쟁을 시작하기 위한 고의적인 의도가 숨어 있었다는 해석이다(Burkert, 1971: 158: 160: Jaeger, 1944: 68). 크세노폰은 자신이 세운 국가적 공훈, 즉 전공(戰功)이 혁혁함에도 불구하고 특별한 이유 없이 장군의 직위에서 해직된 배경에 대하여 분노를 금치 못했다고 한다. 당시 지배계층에 바람을 일으키고 있었던 플라톤의 인문주의 철학은 무사 계급에게 절대적으로 불리하게 작용하고 있었으며, 이러한 사고방식이 자신의 강제 퇴출에 사상적으로 한몫했을 것이라는 판단에서였다. 따라서 그는 당대 사회적-국민적 스승으로 숭상되고 있었던 소크라테스를 '무사(武士)라는 전문직업(교육)의 교사' 로 부각시키려고 했던 것이다. 물론 소크라테스의 가르침은 무사교육이나 직업기술교육의 영역을 비켜 가지는 않을 것이다. 당시 아테네에서 지배계급은 승려계급과 무사계급이 서로 번갈아 맡았다. 이들이 권좌를 차지하거나 권좌에서 밀려나는 이면에는 늘 사상적-철학적 배경도 따라다녔다. 특히 당시 지혜로운 사람 중에서 통치자가 나와야 하고 그 통치자는 문관출신의 승려귀족계급에서 나와야 하는 것이 마땅하다는 정치철학을 주창했던 플라톤의 '왕의 철학' 은 이러한 역사적-사회적 상황 배경을 가지고 있었으며, 또 다른 상황 배경을 창출하고 있었던 것이 사실이다. 하여간 크세노폰에 의한 소크라테스는 오로지 제자들에게 직업적 전문지식(Fachwissen)을 가르쳤던 것으로 묘사되어 있다(Spranger, 1961: 145).

그러나 크세노폰은 이미 언급한 대로 당시의 신분이 철학자도 아니고 교사도 아니었다. 따라서 사상가로서 소크라테스의 문제가 무엇인지를 깊이 이해하기에는 부적격한 인물이었다고 할 수 있다(이병욱 역, 1986: 34). 슈프랑거 역시 크세노폰의 소크라테스 처방에 대하여 크게 고려하지 않았다. 다만 그는 크세노폰이 스승 소크라테스를 '실용성'과 '유용성' 의 차원에서 묘사하고 있다는 사실에 대해서는 관심을 가졌다. 크세노폰은 스승 소크라테스를 현자(賢者)나 인기 있는 철학자라기보다는 실용적 차원에서의 '가르침의 달인(Lehrmeister)' 이라고 묘사했다(Spranger, 1954: 23). 그러나 크세노폰에게서 소크라테스는 이미 덕(德, Tugend, aretē)이 무엇인지에 대하여 머릿속에 답을 가지고 있었던 자로 이해된다(Spranger, 1931: 35).[8] 즉, 크세노폰은 소크라테스가 이미 답을 머릿속에 가지고 있으면서, 즉 자기는 다 알고 있으면서도 일부러 모른 척하고 대화의 상대방에게 집요하게 질문함으로써 상대방을 궁지에 몰아넣고 골탕을 먹이곤 했다는 것이다(Spranger, 1931: 25). 또한 소크라테스는 이런저런 이상한 질문을 통하여 이미 자신의 머릿속에 가지고 있는 정답을 대화의 상대방에게서 유도하려고 했다는 것이다.

그러나 슈프랑거는 소크라테스가 크세노폰이 칭송한 것처럼 여느 소피스트처럼 소위 가르침의 달인도 아니었으며, 당시 다른 소피스트의 강점인 전문지식에 능통한 사람도 아니었다고 보았다. 물론 소크라테스가 당시 소위 '마지막 소피스트' 로 간주되고 또한 이 때문에 소피스트로서의 형벌을 받아야 할 만큼 오해를 사게 된 동기는 역력하다.

"소크라테스에게서 당시 부패로 얼룩진 그리스 사회와 문화는 모순투성이었고 극히 부정적이었다. 즉, 소크라테스의 눈에 비친 인류는 잘못된 지식 습득으로 인하여 잘못된 문화유산을 만들어 왔다는 이야기가 된다. 이러한 차원에서 본다면, 소크라테스는 당시 그리스 문화발전에 대하여 문화비관론자였다고 할 수 있다. 그러나 그는 인간 개개인에 대하여는 늘 긍정적이고 발전 가능성이 있는 무한한 가능성의 존재로 보았다. 비록 그는 현실이 부정적일지언정 신이 개인에게 부여한 선(善)의 잠재 역량을 대단하게 여겼다. 따라서 정의로운 사회공동체의 운명은 개인의 역량에 달려 있다. 이러한 의미에서 소크라테스는 성선설을 주창하는 인간중심주의자 또는 개인주의자라고 평가된다. 바로 이 때문에서 사회집단(또는 국가)의 가치를 우선시했던 헤겔에게서 소크라테스는 '진리와 규범의 상대성과 개인척도주의' 를 주장하였던 소피스트의 일원으로 동일시되었던 것이다." (이상오, 2003: 104-105)

그러나 후세의 평가에 의하면, 소크라테스는 마지막 소피스트로서 소피스트에 뿌리를 두고 성장하기는 했지만, 소피스트의 상대주의를 정면에서 비판하고 공격하면서 오히려 소피스트들 철저히 극복한 진정한 사회적 존재였으며 도덕을 행하는 덕지의 실천가로 여겨졌다(Burkert, 1971: 164). 즉, 소크라테스는 "이 세상에 아무리 둘러보아도 교사다운 교사는 없다. 진정한 교사라면 보수를 원하지 않아야 하는데, 지금의 소피스트는 보수를 받고 지식을 팔고 있다." (Plato, Laches, 186c) 라고 하면서 당시 시대의 교사를 자처하던 모든 소피스트의 행각을 강력하게 공격하곤 했다. 소크라테스는 당시 소피스트가 매매하고 있는 (전문)지식을 진정한 지식으로 간주하지 않았다. 왜냐하면 소크라테스에게 진정한 지식은 덕지(Tugendwissen)인데, 덕지는 세간에 출세를 위한 웅변술, 변증법, 논리술 등을 통해 단지 직업을 얻어 내기 위한 전문지식이 아니라, 오로지 인간의 영혼으로만 접근할 수 있는 '지행합일'의 '영(혼)적 지식' 을 의미하기 때문이다(Spranger, 1954: 36).

한마디로 소크라테스에게 모든 덕(아레테)은 지식(에피스테메)이었다(한국철학사상연구회 편, 1898: 716). 지식을 가지지 못한 자는 유덕(有德)한 자가 아니다. 지식이 없으면 덕도 없으며, 반대로 덕이 없으면 지식도 없다. 이렇게 본다면 덕으로서 우리는 '아는 것이 곧 행하는 것(知行合一)' 임을 알게 된다. 결국 소크라테스의 덕지는 지행합일의 덕행지식이 된다. 그런데 소크라테스는 "당시 아테네 시민에게 이미 '양심'은 위기의 상황에 처해졌다."(Spranger, 1946: 48)라고 진단하였다. 슈프랑거에 의하면 결국 소크라테스가 염원했던 지행합일의 덕행지식, 즉 참지식으로서의 영(혼)적 지식은 '양심'[9]에서 잉태된다.

또한 크세노폰은 소크라테스의 '영혼염려(Seelsorge)' 는 실용적 도덕론자들에 의해 흔히 강조되듯 영적이고 육체적인 연습과 다를 바 없다고 설명했다(Burkert, 1971: 11). 바로 이 부분에서 슈프랑거는 크세노폰에게 가장 커다란 반감을 가지게 된다. 슈프랑거는 소크라테스가 추구한 '영혼 염려' 란 크세노폰의 견해처럼 단순한 육체적-영적 훈련이나 연습이 아니고, 인간의 마음속에 있는 양심의 소리, 이를테면 다이모니온(Dimonion)을 듣기 위한 수단과 방법이었다고 다음과 같이 반박한다.

> "우리의 마음속에 있는 다이모니온… 내적 목소리는 상당히 수준 높은 영적 규제 장치로서 이는 인간에게 윤리적 본능일 것이다…. 이렇게 소크라테스는 인간이 그의 윤리적 목소리에 대하여 심사숙고하고 자신을 검토하고 좀 더 심오하게 달려드는 자기 인식을 추구하는 것에 가장 비중을 두었다. 양심의 목소리를 듣기 위한 자기 시험과 반성을 위해 소크라테스는 사람들에게 도움을 주려고 자청한다."(Spranger, 1931: 36)

이제 우리는 개인의 영혼이 손상됨을 염려하고 이를 보호함으로써 비로소 양심의 목소리를 들을 수 있으며, 양심의 목소리에 따라 우리는 바로 참지식, 즉 덕지(덕행지식)를 얻을 수 있다. 결코 이러한 덕지의 체득과정은 단순한 훈련이나 연습을 통해 이루어지는 것이 아니라, 양심의 목소리가 보존되는 영혼을 보호함으로써 가능해진다. 물론 영혼은 염려되고 보호되지만 후에 영혼은 전기 쇼크 같은 강력한 자극으로 각성되어야 한다. 한마디로 마음속이 한바탕 흔들림으로써 지금까지 품고 있던 소위 '사이비 지식' 에 대한 내적 저항이 일고 진정한 지식(진리)을 추구하고자 하는 자각이 생겨난다. 이로써 슈프랑거는 크세노폰의 처방처럼 소크라테스를 실용적 전문지식(Fachwissen)을 가지고 이를 향유한 자가 아니라, 인간의 영적 차원인 영혼을 보호함으로써 삶의 심저에 숨어 있는 양심적 덕지를 각성하고자 했던 '실천적 교사' 로 해석했던 것이다. 아울러 소크라테스가 지향한 지식도 양심의 소리(다이모니온)에 입각한 도덕적-윤리적 차원 또는 심지어 종교적 차원의 지식이었다.

4) '아리스토텔레스의 소크라테스 해석' 에 대한 슈프랑거의 비판

과연 플라톤과 크세노폰에게서 소위 '소크라테스적인 것' 은 어느 정도 멀리 빗나갔을까? 즉, 플라톤과 크세노폰은 소크라테스 자신으로부터 얼마나 멀리 비켜 나갔을까? 또는 야에거의 견해처럼 우리 후학들은 과연 플라톤의 원전에 얼마나 충실해야 하는가(Jaeger, 194: 68)? 물론 어디에서 이에 대한 객관적 기준은 없다. 모두가 주관적일 수 있다.

그러나 우리는 오래전부터 이러한 (보편적-객관적) 기준을 아리스토텔레스의 해석에서 찾아왔다. 이에 대하여 야에거는 아리스토텔레스야말로 소크라테스의 직접 제자가 아니기 때문에, 소크라테스의 정체와 의도에 대해서 감정적-온정적 관심을 가지기보다는 그를 객관적 연구자로서 접근하고 있다고 보았다(Jaeger, 1944: 69). 따라서 그는 소크라테스에 대한 객관적이고 학문적인 연구는 아리스토텔레스의 소크라테스 처방을 기점으로 해도 좋을 것이라고 보았다.

아리스토텔레스는 그의 대표저서인 『니코마코스의 윤리학』에서 소크라테스는 윤리적인 것을 너무 지적(intelektualistisch)으로 파악했다고 비판한다(Gigon, 1967: 8). 왜냐하면 소크라테스는 무지와 지의 관계에 윤리적인 것도 포함시키고 있었기 때문이다. 특히 참지식인 덕지의 본질이 지적(知的)일 것이라는 신념은 거의 없었다(Spranger, 1916/17: 255). 그러나 아리스토텔레스는 스승 플라톤에게서처럼 윤리적인 것을 정의로운 것으로 보았다(Spragner, 1948: 305). 그리고 아리스토텔레스는 이러한 정의가 아폴론 신의 상(Bild, image) 속에 들어 있다고 보았다. 왜냐하면 그에게서 아폴론 신은 모든 현상의 통일된 근저이며, 이는 불변하며 스스로 사고하기 때문에 논리적 토대가 되며 동시에 모든 실제의 원인이었기 때문이었다(Spranger, 1910/11: 109). 또한 아리스토텔레스는 소크라테스의 처방을 위해 자신의 연역법을 적용하였다. 이로써 아리스토텔레스는 소크라테스가 대화를 통하여 정의, 선, 용기 등의 개념에 대하여 이론적으로 정의(규정, definite)만 하고자 했다고 해석한다. 결국 이러한 맥락에서 볼 때, 플라톤의 이데아론이 바로 소크라테스의 본질을 추구하는 연역법의 논리적 착점이 될 수 있었다. 즉, 아리스토텔레스에 의하면 소크라테스는 플라톤에서 완성된다. 이러한 점에서 볼 때, 아리스토텔레스는 소크라테스에 관한 한 스승 플라톤을 그대로 답습하고 있었던 셈이다.[10)]

그러나 슈프랑거는 오히려 아리스토텔레스가 덕지에 대한 소크라테스의 입장을 자신의 연역법적 명제, 즉 논리적 명제로만 인식했다고 비판한다(Spranger, 1954: 25). 소크라테스의 무지론은 인식론적이기는 하지만 동시에 윤리적 차원인데, 아리스토텔레스는 이를 오로지 인식론적 논리의 차원에서만 다루었던 것이다(Gigon, 1967: 8). 정말 소크라테스가 지와 무지의 관계를 인식론적으로만 다루었다면, 소크라테스의 '무지'는 비윤리적이며 비도덕적인 차원이 될 것이다. 그러면 자신의 무지를 외친 소크라테스는 스스로 자신을 비윤리적으로 고발한 셈이 된다. 그렇다면 소크라테스는 자신이 비윤리적인 인간임을 스스로 자백했단 말인가? 그러나 소크라테스는 무지를 각성하고 고백하는 자를 진정 윤리적이고 도덕적인 자라고 생각했다. 비윤리적인 자야말로 결코 자신이 무지하다고 인정하지 않는다. 결국 소크라테스가 윤리적인 것조차 인식론적으로 인식했다는 아리스토텔레스의 소크라테스 비판은 논리적 모순으로 드러난다. 한마디로 소크라테스의 '지와 무지 사이에서의 인간의 방황'이라는 개념에는 이미 윤리적 차원이 내포되어 있었던 것이지만, 아리스토텔레스에게서 무지(知 포함)와 덕지(예를 들면, 플라톤의 正義)는 별개의 영역이 된다. 그러나 소크라테스에게서 무지, 지, 덕지는 항상 같은 차원이었다. 즉, 소크라테스에게 아는 것(知)도 윤리적이지만 모르는 것을 각성하고 고백하는 것(無知의 각성과 고백)도 똑같이 윤리적인 것이며 도덕적인 것이었다. 오히려 소크라테스는 자신의 무지를 인식, 각성하고 고백하는 것이 좀 더 윤리적이고 도덕적이라고 보았다.

슈프랑거에 의하면 결국 아리스토텔레스는 모든 현상계를 자신의 연역법적 형식논리로 풀어 나갔듯이, 소크라테스의 언행도 자신의 형식 논리 안에서 풀고자 했던 것이다. 즉, 아리스토텔레스는 항상 그의 형식 논리의 일반적-객관적 개념을 가지고 진리의 개념마저 규정하고자 했다(Spranger, 1918: 16). 슈프랑거는 바로 이러한 맥락에서 아리스토텔레스의 소크라테스 처방에는 한계가 있다고 논박하는 것이다. 심지어 아리스토텔레스에게는 논리에 부합되지 않고 논리를 벗어나는 것은 현상하지도 않는 것이다. 이것이 바로 아리스토텔레스의 형식논리의 핵심이며 동시에 이론(과학 또는 학문)의 시작이다.

아리스토텔레스가 인식론적 형식논리와 과학이론에 집요하게 매달릴 수밖에 없었던 근거를 그의 성장 및 상황 배경적 제약에서 찾는 사람들이 많다. 에른스트 북스(E. Bux)는 이러한 아리스토텔레스의 개인적-사회직 한계와 관련하여 그의 책 『크세노폰, 소크라테스의 문집들』이라는 책에서 아리스토텔레스가 자신의 테마를 오로지 '과학(Wissenschaft, science)' 으로 선회하게 된 배경을 다음과 같이 설명하고 있다.

"모든 소크라테스 연구가가 자신을 새로운 시민 윤리의 각성자가 될 정도의 소명감을 느끼는 것은 아니다. 특히 이는 아리스토텔레스에게 해당된다. 그는 당시 아테네에 사는 마케도니아 출신의 외국인으로서 스승 플라톤의 경우와는 달리 스스로 국정이나 국사에 개입할 가능성을 가지고 있지 않았다. 따라서 그의 이론에는 휴식과 명증성을 얻어 내야 할 가능성만이 존재할 뿐이다. 즉, 그는 … 모든 현상계에 대한 전체적 조망을 취합해 내는 일 이외에는 할 수 있는 일이 없었다. 따라서 아리스토텔레스에 의해 소크라테스 연구는 종전 제자에 의해 시작된 투쟁적이고 논쟁적이며 실천 정치적 차원에서의 소크라테스 가르침에서 소크라테스 업적에 대하여 객관 이론적 체계를 구축하는 '이론적 학문(과학)' 으로 선회할 수밖에 없었다."(Bux, 1956: 32-33)

이러한 이론적 학문에의 열정과 시도 덕분에 오늘날까지도 아리스토텔레스는 우리에게 현상계에 관한 과학(학문)의 창시자로 간주되고 있다(Bux, 1956: 33). 아리스토텔레스는 저서 『니코마코스 윤리학 제II권』에서 덕(aretē) 역시 꾸준한 교육과 훈련을 통해 습관화될 수 있는 것으로 간주한다(Gigon, 1967: 81). 이는 크세노폰의 입장과 일치한다. 그러나 슈프랑거는 소크라테스에게서 덕은 오로지 자기사고(Selbstdenken)와 자기반성(Selbstreflexion)을 통하여 영혼으로 각성될 수 있는 대상일 뿐이라고 하면서 아리스토텔레스의 소크라테스 처방을 강하게 반박한다(Spranger, 1954: 26). 왜냐하면 소크라테스가 무지를 통해 진정으로 추구하는 지식은 인식론적 지식이 아니라, 마음과 영혼의 움직임을 통해서만 접근이 가능한 윤리적-도덕적이며 영혼적 차원에서만 가능한 양심각성의 덕행지식이었기 때문이다.

5) 소크라테스 시대와의 직접적 교류: 역사적 소크라테스 찾기

플라톤, 크세노폰 및 아리스토텔레스의 소크라테스 처방에 많은 회의를 품게 된 슈프랑거는 역사적 소크라테스를 직접 접해 보기 위해서 소크라테스의 고대 시대에 사회 문화적으로 제약된 사고와 '직접적 교류'를 시도한다. "고대는 … 커다란 스승이다. 왜냐하면 그의 산출물에는 항상 내적 논쟁이 필요하기 때문이다."(Spranger, 1948: 96) 이로써 슈프랑거는 비록 쉽지는 않지만 '역사적 소크라테스(historischer Sokrates)'를 '직접적으로' 해석해 내고자 했던 것이다.[11)]

당시 아테네에서의 거의 모든 사람들은 델포이 신전에 걸려 있는 "너 자신을 알라."라는 경구(신탁)를 잘 알고 있었다(Spranger, 1954: 18). 슈프랑거는 이를 "현명함이란 자기인식과 함께 시작되어야 한다."(A.a.O.)라고 풀이했다. 슈프랑거는 소크라테스가 이미 모든 사람이 다 알고 있었던 이 신탁의 경구를 새삼 외치면서 다녔던 이유는, 바로 아테네 사람이 이미 소피스트에게 지식을 돈으로 매수하기 시작하면서 마치 자신들이 대단한 지식인인 것처럼 다니고 있지만, 사실은 이들이 이미 현명함을 잃었다고 한탄하고 있었기 때문이다. 소크라테스가 "너 자신을 알라! 항상 너 자신을 숙고하라!"라는 구문은 지식에 대한 영(혼)적 차원을 의미한다. 과연 소피스트에 의해 전수되는 지식이 인간의 영적 심저를 일깨우는 지식인가? 이러한 의미에서 소크라테스는 옛 경구를 다시 들고 나온 것이다. 이로써 아테네 시민에게는 지금까지의 자기 이해가 불명확해진다(Spranger, 1948: 121). 따라서 슈프랑거에 의하면, 소크라테스는 '요청으로서의 영혼염려(Seelsorge)'에 대하여 비중을 두지 않을 수 없었다. 더 나아가 소크라테스가 민중에게 영혼염려에 대하여 환기시킨 이유는 다 쓰러져 가는 그리스 정신을 다시 살려내기 위한 방안으로서 삶의 새로운 형식을 통하여 망국적 상황을 돌파해 보고자 하는 것이었다(Jaeger, 1944: 95). 슈프랑거에 따르면 소크라테스는 영혼염려를 위해서 인간의 무지를 필수과제로 전제하였다. 이미 소피스트의 영향에 의해 (진정한) 지식도 아닌 (사이비) 지식으로 인하여 오염되어 가는 민중의 영혼을 하나하나 염려하고 보호하는 일이 시급하다. 이렇게 염려되고 보호된 영혼 속에서 우리는 진정한 지식의 싹을 살려 낼 수 있는 것이다.

소크라테스의 '무지'는 영(혼)적 차원이다. 물론 '덕지'도 영(혼)적 차원이다. 따라서 무지각성과 무지고백으로 우리는 가짜 지식으로 오염된 영혼을 새롭게 할 수 있으며, 그나마 오염되지 않은 영혼을 보호할 수 있는 것이다. 만약 우리 인간의 영혼이 본질적으로 문제투성이가 되어 위기에 처해진다고 가정한다면, 우리는 더 이상 우리의 영혼으로는 아무것도 알아낼 수 없다. 단순한 연습과 훈련의 반복을 통하여 얻은 얄팍한 지식 나부랭이로 우리는 덕행지식에 접근할 수는 없다. 덕지는 오로지 영혼의 힘으로만 접근될 수 있다. 한마디로 덕은 입으로 외우고 머리로 인식하는 것이 아니라, 마음과 영혼의 움직임을 통해서 가능해지는 실천적 지식이다. 지행합일과 언행일치가 되지 않는 지식은 항상 공허하다. 소크라테스의 덕행지식은 바로 언행일치의 지식이며 지행합일의 실천적 지식이다. 또한 이러한 지식이야말로 윤리적이고 도덕적이다.

따라서 우리에게는 자명하게도 무지의 각성과 무지의 고백을 통해 무지에서 지(知)로 이동해 가야 하는 영원한 과제가 생겨난다. 그러나 무지의 고백 없이 우리에게 덕지는 접근될 수도 없으며, 설령 겉으로는 그렇게 보인다고 해도 이는 결코 무의미하다. 따라서 무지는 영혼염려를 위한 필수전제조건이며, 무지에 대한 각성과 고백은 아폴론 신에 대한 사명(mission)이기도 하다. 왜냐하면 소크라테스에게 진정한 지식, 즉 진리는 언제나 신의 몫이었기 때문이다. 인간에게는 그가 아무리 많이 알고 있다고 해도 결국 지식은 '인지적 무지(doxa ignorantia)' 에서 시작된다(Spranger, 1954: 18). 즉, "나는 모른다는 사실만을 알고 있다." 라는 소크라테스의 인지적 무지(wissende Nichtwissen)는 슈프랑거의 해석에 의하면 바로 아폴론 신의 계율에 복종해야 하는 소크라테스의 사명이었던 것이다.

인간에게서 영혼은 비물질적인 종교적 요소이다. 이러한 의미에서 소크라테스는 인간은 '종교적 존재(homo religiösus)' 라고 했다. 따라서 소크라테스에게 인간의 삶은 항상 신의 계율에 복종하는 사명을 수행하는 가운데에서만 가능하다(Plato & Laches, 201e). 플라톤은 소크라테스가 영혼염려를 외치고 다닌 것은 신의 계명을 따른 자신의 임무를 완수하는 사명으로 이해했다(Jaeger, 1944: 95). 플라톤에 의하면, 소크라테스가 민중에게 영혼염려를 외치고 영혼염려를 요구했던 것은 아폴론 신에 의해 그에게 부여된 임무였던 것이다. 물론 소크라테스의 구체적인 임무는 민중 개개인이 스스로 영혼염려를 하도록 대화를 통하여 도와주는 일이었다(Spranger, 1958: 311). 이러한 근거에서 슈프랑거는 소크라테스를 사변철학자가 아닌 민중과 서민을 대상으로 한 최초의 '교육자' 로 보았던 것이다.

"내가 의미 충만한 논쟁을 어떻게 이끌 것인가? 어떻게 이러한 논쟁을 이끌어야 하는지를 소크라테스가 가르쳐 준다. 따라서 그는 교육의 마이스터라고 할 수 있다."(Spragner, 1948: 96)

그러나 슈프랑거에게 소크라테스는 단순한 교사가 아니고 오히려 대화 속에서 대화의 상대방에게 창조적으로 끊임없이 질문을 해대는 집요한 질문가(Befrager)였다(Spranger, 1948: 121). 즉, 대화에서 소크라테스는 서로 묻고 답하는 일반적인 문답 형식의 대화를 하는 단순한 대화의 파트너가 아니라, 상대방에게 집요하게 질문을 해 대는 논박가로서의 특수한 역할을 하고 있다. 이러한 질문가, 즉 질문하고 논박하는 사람은 의미 충만한 질문거리를 가지고 상대방의 영혼을 일깨우고 그의 실존을 뒤흔들기 위해 '전기적 쇼크(전기방전)'를 준다(Spragner, 1954: 16). 마치 이는 소잔등에 붙어서 피를 빠른 등에(godfly)의 역할과도 같은데, 소크라테스가 이렇게 마치 남을 괴롭히는 것 같은 처신을 자처하게 된 동기는 바로 이러한 무례한(?) 행동을 "아폴론 신의 계명을 따르기 위한 성스러운 사명"(Spragner, 1931: 36)으로 여겼기 때문이다. 과연 소크라테스는 사람들에게 잔인한 사람으로 남기 위해 그런 일을 서슴지 않고 자행했을까? 아니면 그는 원래부터 악한 사람이었을까? 오로지 신의 계명을 충실하게 수행하기 위해서 그는 비록 지금은 괴롭고 어려운 일이지만 누군가가 반드시 해 주어야 할 몫으로 여겼던 것이다. 그래서 갖은 오해에도 불구하고 소크라테스는 사람들이 좀 더 성스러움(참지식, 신의 세계)에 도달하도록 도와주기 위해 자신이 기꺼이 십자가를 졌던 것이다.

실제로 소크라테스가 대화에서 질문(또는 논박)을 통하여 교사로서 추구했던 궁극적인 목적은 사람들이 단순히 더 높은 삶으로서의 자각이나 그쪽으로 이동하도록 도와주는 것이 아니고, 현재 자신이 알고 있는 지식에 대하여 문제의식을 갖도록 자극을 받고 일대 정신적 혼란에 휩싸이도록 하는 것이었다(Spranger, 1924: 83). 그 이상은 교사로서의 소크라테스의 몫도 아니다. 왜냐하면 마지막으로 우리 인간이 추구해야 하는 궁극적 참지식은 바로 신의 손아귀에 있으며, 그 신의 영역에 들어서기 위해서 우리는 우선 지금의 지식을 단호히 부정할 수 있는 용기를 가져야 했기 때문이다. 특히 대화에서 소크라테스의 질문은 "어떻게 하면 우리가 가능한 한 영혼을 염려하고 잘 보호하면서 살아갈 수 있는가?"(Spragner, 1954: 16f.) 하는 것에 집중된다.

또한 소크라테스는 대화 속에서 스스로 유희하듯 질문에 몰입했다(Spranger, 1931: 35; Spranger, 1954: 37). 바로 이러한 대화의 과정에서 나타난 소크라테스의 유희하는 듯한 태도 때문에 소크라테스의 반어적 태도(ironischer Haltung)는, 특히 니체와 헤겔에게서 오만하고 건방진 행동으로 해석되기도 했다. 그러나 슈프랑거는 대화 속에서 나타난 소크라테스의 반어적 태도와 관련하여 다음과 같이 쓰고 있다.

> "대화의 상대들은 소크라테스가 (오만하게도) 자신들의 머리 위에 있다고 느꼈다. 그러나 그가 사실적이고 개인적으로 대화 상대방의 위에 있었다면 왜 상대방에게 계속 질문을 해 대었을까? 그냥 자신이 알고 있는 정답을 바로 그 자리에서 가르쳐 주고 말 것이지. 그렇다면 소크라테스는 상대방을 통하여 명증성을 얻고자 한 것일까? 아니면 소크라테스는

상대의 안정성과 명증성을 뒤흔들어 놓으려고 한 것일까? … 이러한 소크라테스의 핵심적 노력은 논리적 차원에서 보아서는 안 되고 윤리적 차원에서 보아야 한다…. 윤리적인 것은 개념으로 형상화되거나 언어로 표현되는 지식이 아니며 무지를 향유하는 가운데에서 불쑥 드러나는 것도 아니다. 이른 오로지 '자신이 알고 있지 않다는 지식(nichtwissendes Wissen)' 에 근거한다…. 다시 말하면, 내가 지금까지 알아 왔던 지식은 참지식이 아니라는 자각에서 시작된다."(Sprager, 1931: 8-9)

본질상 유희는 풍자와 해학을 내포한다. 따라서 소크라테스가 유희하듯 대화를 했다는 사실은 풍자와 해학을 통해서 당시 정치적-사회적 권력에 대치하고자 했던 것이다(Burkert, 1971: 169). 동서고금을 막론하고 일개 서민이 해학과 풍자 없이 강력한 국가 사회적 공권력에 저항한다는 것을 불가능하다. 당시 부패한 권력에 대항하고 문화전반에 대하여 비판할 수 있는 방법이 소크라테스에게는 유희하는 듯하게 대화하는 것이었다. 슈프랑거는 이를 소크라테스가 사용했던 반어법의 범주에 넣을 수 있다고 주장한다. 그러나 소크라테스의 반어는 단순히 지식 추구의 과정에서가 아니라 윤리적이고 도덕적인 차원에서 이루어졌다. 따라서 소크라테스는 유희하듯 반어법을 사용함으로써 윤리적-도덕적 문명비판가로 간주될 수 있는 것이다(Laskowskty, 1960: 7; Jaeger, 1944: 86). 이에 대하여 슈프랑거는 다음과 같이 말하고 있다.

"소크라테스에게서 인간은 무조건 선(善)이다. (사악해진 사회에서) 인간은 본래 선하게 태어나기 때문에 풍자가 섞인 그러면서도 유희하듯 나타나는 반어적 태도를 통하여 선의 본질에 도달할 수 있다. 이렇게 본다면 좀 더 진지한 대화는 바로 정신 충만한 유희로서 현상할 수 있는 것이다." (Spragner, 1954: 37)

당시 윤리적-도덕적 진리는 소위 지식인이며 시대의 교사로 알려져 있던 소피스트에 의해 이미 상대화되었으며 왜곡되었다. 소크라테스는 이들과 분명한 거리를 두고 이들에게서 파생된 지식의 혼란에 대하여 반어적이고 비판적인 태도를 취했다(Spranger, 1954: 37). 소크라테스가 대화에서 취한 이러한 반어적 태도가 유희하는 듯한 대화의 스타일과 결부된다. 왜냐하면 반어적 정신을 가진 사람은 유희적 또는 농담하는 듯 행동하는 경향이 있으며, 항상 어떤 주어진 틀에서 해방되고자 하는 자유로운 정신의 소유자이기 때문이다. 결국 여기서 반어란 부도덕한 현실 세계에 저항하기 위해 정신적으로 그리고 영혼적으로 유희하는 것을 의미한다(Buytendijk, 1958: 24; Spranger, 1931: 37; Spranger, 1948: 121f.). 또한 유희는 고대 그리스 시대 소피스트도 알고 있었던 전통적인 교육기법이었다(Spranger, 1950: 194). 그러나 슈프랑거에 의하면 소크라테스는 유희라는 교육기법을 영적-정신적, 즉 윤리적 차원에서 적용하였으며, 이로써 그는 인간에게 환상유희를 통하여 고상하게 심화시키고자 했던 것이다(Spranger, 1960: 369).

정리하자면, 슈프랑거는 대화에서 보여 주는 소크라테스의 반어적 태도를 열린 마음을 가진 사람의 유희적 행동으로 파악했다. 이러한 유희적이고 열린 대화를 통하여 소크라테스는 개방적 문화비판과 유희라는 자유에 근거하는 인간의 자기 해방을 추구하면서 동시에 교육적 효과를 노렸던 것이다(Sprnager, 1962: 389). 즉, 어린 아이가 유희하듯이 열린 마음으로 서로 허심탄회하게 질문하고 대답하는 가운데에서 인간은 자신만의 폐쇄된 지식에서 해방될 수 있으며, 이러한 과정에서 가짜 지식에서의 해방이 이루어지고 이로써 비로소 우리는 영혼으로 얻게 되는 진정한 지식의 세계로 발걸음을 옮길 수 있는 것이다.

지금까지 이 글을 슈프랑거의 입을 빌려서 플라톤, 크세노폰 그리고 아리스토텔레스에 의해 처방(묘사)된 소크라테스의 상을 차례로 비판적으로 해석하여 보았다. 그러나 학문적으로 볼 때 말이 비판이지 사실 비판의 기준도 없으며, 실제로는 이들이 소크라테스 처방을 하는 가운데에서 나타날 수 있는 논리적 모순, 비약, 허점, 때로는 논리적 오해 또는 왜곡의 가능성에 대한 슈프랑거의 조심스러운 지적이었다고 해야 옳을 것이다. 하여간 슈프랑거는 소크라테스에 대한 이들의 처방과 해석에 대하여 일말의 불만을 가졌던 것이 사실이다. 따라서 슈프랑거는 소크라테스가 살았던 당시의 역사로 직접 거슬러 올라가는 '역사해석' 을 시도했다. 왜냐하면 그는 항간의 소원이었던 소위 '역사적 소크라테스' 를 직접 만나보고 싶었기 때문이다.

4. 소 결

이제 마지막으로 지식의 학문적 열린 담론을 위한 결어가 요청된다. 지금까지 계속 반복되었듯이, 인간은 소크라테스가 추구했던 것처럼 무지각성과 무지고백을 통해서만 비로소 진정한 지식, 즉 진리를 추구할 수 있다. 이를 위해 교사는 학습자가 스스로 진리를 낳을 수 있도록 산파처럼 도와줄 수 있어야 한다. 마음을 흔들어 놓는 집요한—그러나 유희하는 듯한 모습으로, 즉 이 역시 반어법적으로—질문을 통하여, 머리로만 아닌 지식이 아닌 영혼으로 체득하는 지식이야말로 진정한 지식(덕지)임을 알게 하는 것은 대표적 학습도우미의 방법이다. 심지어 영혼보호로 가능한 양심각성은 진정한 지식으로 접근할 수 있게 해 준다. 또한 우리는 무지와 지의 사이를 쉴 사이 없이 계속 왔다 갔다 하면서(따라서 교사는 지속적으로 질문을 하여야 함) 현재 자신의 지식을 반성하고 반추하여야만 진정한 지식(에피스테메)으로 접근할 수 있는 가능성을 얻게 된다. 물론 이때 교사는 일방적으로 무엇인가를 가르치고 전달하는 사람에 머물러서는 안 되며 또한 학생은 무조건 교사에게서 일방적으로 무엇인가를 전수받고 숙달되어서는 안 된다. 심지어 교사와 학생은 상호학습(Synergogy)이 가능할 정도로 학습도우미에서 시작하여 서로 배우고 가르치는 과정에 함께 참여함으로써 쟁취할 수 있는 학습동반사 그리고 학습협력자로 거듭나야 한다. 한마디로 디욱 논리적인 지적 탐구를 통하여 얻어지는 소크라테스의 상(image)은—비록 슈프랑거, 야에거, 부카르트, 칸 등 일부 학자의 견해에 주로 의존했다고는 하지만—아직 이 세상에 단 한 번도 존재하지 않았을지도 모르는 아주 독특한 고유성을 소유한 '천부적인 교사(der geborene erzieher)' 로 해석된다. 이러한 차원에서의 소크라테스 해석은 이미 20세가 초 슈프랑거가 독일 교육학계에서 교육(철학)의 정체성 논쟁에 적극 참여하고 주도한 역사를 가지고 있으며 언제 어디서라도 학문적 토대로 작용할 수 있다는 중요한 관점에서 본다면, 이제 이를 기점으로 우리의 학계에서도 특히 교육철학(또는 일반교육학)의 열린 담론을 시작하는 데 크게 기여할 수 있을 것이다.

이에 대해서는 후속연구에서도 계속 다루어져야 할 것이다. 특히 슈프랑거는 자신의 소크라테스 해석을 통하여 비록 간접적이지만 플라톤의 사상적 범주와 이상교육론(이데아론)을 교육현실의 해석적 범주에서 제외시켰다. 또한 플라톤이 구축해 온 교육철학의 이상도 슈프랑거에게는 관심 밖의 영역이었다. 도전인가? 착각인가? 아니면 무지인가? 지금까지 플라톤은 우리 인류의 사상사(교육사상사 포함)에서 2,500년 이상 교육철학의 완성자이며 전범이다. 그러나 플라톤은 슈프랑거에게 사변철학적-관념론적 형이상학자로만 남았다. 즉, 관념론은 오랜 세월 동안 우리의 교육현실에 그리고 철학적 지표에 영향을 줄 수 있을지는 몰라도 그 자체가 '교육(철)학' 으로 간주되어서는 안 된다. 훗날 슈프랑거는 이로부터 '교육(철)학' 의 정체성 논쟁, 즉 순수사변철학과 교육철학을 구분하는 교육학 논쟁의 실마리와 가능성을 얻게 된다.

참고로 부언하자면, 이러한 교육(철)학의 정체성 논쟁과정을 위해 20세기 초 독일에서는 마치 당시까지 순수사변철학에 뿌리를 박고 자라났다고 생각되던, 심지어 순수철학에 기생하고 산다고 알려져 있는 '교육철학' 이라는 개념 대신 '일반교육학' 이라는 용어가 (재)도입된다.[12] 즉, 교육학에서는 어쩔 수 없이 비록 철학의 사변적 기초가 순수철학과 엇물려 있을지 모르지만, 결국은 실천적-응용철학의 성격을 가진 교육학이라는 관점이 더 중요한 요소임에 분명하기 때문에 교육 전반의 기초 토대로서의 교육학 원론을 의미하는 '교육의 보편타당성', 즉 '일반교육학' 이라는 개념을 (재)도입 사용하는 계기를 얻게 된 것이다.

■■■ 후주

1) 이미 서구에서 특히 철학의 영역에서는 니체와 헤겔의 소크라테스 해석에 대한 논쟁이 수많은 경로에서 이루어져 왔으며, 일단 이들의 소크라테스 해석에는 편협성과 관점 이해의 문제가 있음으로 일단락된 바 있다(Lamer & Kroh, 1989; Burkert, 1971).

2) 소크라테스는 당시 소피스트처럼 고대 그리스의 자연철학에 만족하지 못하고 인간과 인간의 자기인식 가능성에 대한 탐구에 몰두했다. 구체적으로 소크라테스는 자연 철학에 대한 소피스트의 비판을 본질적으로 수용하면서 당시 소피스트의 입장을 취하였다(한국철학사상연구회 편, 1989: 715). 이렇게 자연중심에서 인간중심으로의 사상적 전환은 소위 1호 소피스트 격인 프로타고라스(Protagoras)의 "인간은 만물의 척도이다."라는 구호로 대변된다. 소크라테스 역시 이러한 프로타고라스의 인간척도론을 가지고 사색의 출발점으로 삼았다(손인수, 2000: 87). 이런 의미에서 우리는 소크라테스를 소피스트의 무리로 간주할 수 있었다. 이러한 연고로 이미 언급한 대로 당시 사회적으로 영향력 있는 작가였던 아리스토파네스는 허풍쟁이 소크라테스를 일종의 소피스트로, 젊은이로 하여금 고래의 좋은 습관을 버리게 하고 도덕성을 해치는 전대미문의 온갖 기이한 생각으로 그들의 머릿속을 가득 채우는 소피스트로 묘사하였다(이병국 역, 1989: 40).

3) 아리스토파네스의 『구름』(826~830)에서 소크라테스가 제우스 따위는 없다고 하며, 그 대신에 만물의 생성 이치를 원자나 다른 원소의 소용돌이(dinos, dinē)

운동을 도입해서 설명하는 자연철학자로 간주된다(박종현 역주, 2003: 134). 또한 소크라테스는 인간 개개인의 마음속에 있는 다이모니온을 신령의 소리로 간주함으로써 이단적 종교관을 가지고 있는 것으로도 오해되었다. 그러나 나중에 슈프랑거와 베르너 야에거(W. Jaeger)에 의하여 소크라테스의 다이모이온은 신의 계명을 따르는 양심의 목소리로 해석되었다(Jaeger, Bd.II, 1944: 59). 소크라테스에게 다이모이온은 삶의 일상이 언제나 바르게 이루어지도록 등대의 역할을 해내며, 그는 언제나 다이모니온의 소리에 귀를 귀울이고 소리에 따라 행동하였다(오인탁, 1996: 37). 한마디로 다이모니온은 소크라테스에게 마음의 신이며, 양심의 신이었던 것이다.

4) 나중에 『메논』은 플라톤이 아리스토텔레스 같은 제자를 가르쳤던 아카데미아(Akademia)의 교재(교과서)로 사용되는데, 이때부터 플라톤의 '이데아론' 이 제자에게 전수되었다고 할 수 있다.

5) 이러한 연유로 오늘날 수많은 철학사 및 사상사의 저술에서는 플라톤의 사상이 스승 소크라테스의 완전한 계승이라고 하고 있으며(Zimmermann, 1930: 2), 카우프만과 베어드는 플라톤의 이데아론을 그의 스승 소크라테스와 분리하는 것은 어렵다고 쓰고 있다(Kaufmann & Baird, 1994: 2).

6) 물론 니체의 소크라테스 비판은 헤겔 또는 그와 비슷한 신학–철학적 차원과 맥을 달리한다. 니체에게 소크라테스는 너무 지나칠 정도의 이성적–주지주의적 소크라테스였다. 니체에게 소크라테스는 당시 최고의 지식인으로서 최고의 주지주의자였지만, 자신이 아무것도 모른다고 떠들고 다니니, 이러한 아이러니(irony, 반어법)는 세상 사람에 대한 비아냥이 아니고 무엇이냐는 것이었다.

7) 이런 연유로 소크라테스는 자기 자신을 '출산의 도우미' 라고 불렀다(Spranger, 1948: 131). 이로써 소크라테스는 당시 소피스트가 마치 '산모에게 이런 아이를 낳아라 저런 아이를 낳아라.' 하고 간섭한다고 하면서, 이는 교사의 진정한 역할이 아니라고 비판하였다. 즉, 이런 아이를 낳건 저런 아이를 낳건 그것은

산무(학습자) 자신이 낳은 것이고, 진정한 교사는 오로지 산모의 순산만을 도와줄 수 있을 뿐이다(Spranger, 1916/17: 259).

8) 아마 슈프랑거는 바로 이러한 크세노폰의 소크라테스 처방이 니체와 헤겔에게서 소크라테스이 반어법(irony)에 대한 해석의 여지를 준 대목이라고 생각했던 것 같다.

9) 소크라테스의 사사이 양심의 각성에 집중되어 있다는 사실을 발견한 학자는 플라톤이나 아리스토텔레스가 아니고 바로 프리드리히 헤겔이었다(Spranger, 1948: 81). 슈프랑거에 의하면, 양심적 지식(Gewissen)은 단순한 지식(Wissen)과 다르다(Spranger, 1949: 130). 언어철자로 보면, '지식(Wissen)' 이 합해져서(Ge-) '양심(Ge-Wissen)' 이 된다. 이러한 의미에서 소피스트에 의해 전달되는 지식은 참지식이 아닌 것이다. 왜냐하면 '지식의 합은 바로 양심' 이 되어야 하는데, 현실은 그렇지 못하기 때문이다. 이러한 근거에서 슈프랑거에 의하면 소크라테스는 현재 소피스트에 의해 매개된 지식을 전면 재검토하고 심지어 이를 부정해야 하는 것이다. 이는 우리가 진리와 참지식을 추구하기 위함이다.

10) 물론 소크라테스에 관한 일 말고는 아리스토텔레스는 자신의 스승 플라톤과 근본적인 차원에서 대립의 각을 세운 학자이다. 즉, 스승 플라톤이 쓸데없이 세계를 이분화시켰다고 하면서 플라톤의 이데아론을 강력하게 비판했다(한국철학사상연구회 편, 1989: 805). 심지어 아리스토텔레스의 사상은 그의 스승 플라톤이 지나친 이상주의 관념을 배격하고 존재의 기반을 사물 세계로 끌어 내림으로써 실재하는 것은 오직 현실의 사실 세계라고 간주했다(손인수, 2000: 101). 즉, 아리스토텔레스는 플라톤과 달리 이데아는 현상계에 존재한다고 하면서 일원론을 주장하면서 이데아계와 현상계 간의 동적인 발전 사상을 제시하였다(주영흠, 1999: 33). 그러면서도 아리스토텔레스는 스승 플라톤의 관념론에서 크게 벗어나지 못했다. 그러나 아리스토텔레스는 이데아의 관념세계를 다시 현상계로 끌어내리면서 자연스럽게 (육체적) 경험과 감각의

영역인 자연과학에 대한 이론을 시작할 수 있었던 것이다.

11) 해석학에서 널리 알려진 바와 같이 역사적 사실 자체(historischer Tatsache selbst)란 접근불가능하다. 다만 해석된 역사성(Geschichtlichkeit)만이 존재할 뿐이다. 플라톤의 소크라테스나 크세노폰의 소크라테스, 혹은 아리스토텔레스의 소크라테스가 존재한다면, 슈프랑거의 소크라테스는 다만 그러한 역사적 상(像)에 한 가지를 더 하는 것일 뿐 그의 작업이 사실 자체가 될 수는 없다는 말이다. 이러한 차원에서 본다면, 해석상의 '직접성'은 존재할 수 없다. 다만 여기서는 슈프랑거가 직접 소크라테스 시대의 사료를 수집, 정리하고 이를 자신만의 시각과 관점으로, 이를테면 플라톤, 아리스토텔레스 등의 관점을 배제하고 독자적으로 해석하고자 했다는 사실을 부각시키기 위해서 '직접적'이라는 표현을 사용했을 뿐이다.

12) 이미 일반교육학(Allgemeinpädagogik)이라는 개념과 용어는 19세기 중엽 헤르바르트와 칸트의 교육이론에서 거론되었다. 따라서 '재도입'이라는 용어를 차용했지만, 20세기 초부터 독일에서 재개된 일반교육학 논쟁은 또 다른 양상을 걷고 있다.

■■■ 참고문헌

김정환(1982). 슈프랑거의 각성적 교육관. 전인교육론. 서울: 세영사.

김정환(1983). 슈프랑거의 교육철학과 한국교육. 125차 교육철학 학술발표회.

김정환(1985). 슈프랑거의 교육사상. 새교육.

손인수(2000). 교육사 교육철학의 이해. 서울: 도서출판 문음사.

오인탁(1994). 고대그리스의 교육사상. 서울: 종로서적.

오인탁(1996). 위대한 교육사상가들 I. (pp. 1-110). 서울: 교육과학사.

이병욱 역(1986). R. M. Hare(1964). 플라톤. 문경출판.

한국철학사상연구회 편(1989). 철학대사전. 서울: 동녘.

Brickhous, Th. C., & Smith, Nicolas D. (1994). *Plato's Socrates*. New York. Oxford: Oxford University Press.

Bröcker, W. (1990). *Plato Gespräche*. Frankfurt/a.M.

Brukert, W. (1971). Nachwort. In: *Xenophon Erinnerung on Sokrates. übersetzung und Anmerkung von Rudolf Preiswerk*. Stuttgart.

Bux, E. (1956). *Xenophon: Die Sokratischen Schriften. Memorabilien/Symposion/Oikonomikos/Apologie von Xenophon*. übertragen un Herausgeben. Stuttgart.

Buytendijk, F. J. J. (1957). *Der Spieler*. Vortrag vor dem XXI. Kongress der Deutschen Gesellschaft für Psychologie in Bonn.

Gigon, O. (1967). *Aristoteles. Nikomachische Ethik*. Zürich und Stuttgart.

Grimmelt, B. (1924). *Platos Gorgias. Aschendorffs Sammlung lateinischer und griechischer Klassiker*. Kommentar. Münster I. W.: Aschendorffsche Verlangsbuchhandlung.

Hegel, G. W. F. (1955). *Vorlesung über die Philosophie der Weltgeschichte. Bd.1. Die Vernunft in der Geschichte*. Hrsg. von Johannes Hoffmeister. Hamburg.

Hegel, G. W. F. (2976). *Grundlinien der Philosophie des Rechts oder Naturrecht und Saatwissenschaft im Grundrisse*. Mit Hegels eigenhändigen Notizen und den mündlichen Zusatzen. Frankfurt am Main.

Jaeger, W. (1944). *Paideia. Die Formung des griechischen Menschen*. 2. Bd. Berlin.

Klimek, P. (1930). *Auswahl aus Xenophons Memorabilibien, Aschendorffes Kalssker Ausgaben, Kommentar*. Münster I. W.: Aschendorffsche Verlangbuchhandlung.

Lamer, H., & Kroh, P. (1989). *Wörterbuch der Antike*. Stuttgart.

Lamprecht, S. (1965). *Our Philosophical Traditions: A Brief History of Philosophy in Wester Civilization*. New York: Appleteon-Century-Crofts, Inc.

Laskowsky, Paul M. (1960). *Xenophon. Memorabilien Erinnerungen on Sokrates*.

Nelson, L. (1922). Die Sokratische Methods. In: Bernays, Paul u.a.(Hrsg.). *Gesammelte Schriften in neun Banden, Bd.1*. S269-316, Hamburg 1970.

Nietzsche. F. (1988). Sokrates und die griechische Tragodie. In: *Die Geurut der Tragodie. Unzeitgemasse Betrachtungen I-IV. Nachgelassenen Schriften 1870-1873. Kritische Studiengabe*. Hrsg. von Giogio Collli und Mazzino Montinari. München.

Plato (1977). *Das Gesprache Laches im Plato, Werke in acht Banden Griechisch und Deutsch, Erster band, Hrsg. von Gunther Eiger, Bearbeitet von Heinz Hifmann. Deutsch, Erster Band*. Hrsg. von Guntehr Eiger. Bearbeitet von Heinz Hifmann. Deutsche übersetzung von Freidrich Schleiermacher. Darmstadt.

Röhl, H. (1911). *Auswahl aus Platon: Protagoras, Laches, Menon und Abschnitte aus dem Gorgias und dem Enthydemos. Kommentar*. Mu nster i. W.: Aschendorffsche Verlagsbuchhandlung.

Spragner, E. (1916/17) *Problem der Bildsamkeit. GS(Gesamelte Schriften)II*. S.232-259. Heidelberg 1973.

Spranger, E. (1919). *Grundlegende Bildung. Berufsbildung. Allgemeinbildung. GS. I*. S. 7-19. Heidelberg 1969.

Spranger, E. (1924). *Die Generationaen und die Bedeutung des Klassischen in der Erziehung. GS.I*. Heidelberg 1969.

Spranger, E. (1931). *Sokrates. GS.XI*. Heidelberg 1972.

Spranger, E. (1933). *Umrisse der philosophischen Pädagogik. GS.II.* Heidelberg 1973.

Spranger, E. (1946). *Der Ertrag der Geistesgeschichte für die Politik. GS.VIII.* Tübingen 1970.

Spranger, E. (1948). *Philosophische Grundlaung der Pädagogik. Tübinger Vorlesung GS.II.* Heidelberg 1973.

Spranger, E. (1949). *Dei wissenschaftliche Grundlagen der Schulverfassungslehre und Schulpolitik. GS.I.* Heidelberg 1969.

Spranger, E. (1950). *Macht und Grenzen des Einflusses der Erziehung auf die Zukunft. GS.I.* Heidelberg 1963.

Spranger, E. (1953). *Zur Psychologie der Bildsamkeit des Erwachsenen. GS.IV.* S.346-365. Tübingen 1974.

Spranger, E. (1954). *Das Rätschel Sokrates.* In: Bähr, H. W.(Hrsg.). Vom pä dagogischen Genuis. Heidelberg 1965. (이 논문은 1953/54년 교육학 전문학술지 『Blatter fur Lehrebildung』 제6판의 pp. 241-253에 실렸으며, 1969년에는 총서I(GS.I) pp. 257-280에 다시 수록되었음)

Spranger, E. (1954a) *Der geborene Erzieher. GS.I.* Heidelberg 1969.

Spranger, E. (1955). *Betrachtungen über Entstehen, Leben und Vergehen von Buildungsidealem. GS.III.* Heidelberg 1970.

Spranger, E. (1960). *Elebniskapazität. GS.IV.* Tübingen 1974.

Spranger, E. (1961). *Quellen pädagogischer Berufswunsche. GS.III.* Heidelberg 1970.

Spranger, E.(1962). *Das Gesetz der ungewollten Nebenwirkungen in der Erziehung. GS.I.* Heidelberg 1969.

Spranger, E .(1970). *Shule und Lehrer.* Hrsg. von Ludwig Englert. GS.III. Heidelberg 1970.

Spranger, E. (1978). *Briefe 1901-1963.* Hrsg. von Hans Walter Bähr. Tübingen.

Störig. H. J. (1970). *Kleine Weltgeschichte der Philosophie, Erster Teil-Dritter Teil.* Elfte, überarbeitete und erweiterte Auflage. Stuttgart Berlin Köln Mainz: W. Kohlhamer Verlag(임석진 역, 1981上下, 분도출판사).

Zimmermann, J. (1930). *Geschichte der griechischen Philosophie.* Schoeninghs Griechische Klassiker Nr. 4. Paderborn: Ferdinad Schoeningh.

제4장

해석학적 연구의 적용사례 Ⅱ

어떤 교육공백: 단절된 소크라테스의 유산

1. 도입부

1944년 미국의 교육학자 와일즈(Elmer Harrison Wilds)는 다음과 같은 글을 남겼다.

> "만약 소크라테스의 방법(the method of Socrates)만이라도 그가 죽은 후에도 계속해서 교육자에 의해서 계승되었더라면, 전 세계의 역사와 문화에 엄청난 변화를 초래하는 교육적 효과가 있었을 것이다."(Wilds, 1944; 112)

만약 이 말이 지금도 유효하다면, 소크라테스의 방법은 소위 '단절된 유산' 이 된다. 왜냐하면 일반적으로 우리의 교육철학사에는 플라톤이 스승 소크라테스를 그대로 계승한 것으로 기록되어 있기 때문이다(Kaufmann & Baird, 1994: 2). 그렇다면 이제 남은 것은 "그것이 '왜' 그리고 '어떠한 과정' 에서 단절되었으며, 또한 무슨 근거로 단절을 이야기할 수 있는 것인가?" 하는 의문이다. 바로 이 연구는 이러한 의문에 접근해 보고자 하는 목적을 가지고 시도된다.

'단절된 소크라테스의 유산' 이라는 제목을 가진 본 연구는—비록 와일즈의 주관적 선언일 수도 있었겠지만—제목 자체가 일단은 하나의' 가정' 이다. 가정은 입증될 수도 있고 그렇지 않을 수도 있다. 이 연구는 이러한 가정(또는 가설)을 '논리적으로' 검증해 나가는 방식으로 진행된다. 또한 이 연구는 소크라테스와의 단절을 플라톤과의 관계에서 밝혀질 수 있는 범위로 국한한다. 이는 이 연구의 제한점이다. 물론 소크라테스 유산의 단절에 대한 책임이 전적으로 플라톤에게 있다는 것은 아니다.

와일즈의 주장처럼 이론적으로나 실제 현장에서나 단절은 지금까지 이 천 몇 백 년간 쉬지 않고 이루어졌을 것이다. 그러나 와일즈에게서도 언제 어떻게 그렇게 되었다는 확실한 언질은 없다. 따라서 만약 와일즈의 말대로 단절이 사실이라면, 소크라테스의 충실한 계승자로 알려진 최초의 제자인 플라톤에서 시작되었을 가능성이 배제될 수 없다는 가정이다. 그런데 실제로 지금까지 적지 않은 학자와 관점이—이를테면 이 글에서 주로 인용되는 사람들이지만 야에거(Jaeger),[1] 칸(Kahn),[2] 슈프랑거(Spranger),[3] 레이머와 크로(Lamer & Kroh),[4] 포퍼(Popper),[5] 블래스토스(Vlastos),[6] 마르틴(Martin),[7] 보르트(Bordt)[8] 등의 관점이—플라톤에 의한 소크라테스 유산의 단절에 대해서 크게 동의하고 있다.

이 연구의 목적은 첫째, 이러한 관점을 가능하면 통일된 관점으로—그동안은 철학과 교육학의 영역에서 산만하게 이루어져 왔지만—교육철학의 관점에서 다시 모아 보는 것이며, 둘째, 교육철학의 '또 하나의'[9] 열린 담론형성을 위해 기여할 수 있는 귀결점(보충, 보완할 점)을 찾아낼 호기를 만드는 것이다. 주의할 점은 플라톤에 의한 소크라테스의 단절된 유산이 밝혀진다고 해서, 플라톤의 철학 또는 교육철학의 이론적 허실 아니면 스승의 왜곡이라고 폄하 주장하는 것은 결코 아니다. 설령 플라톤이 스승 소크라테스를 계승하지 않았다거나 아니면 잘못 계승했다거나 또 아니면 심지어 왜곡 해석하였다고 하더라도, 이러한 결과는 영원한 학문적 이슈나 비판거리로, 즉 후속 연구과제로 남겨 놓으면 된다. 오히려 이 연구에서 중요한 점은 소위 '소크라테스-플라톤의 관계 해석' 속에서 소크라테스과의 단절된 유산, 즉 현실적으로 볼 때 유실된 점을 찾아냄으로써 궁극적으로 교육철학적 지속적인 담론형성을 위한 하나의 자료 또는 부분적으로 보충 및 보완으로 활용될 수 있으면 충분하다는 생각이다.

물론 이 글에서 추구하는 열린 교육철학의 담론이란 교육철학이나 교육론 전반의 포괄성을 의미하지는 않는다. 이를테면 우리 학교현장에서는 이미 입시중심 일변도의 획일적 주입식 교육방식이 지배하고 있다. 이렇게 본다면 소크라테스의 대화식 교육방법, 더 정확히 말하면 논박식 교육방법(elenchos)은 거의 설 자리가 없어진 셈이다.[10] 따라서 이 글에서 다루는 단절된 유산이나 담론형성이라는 표현의 범주는

'논박법이라는 교육(철학)방법' 으로 제한될 수밖에 없다. 그러나 이것이 소크라테스 교육철학의 핵심이었다고 한다면, 이는 더욱 커다란 열린 교육담론형성에 한몫을 해낼 수 있을지도 모른다.

한편 신경이 쓰이는 것은 다음과 같은 화이트헤드(Alfred North Whitehead, 1861~1947)의 말이다. "철학의 역사는 플라톤에 붙인 일련의 각주(food notes)에 지나지 않는다." (김지원 역, 2004: 15; Brumbaugh & Lawrence, 1963: 10) 즉, "플라톤은 철학의 체계적 기초를 세운 철학의 창시자" (김지원 역, 2004: 27)였다는 평가이다. '교육철학' 은 원하든 원치 않든 '철학' 이라는 학문에 뿌리를 박고 성장해 왔다. 그렇다면 플라톤의 철학은 교육철학의 근간임에 분명하다. 심지어 플라톤의 철학은 그 자체가 교육철학이었다는 평가가 어색하지 않기도 하다. 이렇게 본다면 단절된 유산의 부담에서 완전히 자유로울 수 없는 플라톤의 철학 또는 교육철학이 이 연구에서 밝혀지는 결과에 의해서 '더 온전한 각주(脚註) 달기' 의 기회를 가질 수 있기를 바랄 뿐이다.

이 연구는' 전체-부분 간의 해석학적 기법' 을 따르는 해석학적 문헌연구이다. 여기서 '전체' 는 소위 연구의 가설(hypothesis)로 제시되는' 연역적 가정' 이며, '부분' 은 내용상에 등장하는 '논리적 관점' 이다. 즉, 연역적 가정과 논리적 관점 간의 지속적인 '해석학적 순환(hermeneutic circle or spiral)' 의 도식 속에서 우리의 연구 주제에 대한 더 명확한 이해(해석)에 접근하게 된다.

2. '단절된 유산 찾기' 의 조건

1) 첫 번째 난점과 이의 해제(解題)로서의 연역적 가정

플라톤에 의한 소크라테스의 단절된 유산 찾기를 목표하는 이 연구의 첫 번째 난점은 '소크라테스와 플라톤의 관계에 대한 이해' 에서 비롯된다. 주지하는 대로 소크라테스는 평생 동안 자기 스스로는 무엇인가를 글로 남긴 적이 없으며, —심지어는 과연 그가 당시의 실존 인물이었는지에 대해서도 아직도 많이 증거가 채택되었기는 하지만 사실은 지금도 거의 오리무중인 판국에—플라톤이 집필한 대화편에서 거의 대부분 '대화의 주인공' [11]을 맡고 있다. 그런데 바로 대화편에 기록된 말이 문제이다. 정말 이 기록은 플라톤이 소크라테스의 일거수일투족을—물론 그건 정말 어렵겠지만—완전 그대로 옮겨 놓은 것인지? 아니면 어느 정도는 소크라테스의 말이고 생각이고 행동이었겠지만, 어떤 것은 플라톤 자신의 생각을 보태 놓은 것은 아닌지? 아니면 심지어 말만 소크라테스가 하고 있지, 사실은 모든 것이 완전히 플라톤 자신의 자작극으로 모두 창작(허구)은 아닌지?[12]

지금까지 수많은 세월 동안 적지 않은 학자가 이러한 실재의 소크라테스, 즉 소위 '역사적 소크라테스' 찾기 논쟁에 가담해 왔다. 그러나 결과는 '해석이란 관점(觀點, perspective)' (이한구 역, 1982: 246)이며, 학자의 해석 관점의 차이에 따라 소위 '소크라테스-플라톤 관계 해석' 의 결과는 차별화될 수 있다. 물론 몇몇 관점은 후학에게도 상당한 공감대를 형성할 정도로 많은 동학(同學)을 만난 경우도 없지 않다. 이를

테면 플라톤의 직접 제자였던—물론 소크라테스 사후 15년에 태어났지만—아리스토텔레스는 플라톤이 (특히 중후기) 대화편에서 핵심테마로 등장하고 있는 '이데아론'[13]은 분명 소크라테스의 생각이 아니라 플라톤이 만들어 낸, 즉 창작해 낸 전혀 새로운 사상이었다고 증언했다.[14] 그러나 '창작품', '새로운 사상', 이러한 말은 과연 긍정적이기만 한가? 가장 가까운 시대에 그것도 자기의 스승 플라톤의 사상에 대한 언급이었으니 이 말에 대해서는 좀 더 신뢰감이 아니 간다고 할 수는 없다. 이렇게 본다면 아마 소위 '아리스토텔레스의 증언' 이후로 소크라테스에게서 단절된 유산에 대한 의심이 시작된 것이 아닌가 한다. 물론 아리스토텔레스는 '소크라테스에게서의 단절된 유산'에 대해서 직접 언급한 것은 아니다. 다만 그는 플라톤에 의해 수립된 '이데아론'에 대해서 언급한 것일 뿐이었다. 그렇다고 '이데아론'에 대한 비판이 가해짐으로써 플라톤의 창작에 대해서 아리스토텔레스는 반드시 긍정적이었다고 볼 수는 없다.[15] 심지어 왜 플라톤은 소크라테스를 그대로 계승하지 않았는가 하는 힐책도 숨어 있었다고 해석한다면 이는 물론 비약일 것이다. 그럼에도 불구하고 하여간 아리스토텔레스의 이러한 증언은 소위 '소크라테스-플라톤의 관계 해석'에서 더 나아가서 우리가 지금 목표하고 있는 '단절된 유산'에 대한 더 강한 관심과 호기심을 갖도록 하는 직간접의 기폭제가 되었음은 이론의 여지가 없을 것이다.

2) 두 번째 난점과 이의 해제를 위한 연역적 가정

이제 '소크라테스-플라톤의 관계' 해명을 통한' 단절된 유산 찾기'

를 위해서, 우리는 두 번째 난점을 만나게 된다. 소위 '단절된 유산' 을 찾아내는 '기준' 이 요청된다. 실제 지금까지 역사적으로 설왕설래했던 논쟁점의 포인트는 주로 '도대체 왜, 무엇 때문에' 또는 간혹 '어떻게' 플라톤이 소크라테스에게서 단절된 유산을 그대로 계승하는 대신 그대로 방치하거나 아니면 삭제하였는가 또 아니면 완전히 다른 길을 갔는가 하는 것에 대하여 그동안 제기된 의문에 대해서—물론 플라톤 자신에게는 어쩌면 청출어람(青出於藍)이라고도 할 수 있을지 모르겠지만—순전히 논리적 차원에서 그의 근거를 밝혀내는 식으로 진행하고자 한다. 다시 말해서 만약 논리적 모순점이나 다른 차원이 밝혀진다면, 이는 일단 소위' 단절' 로 간주될 것이다.[16)]

따라서 이 연구에서 또 하나의 가설(연역적 가정)로 수립되는 것은—동시에 이는 이 연구를 위한 두 번째 난점에 대한 해법으로서 제기되는 것인데—바로 소위 '단절된 유산' 으로서 추측되는 대목을 먼저 서술한다. 즉, 플라톤의 대화편 『소크라테스의 변론(*Apology*)』[17)]은 이러한 기준선으로 가장 적합하다. 따라서 이 연구는 플라톤이 최초로 썼다고 알려진 대화편 『소크라테스의 변론』 또는 『소크라테스의 자기변호』의 내용을 소위 '단절된 유산을 찾는 기준(준거)' 으로 제시한다. 이미 위에서 지적한 바대로 실제로 플라톤이 집필한 26/7권의 대화편에서는 그 속에 등장하는 소크라테스가 수많은 연구결과와 논쟁에도 불구하고[18)] 진짜 소크라테스, 즉 소위 '역사적 소크라테스' 인지 아니면 플라톤에 의해 목적적으로 차용된 소크라테스, 즉 '플라톤의 소크라테스' 인지가 보는 관점에 따라서는 헷갈리게 한다. 이로부터 소크라테스의 철학을 언급하는 데에는 항상 본질적인 문제점이 도사리고 있는 것이다. 실제의 소크라테스, 즉 '역사적 소크라테스'와 플라톤이 내세운 등장인물의 소크라테스가 다를 수 있다는 것이다. 지금까지 소크라테스는 서구철학사에 가장 강력한 영향력을 행사하고 있는 철학자임에도 불구하고 그의 본질적 모습에 대한 일치된 견해는 존재하지 않는다(박규철, 2003: 47). 그러나 역사상 많은 철학자가 이 문제를 다루었음에도 불구하고 만족할 만한 해결책은 없다(박규철, 2003: 15). 이것이 바로 '소크라테스 문제(Socratic problem/ W. Jaeger)'라 불리는 논의거리가 등장하게 되는 배경을 형성한다(박규철, 2003: 47). 따라서 플라톤이 쓴 대화편에서 어디까지가 소크라테스가 한 말이며, 어디서부터 플라톤이 그의 입을 빌려서 말하고 있는 것인가를 구별해 내는 문제는 소크라테스와 플라톤 연구의 큰 과제요 골칫덩이가 되고 있다(오인탁, 1996: 5). 그러나 『소크라테스의 변론』도 플라톤에 의해서 각색되었다고 보는 견해는 비교적 극소수에 불과하다.[19)]

"이 『소크라테스의 변론』의 내용이 어디까지가 역사적 진실인가가 문젯거리가 됨직하다. 그러나 이것이 쓰인 것은 소크라테스의 죽음과 그에 대한 재판이 사람들의 기억 속에 아직도 생생이 남아 있었을 때였을 것이니, 실제로 법정에 입회했던 사람 대부분이 아직도 생존해 있었던 때였다. 게다가 그 많은 대화편 속에서 플라톤이 자신의 이름을 들먹이고 있는 단 세 군데 중의 두 군데(34a, 38a)에서 자신의 법정 입회를 증언하고 있는 터다. 따라서 기본적인 변론 내용은 법정에서 한 그대로였을 것이라 보는 것은 옳은 일일 것이다."(박종현 역주, 2003: 85-86)

즉, 사형선고를 받는 현장에서 이에 대해 목숨을 담보로 마지막으로 자기 변론을 해야 하는 소크라테스의 최후의 모습을 각색할 만큼 플라톤이 강심장(?)을 가진 사나이라고 보는 의견은 거의 없다. 또한 만약 그가 스승을 추모하고 스승을 추억하고자 하고 심지어 스승의 억울한 죽음에 대해서 무언의 항변을 시작하고자 마음을 먹었다면 말을 보태고 빼고 굳이 그럴 필요가 없었으며 또한 그럴 수도 없었다는 의견이 지배적이다.

물론 이러한 기준설정은 이 연구의 제한점이기도 하다. 다만 플라톤의 모든 작품 중에서 가장 사실성(또는 진실성)에 가장 접근되어 있다고 평가되는 작품을 분석, 해석 그리고 비교의 기준(틀)으로 삼고자 할 뿐이다. 어쩌면 이는 이 연구에서 제시하는 하나의 관점일 수 있다. 따라서 이러한 우리의 연구가 완벽하게 수행하여 사실(진실)규명을 해낸다고 해도, 결국 이들은 우리가 세운 분석과 비교의 기준하에서만 사실이고 진실이다. 즉, 소크라테스의 변론이 완전히 소크라테스의 진실이라는 가성하에서만 진실이나. 물론 이 역시 분명히 연구의 한계점이다.

그렇다고 이러한 기준의 설정이 반드시 이 연구의 결론을 미리 암시하고 있는 것은 아니다. 왜냐하면 가설은 입증되지 않을 수도 있기 때문이다. 그러나 설령 논리적 입증이 석연치 않다고 하더라도, 이 글의 연구 결과가 미래 교육철학의 열린 담론 형성에—소크라테스의 교육(철학)방법의 차원에서만이라도—기여할 수 있다면 가치와 의미가 보태질 것이다.

『소크라테스 변론』의 요점은 모두 소크라테스가 비공식적으로는(실질적으로는) 많은 아테네인에게 퍼져 있는 뜬소문으로[20] 고발된 셈이고, 공식적으로는 몇몇 특정인에 의해서 직접 고소장에 쓰인 조목(항목)에 대해서 재판정에서 500명의 배심원(재판관)과 방청객(청중) 앞에서 행한 자기변론의 내용이다.[21] 공식적인 고소인의 대표로 되어 있는 멜레토스(Meletus)라는 사람은 소크라테스가 전혀 모르는 생소한 사람으로서 그가 소크라테스를 고소한 내용은 다음과 같다. “소크라테스는 젊은이를 타락시키고, 나라가 믿는 신을 믿지 않고, 다른 영적인 것, 즉 다이모니온(σαιμόγια, daimonia)을 믿음으로써 죄를 범하고 있다.” (Apologie, 24b & Memorabilia, I. 1.1.) 또한 소크라테스는 자신이 뜬소문에 의해 고발된 것은 자신이 마치 여느 소피스트처럼, 특히 프로타고라스처럼 “약한 주장을 강한 주장으로 만드는 자”(Apologie, 19c)로 간주되고 있기 때문이라고 설명했다. 그러나 소크라테스 자신도 『변론』에서 여러 차례 반복해서 자신은 정말 그런 자가 아니라고 주장한다(Apologie, 19c, 19d 참고). 한마디로 소크라테스는 당시 사회소요와 사회붕괴의 주범으로 등장한 소피스트와 다름이 없기 때문에 다른 소피스트와 마찬가지로 극형에 처해져야 한다는 것이 고발장의 요지였다. 이에 대해서 결국 소크라테스는 자신이 여느 소피스트와는 결코 무관하다는 것을 입증해야 했다. 그렇다면 우리 연구에서는 때때로 소피스트와는 차별화되어야 하는 소크라테스만의 독특한 행적도 추적해 보아야 할 것이다. 또한 플라톤 역시 소피스트와는 상극의 관계에 있었기 때문에 이는 ‘소크라테스-플라톤 관계 해석’에서도 큰 도움을 주게 될 것이다.

이제 우리는 선택된 기준, 즉 『소크라테스의 변론』의 내용을 다른 대화편과의 비교 분석 및 해석을 위한 기준으로 한다. 만약 이러한 기준에서 플라톤의 다른 대화편에 나오는 내용을 '논리적으로' 검토할 수 있다면, 우리는 학문적으로 소위 '단절된 유산'을 찾아낼 수 있는 기회를 획득할 수 있을 것이다. 물론 이 글에서는 단절된 유산 찾기를 위해 수많은 이슈 중에서 다음 세 영역에서 제한(制限)된 쟁점만을 다루고자 한다. 이는 이 연구의 또 하나의 제한점이다. 이 연구는 '소크라테스-플라톤의 관계' 속에서의 '영혼, 이성 및 교육'의 영역으로 쟁점을 제한한다. 이러한 쟁점의 선택 또는 제한의 근거는 본 연구자에게 『소크라테스의 변론』에서 가장 강조되는 핵심 이슈로 간주되기 때문이다. 물론 지면상의 제한도 있다. 과연 영혼, 이성 및 교육의 문제가 플라톤에게서는 어떻게 계승되고 발전되고 있는가? 이는 소크라테스의 논박법이 오늘날 지배적인 주입식교육의 현장에서 소외 또는 삭제 또는 단절된 유산으로 남아 있을 수밖에 없다는 사실에 대한 논리적 정당성을 부여하게 될 것이다.

3. 단절된 유산 찾기를 위해 선택된 쟁점: 영혼, 이성 및 교육

1) 소크라테스의 발견: 영혼

이미 언급한 대로 소크라테스가 기소된 죄목의 내용(enklēma)은 크게 두 가지로 나뉠 수 있다. 그 하나는 소크라테스가 청소년을 타락시킨 혐의이고 다른 하나는 그가 '무신론자'[22]였다는 것이다. 또한 기소를 위한 원고의 진술서(antōmosia)에서, 고소인은 "죄인 소크라테스는 계속 주제넘은 짓을 하고 있는데, 이는 땅 밑과 하늘 위에 있는 것을 탐구하면서, 약한 주장을 더 강한 주장으로 만들고 있으며, 또한 이를 다른 젊은이에게 가르치고 있다는 사실입니다. 구형은 '사형'(Apologie, 19b-c)이라고 기소하고 있다. 이러한 고소내용은 한마디로 소크라테스가 여느 소피스트와 다름이 없다는 뜻이다. 일단 무신론자로서 고소된 이상 소크라테스는 자신이 결코 무신론자가 아님을 강변한다(Apologie, 26cff.). 고소인 자격으로 출정한 멜레토스와의 법정공방으로 벌어진 이들 간의 대화 속에서 멜레토스는 소크라테스가 어떤 다른 신을 믿는 것이라기보다는 "전혀 신을 받아들이지 않는 무신론자"라고 말을 바꾸고 말았다. "나는 지금 선생(소크라테스)께서는 전혀 신을 믿지 않는다고 말하고 있습니다."(Apology, 26c) 이는 처음에 고소장에서 다이모니온이라는 소크라테스만의 소위 이단적 신앙을 문제 삼았던 태도와는 다른 태도변화였다. 결국 이 부분에 대한 소크라테스의 논박에 대해서 멜레토스는 별다른 반론을 제기할 수 없었던 것이다(Apologie, 27c-e). 그럼에도 불구하고 소크라테스는 "멜레토스, 나는 그대를 어쨌든 신뢰할 수 없소."(Apologie, 26e)라고 응수한다.

그러나 소크라테스는 『변론』에서는 자신이 분명히 아폴론 신을 믿고 있으며, 또한 그를 충실히 따르고 있다는 직접적인 대답을 하지는 않는다.[23] 따라서 여전히 의심은 남게 되는데, 그 이유는 『변론』에서 말한 부분으로 어느 정도 암시가 되고 있다. "만약 훌륭한 점이 있다면, 그것이 신이든지 인간이든지 불복하는 것은 나쁘고 수치스러운 일이라고 알고 있습니다."(Apologie, 29b) 물론 소크라테스는 이런 말을 하고 있기는 하다. "아테네 시민 여러분! 저는 여러분을 진심으로 사랑

합니다. 그러나 저는 여러분보다는 오히려 신께 복종하고자 합니다." (Apology, 29d) 그리고 『변론』의 맨 마지막 구절에서도 부연 강조된다. "이제 저는 죽음을 향해 가고, 여러분은 더 살아야 하니까 이제 그만 우리는 헤어질 시간입니다. 그러나 누가 옳은 길을 가는지는 신을 빼고 우리는 모르는 일입니다." (Apologie, 42a) 그 신이 누구인지는 명확하지 않지만, 하여간 신에 복종하겠다는 것이 그의 분명한 신앙이었다.

> "저는 그 사람에게 질문을 해대고 캐묻고 하면서 심문을 할 것입니다. 만약에 그가 사람으로서의 훌륭함 덕(aretē) 을 지니지도 않았으면서도 마치 그런 것처럼 주장을 한다면, 저는 그가 가장 값진 것을 가장 경시하면서 오히려 하찮은 것을 더 중요시한다고 나무랄 것입니다…. 이는 신이 지시하는 것이라는 사실을 잘 알기 바랍니다. 그리고 저는 신에 대해서 이보다 더 큰 봉사가 일찍이 이 나라에서는 없었다고 생각하는 바입니다…." (Apologie, 29e-30a)

그런데 여기서 소크라테스는 청중에게 오해의 소지가 남을지도 모를 석연치 않는 말을 덧붙인다. 바로 다이모니온에 대한 부연설명이다. 이 부분은 위에서 언급한 대로 이미 적당한 선에서 멜레토스를 설복시킨 부분(Apologie, 27c-e)인데도 불구하고—멜레토스가 다시 물고 늘어지는 것도 아니고 배심원들이 묻는 것도 아니기 때문에, 그냥 슬쩍 넘어가도 될 법한 부분인데도 불구하고—다시 끄집어내서 배심원과 시민(청중)에게 자신만의 고유한' 영(혼)적인 것' , 즉 다이모니온에 대해서 좀 더 온전한 이해를 구하고자 한 것은 무슨 심사였을까? 아마 소크라테스는 자신에게 평생 이보다 더 중요한 문제는 없다는 생각 때문이었을 것이며, 이는 소위 자신만의 '양심의 소리'로 간직하고 있었던 다이모니온에 대한 마지막 예의(?)가 아니었을까 한다.

"제가 돌아다니면서 이런 것을 조언하고, 참견도 하고… 아마도 이상한 일로 여겨질 수도 있습니다. 그러나 이는… 일종의 신적인 넋이며 영적인 것이 제게 나타난다는 사실인데, 이것이 바로 멜레토스가 공소장에서 조롱하듯 기소한 내용이지요…. 이 영적인 것은 제가 어렸을 때부터 들어 왔던 일종의 (영혼의) 소리로서 이것이 나타날 때는 항상 하지 말라고 말리지, 결코 하라고는 하지 않지요."(Apologie, 31c)

여기서 신적인 것과 영적인 것, 즉 다이모니온이 소크라테스에게는 동일한 것으로 나타난다. 그런데 영적인 것에 대한 이야기는 『변론』 40b에 한 번 더 나온다.

"제게 익숙한 영적인 것의 예언은 언제나 제가 무엇인가 잘못할 것 같으면 아주 사소한 경우에도 하지 말라고 반대를 하는 것이었습니다. 그런데 지금과 같이 누가 생각하기에도 나에게는 가장 나쁜 일(사형)이 일어나고 있는데도 그 신의 경고는 반대를 하고 있지 않으니… 이는 아마 좋은 일인 듯하고, 제가 죽는 것을 나쁜 것으로 생각하시는 분은 아마 옳게 생각하는 것이 아닌 듯합니다."(Apologie, 40b)

결국 소크라테스는 신(神)적인 것과 영(靈)적인 것을 동일시하였던 것이다. 그에게는 영혼의 목소리에 귀를 기울이는 것과 신의 명령에 충실한 것은 똑같은 것이었다. 결국 이는 인간의 영혼과 신의 세계는 하나일 수 있다는 의미로 해석된다. 따지고 보면 당시 델포이 신들도 영웅이—이성적이며 동시에 종교적이기 때문에—신격화된 반신반인(半神半人, hēmitheos)의 형상을 포함한다. 이는 나중에 나오는 기독교 유일신 사상과는 차이가 있다.[24] 이렇게 본다면 소크라테스의 발견은 결코 델포이 신전의 논리와도 어긋나는 것이라고 할 수 없다. 결국 소크라테스는 자신이 다이모니온의 목소리에 귀를 기울임으로써 이성과 종교성의 결합 또는 이성과 종교의 미묘한 상태, 즉 무지(無知)와 지(知) 사이를 왔다 갔다 하는 상태에 있었음을 암시한 듯하다.

> "소크라테스는 이성의 필연적 법칙에 따라 세계를 이해하는 철저한 이성적인 인간임과 동시에 신적인 명령과 섭리에 근거해 말하고 행동하는 경건한 종교적 인간이다. 그는 이성적이면서도 종교적인 양극성의 인물이다. 그런데도 그는 자신의 지혜와 도덕직 실천 속에서 그것을 조화시키고 있다."(박규철, 2003: 100)

중요한 것은 인간에게 천부적으로 주어진 영혼의 영역이 신적 영역과 합일될 수 있다는 사실이다.[25] 예를 들면, 소크라테스는 영혼을 보호해야 한다는 것을, 신의 계명에 충실한 자신의 최대 사명으로 간주했다. 역으로 소크라테스가 신을 철저하게 신봉했던 것은 '영혼보호(Seelsorge)' 를 위한 자신의 사명이었다(Jaeger, 1944: 95). 소크라테스에게 중요한 것은 전문지식이나 진리를 단순히 규정하는 것이라기보다는 진리를 함유하고 있는 '영혼을 보호하고 각성시키는 것' 이었다. 왜냐하면 그에게서 영혼보호와 영혼각성이 바로 영혼의 목소리(Daimonion)를 듣기 위한 유일한 길이었기 때문이다. 또한 이러한 일이야말로 바로 자신이 신의 명령에 충실히 따르는 이성적 방법이라고 여겼던 것이다. 즉, 소크라테스에게서 이성이란 양심의 소리에 따라서 신의 명령을 충실히 수행(mission)하는 과정에서 확인된다. 소크라테스가 강조하는 다이모니온에 의한 신적 계시라는 언급은 '신앙과 이성' 이라는 중세의 복잡한 형이상학적 논의를 연상시킬 수 있다(박규철, 2003: 89). 이러한 의미에서 우리는 소크라테스를 이성의 필연적 법칙에 따라 세계를 이해하는 철저한 '이성중심주의자' 인 동시에, 신의 명령과 섭리에 의지해서 말하고 실천하는 경건한 '종교주의자' 로 보게 되는 것이다.[26] 즉, 그는 이성적이면서도 동시에 신에 대한 경건함을 가지는 양극성의 인물이다(Kahn, 1996: 89). 결국 소크라테스에게서 '이성과 종교성의 문제' 는 인간에게 부여된 '영혼의 문제' 로 귀결된다. 즉, 인간에게 천부적으로 부여되는 이성과 종교성의 문제는 바로 영혼 속에서 합일된다. 바로 이 부분이 제자 플라톤에 의해서 계승된다.[27]

2) 플라톤에 의한 계승과 단절: 영혼과 이성

소크라테스의 최대 업적은 영혼의 발견이다(이종훈 역, 1995: 97). 이는 소크라테스와 소피스트의 결정적 차이점이기도 하다.[28] 영혼이란 악에서 선을 구별해 내어 알 수 있고, 선한 것만을 언제나 확실하게 선택할 수 있는 통찰 능력의 터전이다(이종훈 역, 1995: 98). 플라톤은 분명 스승 소크라테스의 이러한 업적을 그대로 계승한다. 즉, 스승 소크라테스와 마찬가지로 플라톤은 인간의 영혼을 내적 삶의 능력으로 간주했다(김안중 역, 1989: 18).

따라서 플라톤은 본격적으로 스승 소크라테스의 유산인 '영혼'의 본질을 더 잘 파악하기 위해서 영혼을 기능별로 분해하고 분석하기로 했다. 이러한 노력 끝에 그는 인간의 영혼을 기능별로 나눌 수 있게 되는데, 첫째, 영혼은 인간에게 욕망을 절제하게 하고, 둘째, 기백을 발휘하도록 하고, 셋째, 지혜를 사용하도록 한다는 결론을 얻게 된다.

한편 플라톤은 인간의 영혼이란 생기자마자 타락하기 시작한다는 생각을 하게 된다. 왜냐하면 플라톤은 스승 소크라테스가 평생 동안 영혼보호(Seelsorge)와 영혼각성(Erweckung der seele)에 대해서 주력한 것은, 영혼의 타락을 걱정했기 때문이라고 믿었기 때문이다. 즉, 인간은 영혼을 그냥 방치하고 보호하지도 않고 심지어 영혼의 존재성을 자각(각성)하지 않으면, 영혼에는 항상 문제가 발생한다. 그렇다면 결국 영혼은 애초에는, 즉 선천적으로 또는 선험적으로 완전하다는 의미가 된다.

"인간의 영혼은 형상(이데아)의 세계에 머물고 있을 때 모든 이데아를 알고 있었다. 하지만 이 세상에서 인간의 육신과 함께 태어나는 순간부터 영혼이 알고 있었던 모든 것을 망각하게 되었다. 이런 이유로 인간이 인식을 한다는 것은 지금은 잊어버렸지만 과거에는 알고 있었던 이데아에 대한 기억을 되찾는 것, 즉 현세의 현상계에 대한 지식과 경험에서 영혼이 '상기(reminiscence, 想起)'에 의해서 이성을 통하여 형상계로 나아감으로써 가능해진다고 보았다. 그리고 이것은 '인간이 현상의 세계를 벗어나 형상의 세계로 나아갈 수 있는 유일한 통로' (Phaidros, 249b-c)이 기도 하였다."(이명준, 2001: 91)

결국 '이성(理性)'의 능력을 통하지 않고는 영혼은 보호되지도 각성되지도 않는다. 그러나 이러한 논리는 플라톤이 소크라테스가 처형된 후 시칠리아 여행에서 만난 피타고라스학파와의 조우에서 받은 영향에서 비롯되었다. 피타고라스학파는 영혼불멸성과 윤회를 믿었고, 자연은 수학적 질서의 지배를 받는다는 믿음을 가지고 있었다(김지원 역, 2004: 22). 수(數)가 지배하는 세계에서는 영혼과 육체가 구분 되어야 하며, 조화와 부조화 그리고 선과 악의 구분도 필요하다(임태평, 1997: 33). 왜냐하면 추상, 즉 안 보이는 비물질적인 수(數)가 지배하는 세상에서 구상적인 것인 물질적인 것은 결국 추상적인 것(數)을 만날 때 비로소 완전해지기 때문이다. 우주의 지배자가 수라는 추상이라면, 인간의 세계에게는 바로 이에 해당하는 것이 '이성(理性)'이다. 그렇다면 인간의 삶에서 이성은 유일한 지배자이며 규제자가 된다. 이성은 육체를 지배하기 때문에 육체 속에서 '항시 꿈틀거리고 있는 영혼'[29]은 반드시 이성의 지배를 받을 수밖에 없다. 그렇지 않으면 영혼은 '타락하거나 부패되어'[30] 결국 보호받지 못하기 때문이다. 심지어 그는 인간의 영혼의 세 가지 기능인 욕망, 기백, 이성 중에서 특히 이성의 기능을 통하여 선(善)의 이데아를 알게 된다고 보았다(이명준, 2001: 46). 더 나아가 그는 이성의 통제 없이 무절제한 기백이나 욕망에 따라 가기만 해서는 참된 개인적 정의도 이룰 수 없다고 보았다(이명준, 2001: 46). 이러한 사상은 헤라클레이토스의 '판타레이(panta rei)', 즉 '만물유전론'의 영향을 받기도 한 것이다. 즉, 플라톤은 헤라클레이토스에게서 '만물은 유전한다.' 는 논리를 이어받았다. 그러나 이러한 변화의 논리가 플라톤에게서는 헤시오도스의 비관적 발전논리가 적용됨으로써 "세상 만물이란 계속해서 부패하고 타락할 수밖에 없다."라는 논리로 변한다(이한구 역, 1982: 68). 처음에는 온전한 것도 모두 시간이 지나면서 변질되고 마는데, 이를 통제할 그 무엇인가가 요청되는 것이다. 그런데 플라톤은 여기서 멈추지 않는다. 바로 이러한 헤라클레이토스의 논리에 피타고라스의 논리를 결부시킨 것이다. 마지막으로 플라톤은 파르메니데스의 존재론을 통하여 변화하지 않는 초월적인 그 무엇이 존재함을 인식함으로써 자신의 형이상학, 즉 '이데아론의 토대' 를 구축할 수 있었다.[31)]

> "피타고라스의 수에 관한 철학적 입장, 영혼불멸설, 헤라클레이토스의 변화의 철학, 파르메니데스의 존재(있음)에 관한 철학적 통찰은 플라톤의 형이상학의 형성에 많은 영향을 주었다. 특히 플라톤이 참으로 존재하는 세계는 물질적이거나 감관을 통해서 알려지는 것이 아니라, 시공간을 초월하는 정신적인 것에서 찾을 수 있다는 파르메니데스의 철학적 입장을 더욱 발전시켜 자신의 형이상학, 즉 형상론(Theory of Idea)의 근간으로 삼았음을 알 수 있다."(이명준, 2001: 76)

결국 플라톤에게서는 영혼을 통제하고 조절하는 것이 이성이고, 이성의 통제능력을 통하여 영혼은 제 기능을 발휘할 수 있게 된다는 논리가 수립된다.

그러나 플라톤이 인간의 영혼 자체를 분석하는 데에 한계를 가지게 된다. 왜냐하면 영혼은 육체처럼 완전히 해부하거나 눈으로 보고 체험해 볼 수 있는 대상도 아니며, 외부로부터 직접 파악될 수도 없기 때문이다. 따라서 그는 그 대신 인간의 구성체인 '사회' 를 분석하는 방식을 취한다(김안중 역, 1989: 18). 왜냐하면 직접 목격과 경험(체험)이 가능한 사회구조를 분석하고 해석해 보는 것이 좀 더 구체적이고 현실적이기 때문이다. 인간에게 영혼이 존재하고 이들 영혼을 가진 인간 개개인이 제대로 기능을 한다고 가정하면, 인간의 구성체인 사회 역시 같은 원리로 움직일 것이다. 결국 볼 수 없는 인간의 내면구조 대신 볼 수 있는 인간의 외면 구조, 즉 사회를 보려고 한 것이다. 그런데 플라톤에게 분석의 대상이 된 사회조직의 극단이 바로 '국가' 였다.[32)]

> "국가라는 커다란 테두리 속에서는, 인간의 본성의 은밀하고 미묘한 요소들이 겉으로 표출되어 가시적인 모양을 취하고 있기 때문에, 관찰자는 이것을 착오 없이 볼 수 있게 되는 것이다. 따라서 인간의 삶에 대한 연구가 성공하려면 우리는 바깥쪽에서 안쪽으로 파고 들어가야 한다."
> (김안중 역, 1989: 18)

또한 플라톤이 생각하는 국가는 바로 이데아로서의' 이상국가' [33)]였다. 그런데 인간에게 영혼은 선천적이기 때문에[34)] 국가 역시 선천적일 수밖에 없다. 왜냐하면 플라톤에게 국가는 곧 영혼이기 때문이다(오인탁, 1996: 73). 결국 국가는 선천적인 인간의 영혼이 모여서 이루어진 구성체인 국가는 이데아로서의 이상국가일 수밖에 없다. 이렇게 하여 플라톤이 구상한 이상국가는 내적 질서와 외적 질서가, 인간 개개인의 정신과 영혼이, 사회와 국가의 공동체 생활의 질서가 하나이며 동일한 로고스 법칙에 의하여 체계적으로 조직되고 유지되는 국가라고 할 수 있다(오인탁, 1996: 49). 중요한 것은 바로 이러한 국가에 별다른 보호기제나 규제조건 등을 가지고 있지 않다면, 타락하고 부패하게 된다는 사실이다. 결국 선천적인 이상국가가 이데아의 세계로서 요청되는 것이며, 이를 보호하고 자각하기 또는 '상기(想起)하기'[35] 위해서, 우리는 인간 개개인에게 어쩔 수 없이 '교육'을 필요로 하게 되는 것이다. 여기서 교육은 사회(국가)와 개인에게 영혼보호 기제이며, 동시에 삶의 규제조건이다. 따라서 플라톤은 이상국가를 보존하기 위해서 교육이라는 수단에 적극 의지할 수밖에 없게 된다.

> "플라톤의 형이상학은 영혼불멸, '있음'으로서의 존재와 참으로 존재하지 않지만 시간과 공간 속에 존재하는 현상 그리고 영혼의 정화사상이 하나의 체계 속에서 창조적으로 종합화된 철학이라고 할 수 있다. 플라톤은 이와 같은 자신의 형이상학에 근거하여 현상계(現象界, phenomena)의 변화를 인정하면서 형상계(形相界; noumena)의 존재와 질서에 근거한 이상 국가를 설립하려고 하였으며, 그것을 성취하기 위하여 교육이 필요하다고 보았다."(이명준, 2001: 76)

이것이 바로 플라톤의 『국가론』이 결국 '교육론'으로 다루어질 수밖에 없는 근본적인 이유였다.

3) 소크라테스와 플라톤에서의 교육논리

플라톤의 교육은 두 가지 목표를 가지고 있다. 그 하나는 영혼을 정화하는 것, 즉 가만히 놓아 두면 저절로 타락하고 부패하는 영혼을 다시 새롭게 갱신하는 것이며, 다른 하나는 영혼보호와 영혼각성을 통하여 궁극적으로는 정의(正義)의 두 차원—정의는 개인과 사회의 '행복'[36]을 보장하기 때문에—즉 개인적 정의(正義)와 사회적 정의(正義)를 동시에 달성하는 것이다.

> "개인의 정의는 각자 자신의 것을 하는 것에서 비롯된다. 달리 말하면, 개인의 정의는 각 개인이 사회에서 그 자신의 것을 가장 우수하게 실현할 때에 성취된다. 이것은 두 가지 의미를 함축하는 것으로 볼 수 있다. 먼저 자신의 것은 개인적 차원에서 보면 자신의 재능을 발견하고 개발하는 것이고, 사회적 차원에서 보면 그 능력에 합당한 일 또는 임무를 사회에서 찾아내어 잘해 내는 것이다. 여기서 알 수 있는 바와 같이 플라톤이 개인적 정의를 논하더라도 그것은 언제나 사회적 차원을 고려하는 한에서 개인적 정의를 의미하는 것임을 알 수 있다."(이명준, 2001: 20-21)

한마디로 개인적 정의와 사회적 정의는 수평적-수직적 차원에서 합일되는 정의가 된다. 즉, 개인의 차원에서는 지혜, 용기, 절제의 각 영혼이 이성 속에서 수평적 조화와 균형을 찾으면서 합일되고, 사회적(국가적) 정의는 수직적 사회계급구조의 차원, 즉 절제의 영혼적 기능이 요청되는 천민, 용기의 영혼적 기능이 요청되는 무사, 지혜의 영혼적 기능이 요청되는 왕의 계급이 자신의 자리에서 조화롭고 균형 있게 자기에게 부여된 기능과 역할을 수행함으로써 이루어진다. 그런데 중요한 것은 이러한 개인적-사회적 차원의 정의가 우선 개인에게 천부적으로 부여된 영혼의 세 가지 기능을 조화롭고 균형 있게 교육함으로써 달성된다는 사실이다.[37] 왜냐하면 교육의 대상이 될 수 있는 개인(인간)의 영혼이 곧 국가 및 사회의 영혼이기 때문이다. 결국 교육은 이미 기능별로 분류된 영혼의 조화와 균형의 회복을 목표한다. 왜냐하면 교육의 궁극적인 목적은 결국 개인적이며 동시에 국가 사회적인 차원의 정의를 구현하는 것이기 때문이다.

한편 여기서 이러한 플라톤의 '조화와 균형의 사상' 역시 피타고라스학파의 영향이다.

"피타고라스는 '자연'이라는 대우주(macrocosm)에서 인간의 영혼과 육체라는 소우주(microcosm)로 방향을 전환하여 육체의 아름다움, 체력 그리고 건강한 그 육체의 완전함은 물질적 요소의 조화에 달려 있다고 파악했다. 피타고라스 시대 이래로 그리스 의술의 이론과 실제 치료는 대부분 '병의 치료는 질병에 의해 혼란된 조화 또는 균형을 회복하는 것'이라는 원리에 의해 지배되었다. 이와 동일한 원리가 영혼의 탁월함 또는 덕(德)에도 적용되었다. 왜냐하면 영혼의 건강은 지나침과 모자람이라는 결합에 의해 질서가 파괴되었기 때문이다. 영혼을 온전하게 한다는 것은 인간의 코스모스에서 조화를 회복하는 것이다. 열정과 육체적 욕망의 무질서한 활동들은 바로 '절제(sophrosyne)', 즉 조절, 자기통제, 올바른 심성, 지혜 속에서 조절되고 조정되어야 할 필요가 있다."(이종훈 역, 1995: 126-127)

결국 우리는 조화로운 영혼을 위해서는 아직 부패되지 않고 타락하지 않았으며 본래부터 정의의 세계에 깃들어 잠자고 있는 영혼을 지속적으로 '상기(reminiscence)' 하면서 소크라테스의 영혼보호 및 영혼각성을 위하여 영혼을 원래의 이데아와 형상으로 지켜 내야 하는 것이다. 이를 위해 절대적으로 요청되는 것이 바로 '이성' 의 개념이다. 즉, 이성의 능력이 없다면 영혼은 원래의 위치를 찾지 못하고 계속해서 타락하고 부패할 것이다. 이렇게 본다면 교육은 삶의 정의로운 규제자인' 이성' 을 제대로 교육시키는 것, 소위 '이성교육' 으로 모아진다. 심지어 인간의 이성을 잘 교육시키면 개인의 영혼뿐만 아니라 국가라는 영혼도 정화되고 잘 보호되는 것이며, 이로써 개인적으로나 국가적으로나 삶은 다시금' 정의(正義)' 로워지는 것이다. 즉, 영혼의 모든 구성요소는 서로 '관계의 법칙' 에 들어 있다(Peters, 1982: 89).

이로써 우리는 플라톤에게 있어서 교육은 우선 개인의 이성을 목표하지만, 궁극적으로는 국가-사회적 차원의 이성을 목표하게 된다. 이는 플라톤이 "국가가 곧 개인이다."라는 논리적 귀결을 근거로 하여, 국가가—물론 이데아로서의 선험적 이상 국가를 말하지만—바로 개인의 영혼을 규제할 수 있는 최적자(最高適者)임을 암시하게 된다.[38]

"국가는 명실공이 개인 영혼의 확대판으로서 아이가 성장하고 완전하고 충만한 성인의 삶을 살게 되는 것은 오로지 국가의 정신 속으로 들어옴으로써…. 그러나 교육의 영향은 그 교육을 받는 개인에게만 작용하는 것이 아니다. 사회를 구성하고 있는 개인의 영혼을 형성해 주는 교육은 사회 그 자체의 성격에 불가피하게 영향을 미친다."(이홍우 외 역: 1996: 55)

이 때문에 플라톤은 『국가』에서 정의(正義)를 최고의 이념으로 하는 완전한 국가가 창출될 수 있는가를 보이고자 하였다(이홍우 외 역, 1996: 51). 그런데 정의의 아레테(aretē)를 실현하는 이상국가(理想國家)는 신분계급사회라는 현실 속에서 각자에게 부여된 사회적 기능과 역할을 담당하게 되는 인간의 세 계급의 구성과도 꼭 일치하고 있다. 즉, 첫째가 통치자 계급이고, 둘째가 무사 계급이며, 셋째가 생산자 계급이다.[39] 플라톤에 의하면, 국가 안의 모든 계층은 그 자체의 덕(德, aretē), 즉 일반 시민은 절제, 군인은 용기, 통치자는 지혜를 가지고 있으며, 그 각각은 영혼의 근본적 속성 중에서 어떤 특별한 것이 두드러지게 발달한 경우를 나타낸다(이홍우 외 역, 1996: 55).

> "플라톤은 육체적, 도덕적 건강을 증진시키는 방법으로 균형 잡히고 조화로운 사회를 만들어 보려 했다. 플라톤은 국가와 개인이 밀접한 관계를 맺고 있다고 생각했다. 정의롭고 건강한 국가는 정의롭고 건강한 개인의 거울이며, 반대로 정의롭고 건강한 개인은 정의롭고 건강한 국가의 반증이다. 그러므로 불완전한 국가와 영혼의 다양한 요소 사이에도 깊은 유사성이 있다. 플라톤은 아테네뿐만 아니라 다른 사회의 부족함을 너무 잘 알고 있었기 때문에 훌륭한 도덕성과 건강한 신체를 위한 교육을 중요시했다."(김지원 역, 2004: 136)

역으로 정의로운 삶을 위해 교육이 요청되는데 이를 위해 교육은 반드시 조화로움을 추구해야 한다.[40] 왜냐하면 불균형하고 조화롭지 못한 영혼은 항상 위험에 빠질 수 있기 때문이다. 물론 이때 영혼의 조정

자는 이미 언급되었듯이 '이성' 이다.[41)]

"이성이 지배하는 건강한 영혼은 정의로운 영혼이다. 마찬가지로 사회정의는 계급 사이의 조화로운 관계가 이뤄질 때 실현된다. 사람의 영혼에 있는 서로 다른 요소가 조화를 이룰 때 개인도 정의롭다. 플라톤은 정의로운 영혼과 건강한 영혼을 연결시킨다. 정의롭다는 것은 육체나 정신이 평온하고 건강한 것을 말한다."(김지원 역, 2004: 110)

결국 플라톤 교육의 궁극적 지향점은 영혼의 세 가지 기능인 물질적 욕망에 대한 절제, 시민을 보호하고 그들의 안전을 확보하려는 의지로서의 용기, 욕망과 의지를 통제하는 이성인 지혜가 서로 상충하지 않고 균형과 조화를 이루는 교육, 즉 인성교육이면서 동시에 도덕교육이다(이명준, 2001: 97). 그러나 달리 말하면 플라톤은 교육적 관점에서 인간 개개인의 능력은 모두 같지도 않으며 모두 다 무한하지도 않다고 보았던 셈이다.

"어떤 사람은 그 사회를 통치할 수 있는 능력인 금의 영혼, 어떤 사람은 그들을 도와주고 국가를 수호하는 능력인 은의 영혼, 어떤 사람은 농사를 짓는 생산에 적절한 철의 영혼, 어떤 사람은 생활에 필요한 물품을 만드는 청동의 영혼을 가지고 태어난다. 이처럼 영혼이 다름에도 불구하고 같은 도시국가에 사는 사람은 그의 타고난 능력에 관계없이 모두가 형제이다(Politeia, 415a-c). 플라톤은 인간의 능력이 이처럼 각기 다르기 때문에 그에 합당한 교육을 받고, 각각의 능력에 따라 개인의 영혼을 최

대한 발달시키면 그것이 곧 덕(arete, virtue, excellence)이 된다고 보았다. 이 점에서 그는 인간의 능력을 다른 무엇보다도 중시하는 능력주의(meritocracy)를 지지한다." (이명준, 2001: 95-96)

이제 플라톤에게서는 개개인의 영혼 특성에 적합한 교육을 통하여 정의의 아레테가 실현됨으로써 궁극적으로는 이상국가(理想國家)가 가능해진다.[42] 다시 말하면, 플라톤은 대화편 『국가』에서 이들 계급의 교육 목적이 사회 각 계급에 맞는 개인적 능력과 자격을 발전시키는 데 있으며, 교육목적은 재능과 신분에 따라 제각각 기능과 역할이 모두 다르다는 점을 강조했다.[43] 인간은 각자 서로 서로 닮지 않았을 뿐 아니라 천부적으로도 달라서 각자는 제각각 다른 일을 하기에 적합하다(Politeia, 370ab). 정의란 인간과 인간이 모여서 일종의 계약관계를 형성하고 여러 가지 생업에 종사하며 함께 생활공동체를 이루어 교제하고 서로 필요한 것을 나누어 쓰는 곳에서 문제가 된다(오인탁, 1996: 76). 이를테면 플라톤은 직공으로 가장 적합한 자가 직공으로 훈련될 때, 군인으로 가장 적합한 자가 직업군인으로 훈련될 때, 그리고 공공 부분에 가장 적합한 자가 직업적인 국가의 통치자로 훈련될 때 국가에는 가장 훌륭한 정의가 생겨날 것이라고 믿었다(Wilds, 194: 105). 따라서 정의란 각자가 자기가 맡은 일에 충실하고 다른 것에는 관여하지 않는 것이다(Politeia, 433a). 쉽게 말하면 '각자 자신의 것을 함' (Politeia, 443c-e)이다. 결국 플라톤은 개개인이 자기 역할을 제대로 수행할 때 국가상이 정의롭게 실현될 것이라 믿었다(김지원 역, 2004: 109). 플라톤은 프시케, 즉 영혼의 세 요소가 '각자의 자리를 아는 것' , 그것이 바로 정의라고 결론을 내린다(김지원 역, 2004: 110).

결국 정의란 삶의 다른 부분을 통제하는 원리가 된다(김안중 역, 1989: 169). 이렇게 하여 플라톤에게는 철인(지혜인)으로 교육받은 자(철인왕)가 통치하는 그런 정의로운 이상국가가 그려지는 것이기도 하다. 다시 말하면, 플라톤은 인간의 영혼의 능력이 감각의 단계인 의견(doxa)과 신념을 거쳐서 진리(episteme)의 단계로 나아가기 위하여 교육을 받아야 한다고 보았다(이명준, 2001: 98). 즉, 이는 모든 개인에게 정의를 가르치는 국가 관리 체제의 교육(공교육)으로 귀결된다.[44]

이를 교육의 프로세스라는 차원에서 본다면, 플라톤에게서 교육은 단계에서 단계로 올라가는 교육의 형식이 수립되게 된다.

> "플라톤에게서 인식의 네 단계를 거쳐야 비로소 교육이 가능한 것인데, 신의 명령에만 따르면 되고 관습을 무비판적으로 받아들이는 허상의 단계(eikasia)에서 비판적 사고력과 의심을 통해 올바른 믿음을 가지려는 통념의 단계(pistia)로, 그러고 나서는 논리와 추론을 통해 논증적 사고를 하고 추상적이며 보편적인 개념을 깨우치는 사고의 단계(dianoia)로, 그러고 나서 이를 넘어 결국은 지식의 구조 전체를 지각하고 이해할 수 있는 지식과 지성을 갖추게 되는 철학의 단계(episteme, noesis)로 들어간다."(김지원 역, 2004: 130-132)

그러나 스승 소크라테스에게 교육이란 제자 플라톤과 마찬가지로 한 단계에서 다른 단계로 올라갈 수 있는 그러한 단계별-영역별 가르침이 아니었다.

"(소크라테스에게) 교육은 가르침이 아니다. 즉, 교육이란 영혼의 눈을 뜨게 하는 것이며, 편견에 의해 일그러진 안개 장막에서 그리고 실제로는 타인을 통해 간접적으로 입수한, 단지 의견에 불과한 지식의 독단에서 영혼의 통찰력을 정화하는 것이다."(이종훈 역, 1995: 94)

처음에는 '어렴풋한 뿌연 형태'로 나타나는 전체적 삶으로서의 영혼이 순환적으로 계속 '상기' 되면서, 시간이 갈수록 점점 더 '좀 더 명확한 형태'로 드러나는 것이다. 따라서 소크라테스에게는 항상 지속되는 '대화'[45]가 중요한 것이다.

"소크라테스는 항상 대화자의 영혼을 개선하려는 의도를 가지고 있었다…. 소크라테스의 말이 다른 사람의 영혼에 어떤 영향을 주고 있는가를 살펴보는 것이 그의 교육관을 이해하는 길이라고 생각한다."(성기산, 1999: 136-137)

즉, '대화'[46]가 바로 개인에게 전체로서의 영혼을 점점 명확하게 상기시키는—소크라테스의 표현에 의하면, 영혼보호와 영혼각성의—촉매재인 것이다. 이렇게 해서 선천적인 영혼이 보호되고 정화되는 것이지, 한 단계씩 올라가는 교육을 통해서 영혼이 보호되고 정화되는 것은 아니다. 영혼은 이미 우리 안에 온전한 형태(form), 즉 이데아(Idea)로 존재하는 것이고, 우리 인간은 오로지 이를 '상기' 해 낼 수 있을 뿐이다.[47] 물론 플라톤은 동굴의 비유에서도 교육의 본질은 '영혼을 위한 염려'로 파악하고, 교육의 과제를 영혼의 전환으로 확인하고 있다

(오인탁, 1996: 77). 그러나 플라톤의 유명한 '동굴의 비유'[48] 역시 인간이 파이데아아의 일정한 질서에 따라서 지식의 상이한 단계에 이르는 길을 그리고 있다(오인탁, 1996: 71).

또한 소크라테스는 법정에서도 '배심원 여러분' 이라는 호칭 대신 '존경하는 아테네의 시민 여러분' 하면서 자기 변론을 하는 것으로 보아, 자신은 진정한 아테네 시민이며 아테네의 대표적 신인 아폴론의 충복이라는 것을 천명하고 있지만(Apologie, 29d),[49] 결코 개인의 영혼이 국가(polis)를 위해 봉사하거나 이를 위한 기반이 되어야 한다고 여겼다고 추론하기는 쉽지 않다. 즉, 소크라테스에게 신은 항상 마음속에 있는 것이었으며, 결코 신과 국가의 상관관계에 대해서 정확한 언급을 한 적은 없다.

물론 소크라테스에게도—당시는 소피스트에 의해 어지러웠던 사회였기 때문에 플라톤에게서처럼—당시 국가(polis)의 위기는 개인의 위기임에 분명하였다.[50] 그렇다고 해서 소크라테스는 『변론』에서 이상국가가 설령 도래한다고 해도, 그것이 개인의 영혼을 보호할 수 있는 기재라고 주장한 적은 없다. 심지어 줄곧 대화의 상대방인 개개인에게' 영혼의 각성' 만을 외치고 돌아다니는 소크라테스에게 '개인=국가' 라는 소위 '영혼동격' 의 도식은 정당하지 못한 비약일 수 있으며, 논리적인 상관관계도 희박하다고 할 수 있다.

"(특히) 소크라테스의 다이모니온(영혼)은 그의 제자 플라톤에 의하여 제대로 이해되지 않았고 인정을 받지 못하였다…. 그리하여 소크라테스의 진리는 그의 제자 플라톤의 해명을 통하여 밝혀지기보다는 오히려 어

둠 속에 잠겼다.” (오인탁, 1994: 96)

이렇게 본다면, 플라톤의 이데아론은 소크라테스를 한 걸음 비켜 넘어섰다는 비판에 직면할 수 있다. 결국 아폴론 신의 충복을 자처했던—비록 다이모니온이라는 이성적이면서도 동시에 종교적인 목소리의 성격을 가진 소크라테스만의 영혼적인 것에 의지한 점도 없지 않지만—소크라테스에게 진리와 삶의 정답은 절대적 신의 영역에 남겨져 있다. “인간은 무지(無知)하며, 모든 것은 신만이 알고 있다(Apologie, 42a).”[51] 인간에게 신의 영역은 오로지 영혼과 양심을 통해서 투사된다. 한마디로 소크라테스에게 인간은 유한(有限) 존재에 불과했지만, 신의 세계로의 통로인 영혼의 보호와 양심 각성을 통해서 진정한 지식(이성지식, 진리)에 접근할 수 있을 뿐이다. 그러나 영원히 그곳에 인간이 도달할 수는 없다. 오로지 절대자 아폴론 신만을 추종하면서 우리 인간은 오로지 신의 그림자만을 계속 쫓아갈 수만 있을 뿐이다. 인간에게 신의 그림자 정복이나 신의 세계로의 진입은 결코 없다.

“교육은 소크라테스에게 있어서 국가의 정치적 · 법률적 기능이 아니다. 그렇다고 해서 교육이 어떤 개인적 권위나 영향력 행사에 의하여 일어나는 차원의 현상도 아니다. 교육은 그에 의하면 인간에 대한 봉사요 신에 대한 예배이다…. 교육은 인간을 몰락의 나락에서 건져 내고 영원한 가치에 눈뜨게 하여, 자신의 고유한 의미 있는 삶을 실현하게 하는 것이다. 교육은 잠자는 영혼을 깨우고 각성시키는 일이요, 영혼을 치유하고 구원하는 일이다…. 소크라테스에게 있어서 교육의 고유한 목적은 인간 개개인의 영혼을 염려하는 일이요, 이러한 염려를 통해 영혼에서 잠자고 있는 분별력(phronesis)과 진리(aletheia)를 깨우치는 일이다.” (오인탁, 1996: 23)

그러나 플라톤에게 교육은 항상 정의국가로 지향되어 있으며, 교육을 통한 정답(진리), 심지어는 신의 세계에의 접근도 얼마든지 가능하다. 왜냐하면 그에게는 인간이 특히 교육을 통해서 도달할 수 있는 논리적이고 형이상학적인 이데아의 세계, 즉 이상향(일련의 인간을 초월한 신의 영역)이 존재하고 있었기 때문이다. 이는 오늘날 우리의 교육현장에서 문제가 되고 있는 지식(진리, 정답)의 주입전달이라는 교수방식의 전통을 형성시키는 계기가 된다. 그러나 평생 동안 “너 자신을 알라. 나는 모른다는 사실만을 알 뿐이다(無知).”라고 외치고 다닌 소크라테스에게는 그의 『변론』에서만 본다면 플라톤에게서처럼 이데아로서의 이상국가의 실체를 잘 알고 있지도 못했으며(無知), 이를 무지한 자에게 보여 주고 이데아로 안내하는 것은 관심 밖의 영역이었다. 왜냐하면 소크라테스에게 중요한 것은 무지각성(無知覺醒)과 무지고백(無知告白)이었기 때문이다. 그러나 제자 플라톤에게는 이데아를 향한 발걸음 속에서 스승의 유지인 무지고백보다는 오로지 교육을 통한 무지극복이 더 중요했다. 따라서 플라톤은 무지극복을 위해서 이성교육을 서둘렀던 것이다. 다시 말하면, 소크라테스에게 무지는 각성과 고백의 대상이었지만, 플라톤에게 무지는 극복의 대상이었다. 즉, 무지는 소크라테스에게 생산적 개념이었지만, 플라톤에게는 부정적 개념이었던 것이다(Spranger, 1931: 12), 결국 전자에게 중요한 것은 무지각성과 무지고백이 진정한 지식인 진리를 찾아가기 위한 전제 조건이며 교육적 과제였지만, 후자에게는 무지각성과 무지고백이 관심이 아니라 동굴의 우화에서 보이는 것처럼 무지극복을 통한 이데아의 세계 도달이 교육적 과제였다. 상대방이 자신의 무지를 스스로 각성하고 고백하도록 소크라테스는 마치 짓궂은 등에처럼 끝없이 질문해 댄다. 소크라테스는 어떻게든 답을 찾아내기 위해 쩔쩔 매는 상대방의 마음을 뒤흔들 정도로 촌철살인의 질문을 퍼부으면서, 상대방이 지금 자신이 우쭐대며 알고 있다고 여기는 지식을 다시 한 번 반성하고 성찰할 수 있는 기회를 제공한다. 한마디로 전기방전(electric shock)이 일어날 정도로 예리한 질문으로 상대의 마음을 뒤흔들어 놓음으로써 상대방은 자신이 지금 알고 있는 지식이 진실이 아닐 수 있다는 생각을 할 수 있도록 유도하는 것이다. 바로 이러한 과정이 그의 산파술이며, 여기서 이러한 질문식 대화가 지배하는 산파술의 과정 자체가 바로 교육의 과정인 것이다.

한편 플라톤에게 이데아의 세계는 선천적이고 선험적이기 때문에 지속적인 영혼의 '상기'를 통하여만 가능하다. 이러한 점에서 본다면, 소크라테스에게서의 영혼보호와 영혼각성은 플라톤에게서 영혼상기의 개념과 같은 개념이 된다. 그러나 분명한 것은 양자 간에는 영혼에의 접근 방법, 즉 교육적으로 보면 영혼보호 및 영혼각성을 위한, 또한 상기의 교육방법에서 차이가 있다는 점이다. 즉, 소크라테스는 가만히 놓아 두면 타락하고 부패할 수도 있는 개인의 영혼에 직접 자극을 가함으로써 '논박식 대화 또는 집요한 질문(elenchos)'[52]을 통하여 영혼을 보호하고 더 나아가 영혼을 각성하는 것을 신에 대한 자신의 사명이자 교육목표로 간주하였다. 반면, 플라톤은 스승 소크라테스가 발견한 인간의 영혼을 좀 더 잘 파악하기 위해서 이를 기능별로 분석하고 해부해냄으로써—물론 이는 스승 소크라테스의 취지를 받들어 더욱 완숙한 학문의 경지를 개척, 즉 청출어람을 했다고도 볼 수도 있겠지만—개인의 삶에 잠재적으로 숨어 있는 영혼의 기능을 세밀하게 파악해 냈다.

심지어 더 나아가 플라톤은 이러한 영혼을—물론 이성능력의 갈고닦음을 통하여—개인과 국가의 차원에서 가능한 이성, 정의 및 이데아를 추구하는 교육적 수단과도 연결시켰다. 결국 플라톤은 기능으로 분리된 영혼을 다시 전체로 복원시키기 위해서 영혼의 조화로움과 균형을 위한 교육을 강조하게 되었지만, 이는 사실 소크라테스가 순간적인 통찰력으로 가능한 영혼보호 및 영혼각성과는 비록 같은 이야기가 될 수 있지만 영혼에 접근하는 방법적인 차원에서는 차이가 있다. 즉, 플라톤이 우선 영혼을 기능별로 분석한다는 핑계로 인하여 영혼을 세 영역으로 분리했다가, 다시 이를 전체로 결합하기 위해 조화로움과 균형을 강조하는 과정에서 이를 봉합하기 위해 결국은 반드시 교육이 필요하다는 논리를 펴게 됨으로써 어쩌면 궁극적인 자신의 목표인 이상국가, 정의국가를 구현하기 위해서 교육을 수단화한 것이 아닌가 하는 의심이 가능해지게 한다.

이렇게 본다면 플라톤의 교육은 극히 인위적이 된다. 반면 소크라테스는 플라톤처럼 영혼을 기능별로 하나하나 분리한 적도 없으며, 때로는 그냥 모호하지만 전체로서의 영혼을 그대로 신앙과도 일치시키려고 했으며 그러한 영혼을 보호하고 각성시키려는 생각만을 가지고 끝없이 그만의 독특한 대화방식, 즉 상대를 짓궂게 논박하는 대화과정 그 자체를 교육의 과정으로 간주했던 것이다. 즉, 소크라테스의 교육은 산파술의 수행 과정에서 발생하는 자연스러운 삶의 방식이 된다.

결국 플라톤은 스승 소크라테스가 발견한 영혼을 더욱 잘 파악하기 위해서 기능별로 분류했다가 다시 이를 조화롭게 모으는 일을 한 셈이다. 이는 잘 파악하겠다는 욕심(?)으로 한 바퀴를 빙 돌아서 온 셈이다. 그러나 영혼에서 시작해서 다시 영혼의 조화로 돌아오는 과정에서 발생하는 오해의 소지는 남아 있게 마련이다. 즉, 인위적인 교육의 수단화라든가, 영혼의 지배자로서의 이성의 논리는 비록 소크라테스의 계승일 수는 있지만, 방법적인 차원에서는 분명한 차이가 발생한 셈이다.

4. 소 결

본 연구는 서두에서 밝힌 바와 같이 해석학적 접근이었다. 따라서 본론에서는 부분과 전체간의 해석, 즉 해석의 기준(변론)이 전체가 되고 쟁점으로 선택된 이슈가 각 부분이 됨으로써 해석학적 순환의 논리 속에서 위에 다루어진 1, 2차 문헌해석이 이루어진 셈이다. 역사적으로 슐라이어마허와 딜타이에 의해서 정신과학의 방법으로 수립된 해석학의 기본 원리는 다음과 같다. "(쪼개 놓고 분리 분석해 놓은) 부분들의 합은 이미 전체가 아니며, 전체는 부분보다 먼저다." (Dilthey, 1979: 140) 이렇게 본다면, 영혼을 더 잘 보호하고 각성할 수 있는 방법을 모색하기 위해 시도된 플라톤의 방법은, 한편에서는 스승 소크라테스를 계승 발전시키려고 했다고 볼 수도 있겠지만,[53] 다른 한편에서는 논리적 귀결성이 부족한—특히 해석학의 원리에는 부적절하였지만 애써 영혼과 이성 그리고 교육의 관계를 해석하려고 했던—적지 않은 의문을 남겨 놓았다고 할 수 있다.

플라톤은 특히 영혼에 대해서 생애의 초기에 소크라테스의 입장을 옹호했지만, 그가 『메논』을 썼을 후기에 그 입장을 부정하였던 것 같다(임태평, 1997: 398–399). 즉, 기능별로 쪼개 놓고 분리해 놓은 영혼을 다시 전체로 만들기 위해 조합하고(조화롭게) 하는 과정에서 플라톤은 교육의 중요성을 주장하지만, 이미 기능별로 쪼개 놓고 분류해 놓은 영혼은 해석학적 원리에 따르면 본래의 영혼 전체가 아니며 원래의 본질과도 무관하다. 즉, 이미 플라톤 자신도 선천적이며 선험적이라고 파악하고 있는 영혼을 기능별로 분리해 본들 결국 그게 무슨 의미가 있을 것인가도 의문이 남을 수 있다.

그리고 쪼개진 것을 다시 붙여 놓기 위해서 영혼의 균형 및 조화 또는 조화교육의 중요성을 강조하는 것은 또 무엇으로 이해해야 하는가? 그러한 조화균형교육을 위해서 플라톤은 이미 기능별로 분리된 영혼의 조화와 균형을 주도할 적자로서 이성을 등장시킬 수밖에 없었으며—물론 이 역시 스승 소크라테스의 이성의 개념을 계승한 것이지만—이로써 (소수 엘리트 계층에 치중된, 소위 왕의 철학을 위한) 이성교육의 중요성이 강조되는 것이다. 또한 이러한 왕의 철학을 준비하는 이성교육은 결국 모든 지혜의 최대한인 선의 이데아에 지향되어 있기 때문에 '도덕교육'[54)]일 수밖에 없다.

한편 소크라테스는 비록 자기는 평생 누군가를 가르쳐 본 적이 없다고 주장하면서—물론 이는 당시 자칭 교사인 척하고 돌아다니는 소피스트를 빗대어 하는 말이었겠지만—어떤 특정의 교재도 없이 직접적인 교육의 의도를 가지고 있지는 않았을지도 모른다. 그러나 그는 알게 모르게 대화의 상대방에게 집요한 질문과 논박을 시도함으로써 그만의 독특한 대화법, 즉 (자기만의) 교육방법(Socratic method)을 구사하고 있었는지도 모른다. 반면 플라톤은 사실 자신이 직접 대화편이라는 책들을 썼고 또한 자신이 세운 아카데미에서 교육을 자신의 작품인 『메논』을 교재로 하여 교육을 했다고는 알려져 있다.[55] 그러나 플라톤에게 교육은 교육 자체가 목적이라기보다는 궁극적으로 개인적-사회적 정의(正義)가 이데아가 되는 이상국가와 지혜로운 왕의 철학(엘리트 통치)을 구현시키고자 하는 데 없어서는 안 될 필수적 수단으로 작용했다고 할 수 있다. 이러한 의미에서 슈프랑거(E. Spranger)는 플라톤은 순수한 철학자이고, 소크라테스는 교육자였다고 보았던 것이다.[56]

> "역사적 소크라테스의 방법, 즉 대화술은 플라톤에게 깊은 감명을 주었다. 따라서 그는 늘 항상 소크라테스를 묘사하고 인용하였다. 심지어는 매우 진지하게, 그러나 그는 철학자로서 계속 지신의 길을 갔다. 즉, 소크라테스가 계속 추구하려고 했던 곳에 아랑곳없이." (Spranger, 1978: 360)

물론 플라톤은 그의 교육철학의 집대성이라고 할 수 있는 자신의 국가론에서 교육의 목표뿐만 아니라 교육의 단계를 정교하게 제도화해 냈다. 그럼에도 불구하고 이는 궁극적으로 철학하는 왕—물론 철인왕은 모든 영혼의 정화자이며 이성의 최대한라고 할 수 있지만—을 양성해 내는 교육단계 및 방법에 지향되어 있다.[57] 그러나 실제 소크라테스가 추구한 대화식 교육방법은 반드시 철인왕을 만들어 내야 하는 궁극적인 목표를 시사하고 있지는 않다. 물론 철인왕이 태어나면 그야말로 금상첨화겠지만, 실제로 결코 왕이 될 수 없는 천민신분의' 노예소년' 이라도 대화를 통해서—실제로 『메논』에서 소크라테스는 노예소년에게 기하학의 원리를 대화(집요한 논박)를 통해 교육시킨 적이 있음(Menon, 80−86)—교육할 수 있다면 그 역시 교육이었다. 이런 점에서 이러한 영역, 즉 '대화식 교육방법' 은—물론 정확하게는 소크라테스식의 논박법, 즉 엘렌코스(elenchos)라고 해야겠지만—바로 소크라테스에게서 단절된 중요한 유산 중의 하나라고 할 수 있다. 이렇게 본다면 서두에서 주장된 와일즈의 언질이—물론 이미 이 글에서 상정된 제한된 범주 내에서이기는 하지만—논리적 귀결을 맞게 된다.

물론 플라톤 역시 철학하는(사유하는) 방법으로서 대화(dialectic)의 형식을 취한다. 그러나 소크라테스는 아무것도 전제하지 않은 상태에서 단순한 질문으로 시작하지만(김지원 역, 2004: 38), 플라톤의 경우는 어떻게든 이데아의 세계로 들어가야 한다는 분명한 의도와 목표를 가지고 변증법적으로 대화(dialectic)를 이끌어 갔다(Brent, 1978: 29). 이는 가상의 현상계(phenomena)와 형상계(idea) 간의 대립을 변증법적으로 통합하고자 하는 목표를 갖는다. 물론 플라톤에게서는 형상의 세계만이 유일한 실재이다(이명준, 2001: 78). 그러나 대화의 상대방으로 하여금 지금 자신이 가지고 있는 지식이 과연 진정한 지식인가를 스스로 비판하고 성찰할 수 있도록 (또는 검토할 수 있도록) 소위 열린 대화를 이끈 소크라테스의 대화방식과, 상대방으로 하여금 자신의 추구하는 이데아의 세계로 유도하는 플라톤 식의 변증법적 대화, 즉 닫힌 대화는 명백히 다른 차원의 대화 방식이다. 결국 우리는 "오늘날 입시중심교육의 성격 때문에 유독 주입식 모놀로그 교수방법이 강하게 지배하는 우리의 교육현장 속에서 과연 소크라테스의 논박법(elenchos), 즉 '소크라테스 대화식의 교육방법' 이 얼마나 어떻게 이루어지고 있는가?" 하는 질문에 대답할 수 있는 수준과 정도에 따라서 우리의 교육철학의 열린 담론도 지속 정도가 결정될 것이다.

정리하자면, 소크라테스의 질문중심 대화식 교육법은 이미 본론과 결론에서 자세히 다루어진 것처럼, 소위 상대방을 논박하는 방식(elenchos)이었다. 즉, 대화의 상대방에게 짓궂은 질문을 계속 해 댐으로써 상대방이 지금 알고 있는 지식을 스스로 반성하고 성찰하도록 하는 질문중심의 대화법, 즉 소위 '마음을 흔들어 댐으로써' 결국 '나는 아무것도 모른다.' 는 무지각성과 무지고백으로 상대를 유도하는 대화방식이다. 오늘날 우리는 자고 일어나면 지식의 세계가 변화할 정도로 지식의 생존주기가 짧은 시대에, 그리고 지식정보사회에 수많은 검증되지 않은 정보와 (과학적-객관적) 지식이 혼용되고 있는 이 혼란한 시대에 살고 있다. 따라서 소크라테스의 질문중심의 대화식 교육방법, 즉 논박법이 다시 우리 학교교육의 교수방법론으로 회복될 수 있다면, 우리가 자신이 알고 있는 지식의 세계를 반성과 성찰로 받아들일 수 있는 방법론을 터득하고 또한—무지각성과 무지고백을 했던 소크라테스처럼—항상 겸손한 지식을 통하여 진정한 지식의 세계로 접근할 수 있는 조건과 능력을 마련할 계기를 얻게 될 것이다.

또한 우리의 제7차 교육과정에도 핵심원리로 명시된 것처럼 오늘날 우리 학생에게 자기주도학습이 더욱 요청된다. 즉, 수동적인 지식습득이 아닌 자발적이고 능동적인 자기주도학습을 위해서도 소크라테스의 논박법으로 유도되는 무지각성과 무지고백은 학생으로 하여금 스스로 학습하는 자기주도학습을 좀 더 유리하게 해 줄 것이다. 따라서 소크라테스의 논박법은 이 시대에 복원되어야 할 중요한 교육방법이며 교육의 철학적 논리가 될 수 있다.

실제로 이미 소크라테스는 "나는 결코 (당시 교사 소피스트의 기준으로 본다면) 교사가 아니다." (Laches, 201a–b)라고 하면서 "이 세상에 교사다운 교사는 없다." (Laches, 186c)라고 말한 적이 있다. 물론 이는 당시 자칭 교사라고 떠들고 다니는 소피스트를 겨냥한 말일 것이다. 또한 소크라테스는 가장 훌륭한 교사란 질문을 가장 잘할 수 있는 학생을 길러 내는 사람으로 간주했다(Spranger, 1954: 25). 왜냐하면 그에게 진정한 지식이란 덕을 수행하게 하는 지식, 즉 덕행지식(德知, Tugendwissen, arete)이며, 진정한 교사란 바로 이러한 덕지(德知)를 교육할 수 있는 자였기 때문이다. 단순히 수동적으로 주어진 정답만을 외우고 가르치는 주입식 교육이 아니라, 직접 예리한 질문을 할 수 있는 능력을 가진 학생을 많이 양성함으로써, 즉 대화의 상대방이 마치 자신이 다 알고 있다고 자부하고 자만하는 지식을 다시 뒤흔들어 놓음으로써 지금의 지식을 항상 성찰하고 반성할 수 있게 하여 궁극적으로는 덕지로의 '진리여행' 을 함께 떠날 수 있도록 해야 한다는 것이 소크라테스의 교육론이다(Spranger, 1954: 33 참고). 따라서 우리가 서두에서 인용한 와일즈의 아쉬움이 해결될 수 있다면, 즉 단절된 소크라테스의 방법이 복원된다면, 학생으로 하여금 지식과 정보를 항상 성찰하고 반성하여 받아들이게 함으로써 결국 '진정한 지식(episteme)' , 즉 덕행지식(arete)에 접근할 수 있도록 학교교육이 기여할 수 있을 것이다.

■■■ 후주

1) 플라톤의 대화편 『고르기아스(*Gorgias*)』는 플라톤이 소크라테스의 사상과 결별하고 본격적으로 그 자신의 철학 세계로 넘어가는 소위 '전기 플라톤'과 '후기 플라톤'의 가교 역할을 한 작품이다(Jaeger, 1944: 149).

2) 『고르기아스』는 플라톤이 자신만의 고유한 철학, 즉 이데아론을 구상한 최초의 시도라고 할 수 있다(Kahn, 1996: 125). 더 구체적으로 말하면, 플라톤은 『고르기아스』 다음 작품인 『메논(*Menon*)』에서 본격적으로 자신의 뜻을 세우기 시작하였으며, 『향연(*Symposium*)』을 거쳐 『국가(*Politeia*)』와 『파이드로스(*Phaidros*)』에서 자신의 이데아론을 완성시키게 된다(Kahn, 1992: 36; Zimmermann, 1930: 23). 즉, 『메논』에서 플라톤은 이전과는 전혀 다른 새로운 소크라테스를 등장시키고 있는데, 이는 바로 플라톤이 개발한 새로운 철학적 작업이었던 것이다(Kahn, 1996: 100).

3) 슈프랑거(E. Spranger)에 의하면, 특히 '후기 플라톤'에게서 나타나는 소크라테스는 전반적으로 '역사적 소크라테스', 즉 '실제의 소크라테스'라기보다는 플라톤 자신의 논리적 욕구에 의해 차용된 허상에 불과하다(Spranger, 1931: 9). 그는 플라톤이 스승 소크라테스를 앞세워 자신의 이데아론의 대변인으로 등장시키는 것은 소크라테스를 이용하는 것이라고 있다고 비난했다(Spranger, 1931: 10). 왜냐하면 '플라톤의 소크라테스' 역시 진정한 소크라테스 자신이 아닐 수 있기 때문이다(Spranger, 1954: 24). 즉, 플라톤에게서 소크라테스는 역사상에 있었던 지혜로운 자연인으로서의 소크라테스가 아니고 플라톤 자신의 철학을 세우고 이에 대한 근거를 마련하기 위하여, 다시 말하면 플라톤이 자신의 논리적 욕구인 이데아론을 충족시키기 위해 때로는 아전인수(我田引水) 격으로 그를 의도적으로 이용하였다는 것이다(Spranger, 1931: 10).

4) 플라톤은 『메논』을 기점으로 스승 소크라테스와는 완전히 다른 길을 가게 된

다(Lamer & Kroh, 1989: 566). 즉, 플라톤의 『메논』은 소크라테스가 대화의 기술을 실천하는 세련되고 충실한 그림을 보여 주는 동시에, 그가 스승 소크라테스를 넘어가는 정점이 되었다(Kaupmann, 1994: 3).

5) 포퍼(Karl R. Popper)는 플라톤이 자신의 철학을 특히 국가편에서 소크라테스의 입을 통해서 나오게 함으로써 많은 점에서 "위대한 스승을 모욕하고 있다."(이한구 역, 1982: 208)라고 분개하기도 했다. 심지어 그는 말한다. "소크라테스의 가장 재능 있는 제자였던 플라톤은 소크라테스가 죽은 후 얼마 안가 그를 배반했다. 그러나 소크라테스의 신념은 공개적으로 도전하기에는 너무나 강력하였기 때문에, 플라톤은 그것을 닫힌 사회에 대한 신념으로 재해석하고자 했다. 이 일을 어려웠지만 불가능한 일이 아니었다."(이한구 역, 1982: 235)

6) 블라스토스(Vlastos, 1991)는 역사적 소크라테스를 그리고 있는 플라톤의 '초기 대화편'과 플라톤의 대화편의 주인공으로서의 등장인물 소크라테스를 날카롭게 구분하고 있다(박규철, 2003: 105).

7) 플라톤의 '초기 대화편'은 '소크라테스적 대화편'이라고 부른다. 초기 대화편들은 역사적 기록물로 간주해도 좋을 만큼 소크라테스적 대화의 생생한 모습을 보여 준다(이강서 역, 2004: 24).

8) 플라톤은 형이상학과 수학 같은 주제를 논하였는데, 우리가 아는 역사적 소크라테스는 그런 문제를 다룬 적이 없다(한석환 역, 2003: 54).

9) 지금까지 교육철학에서의 담론은 주로 교육철학의 학문적 정체성을 찾는 데 경도되어 왔다. 즉, 이웃학문과의 경계를 찾음으로써 학문적 고유성을 찾는다거나 아니면 이론학이면서 동시에 실천학으로서의 교육학적 성격을 규명하는 것이 그 주제들이었다. 그러나 이 연구는 잠시 눈을 좀 돌려서 교육과 철학의 원뿌리를 비판적-반성적으로 추적하는 가운데에서 교육철학의 학문적 본질성에 대해 접근해 보는 방식의 담론형성을 목표한다. 이러한 의미에서 제목에서도 '또 하나의'라는 표현을 사용했다.

10) 우리의 교육현장에 주입식 모놀로그의 방법만 있고 다이얼로그, 즉 대화식 교육법이 전혀 없다는 이야기가 아니다. 소크라테스만의 고유한 방식, 즉 질문중심의 대화식 교육방법이 실종되었다는 뜻이다. 이 특유한 대화식 교육법은 앞으로 본론과 결론에서 더 자세히 설명되지만, 소위 논박법(elenchos)이라고 하여 대화의 상대방에게 짓궂은 질문을 해 댐으로써 상대가 지금 자신이 가지고 있는 지식을 스스로 검토하고 반성하고 성찰하도록 하는 질문중심의 대화법으로서 소위 상대의 '마음을 흔들어 댐으로써' 결국은 상대가 '나는 아무것도 모른다.' 는 무지각성과 무지고백을 하도록 유도하는 대화교육방식이다. 따라서 이러한 소크라테스의 고유한 질문중심 대화식 교육방법, 즉 논박법이 다시 우리 학교교육의 교수방법론의 회복될 수 있다면, 지식의 세계를 반성과 성찰로 받아들일 수 있는 방법론을 터득하고 또한 무지각성과 무지고백을 했던 소크라테스처럼 항상 겸손한 지식을 통하여 진정한 지식의 세계로 접근할 수 있는 조건과 능력을 마련할 수 있게 된다. 또한 우리의 제7차 교육과정에도 핵심원리로 명시된 것처럼, 오늘날 우리 학생들에게 자기주도학습이 더더욱 요청된다. 수동적인 지식습득이 아닌 자발적이고 능동적인 자기주도학습을 위해서도 소크라테스의 논박법으로 유도되는 무지각성과 무지고백은 학생으로 하여금 스스로 학습하는 자기주도학습을 좀 더 유리하게 해 줄 것이다. 따라서 오늘날 소크라테스의 질문중심 대화식 방법인 논박법은 이 시대에 복원되어야 할 중요한 교육방법이며 교육의 철학적 논리가 될 수 있을 것이다. 이 글은 이러한 것을 목표로 소크라테스이 논박법이 회복되어야 한다는 가정을 하고 있다.

11) 플라톤이 자신의 대화편에서 거의 모두 대화의 주인공으로—물론 최후의 미완성 작품인 『법률(*nomoi*)』을 제외하고, 또한 『소피스트(*Sophist*)』, 『스테이트먼(*Stateman*)』 그리고 『티마에우스(*Timaeus*)』에서는 거의 역할을 하고 있지 않지만(임태평, 1997: 372)—등장시키고 있다.

12) “플라톤은 생애를 통하여 대소 27, 8편의 저술을 남겼다. 그가 저술을 시작한 것은 그가 소크라테스의 처형으로 인하여 충격을 받고 메가라로 여행한 직후부터라고 전해지고 있다. 그리고 그가 이와 같은 저술 활동을 시작한 동기는 지금은 가 버린 스승의 모습과 성행(性行)과 가르침을 앞으로는 영원히 그를 대할 수 없는 후세 사람을 위하여 보존하고 그 기억을 되살려 놓으려는 데 있었다고 한다. 그리고 그 목적, 즉 돌아가신 스승의 기억을 가장 생생하게 보존하고 되살리기 위해서는 마치 소크라테스가 살아서 여러 사람과 더불어 대화를 나눈 그대로를 재현하는 것이 가장 효과적이라 생각되었기 때문에 플라톤은 대화의 형식을 택하여 저술하기 시작하였다고 한다.” (문정복, 1990: 25) “그런데 플라톤의 대화편에는 몇 가지의 문제점이 있다. 첫째는 지금 전해지고 있는 대화편이 모두 진짜 플라톤의 저술인가 하는 점이고, 둘째는 플라톤이 27, 8세에 시작하여 80세로 죽을 때까지 50여 년 동안 걸쳐 저술을 하였는데 각 대화편의 저술 연도 또는 전후관계가 어찌되는가 하는 점이다. 그리고 대화편으로 이루어져 있는 만큼 그 내용은 등장인물 특히 소크라테스의 입을 통하여 주로 서술되고 있기 때문에 그 내용의 어디까지가 소크라테스의 사상이고 어디까지가 플라톤 자신의 사상인가 하는 것이 구별되지 않는다는 점이다. 그러나 이러한 문제는 그동안의 연구 결과, 특히 19세기 말과 20세기 초에 걸친 영국의 테일러와 버넷(Taylor & Burnet) 및 독일의 젤러(Zeller) 와 같은 탁월한 연구가의 노력에 의해 대체로 해결되고 있다.” (문정복, 1990: 25) 즉, 첫 번째 문제와 두 번째 문제로는 플라톤의 저술이 처음에는 대략 40~50개 정도로 알려졌지만 연구의 결과—내용, 방법 및 문체, 히아투스 현상 등의 비교고증을 통하여—26~27개 정도를 제외하고는 모두 위작일 가능성이 높으며, 소크라테스의 죽음에 대한 회고를 계기로 쓰기 시작했기 때문에 『변명』이 최초의 작품일 것이라는 데에서 연구자들이 대체로 합의를 본 상태이며, 세 번째 문제에 대해서는 초기 작품은 소크라테스의 사상일 가

능성이 높지만, 중후기 이후인 대략 『국가』 3권 이후부터는—물론 소크라테스의 입을 통해서 말하고 있지만—플라톤 자신의 고유사상일 가능성이 높은 것으로 밝혀졌다. 물론 플라톤의 고유사상이라고 하더라도 스승 소크라테스의 영향은 다분할 것이며 일부는 어느 정도 두 사람의 사상이 뒤섞여 있다고 보아도 무방할 것이다.

13) 플라톤의 철학을 풀어가는 열쇠는 그의 '이데아 개념' 이다. 그래서 그의 철학은 이데아 이론으로 요약될 정도이다(임태평, 1997: 232). 단수 그리스어 'eidos' 와 'idea' 는 비록 'idea' 가 주의하여 사용되어야 하지만, 편의상 형상(form)과 이데아(Idea)로 번역된다(임태평, 1997: 18). 구체적으로 이데아란 '거역할 수 없는 공통적인 형상' 을 의미하는데, 예를 들면 '의자' 라는 이데아로 인하여 의자는 책상과 구분된다(임태평, 1997: 235 참고). 또한 "우리가 사용하고 있는 '종(species)' 이라는 말은 플라톤이 영원한 형상(forms)의 이름으로 상용되었던 '에이도스(eidos)' 라는 그리스어의 라틴어 번역에 불과하다. 즉, '종' 은 모든 개체에 공통적이며 각각의 개체 속에 다소간에 구체화되어 있는, 항구적인 형태를 의미한다. 만약 씨앗에서 출발하여 꽃과 열매를 맺는 완전히 발육된 식물로 전개되는 성장의 과정을 지켜보면, 우리는 정확하게 미리 정해진 방향으로 자신의 길을 헤쳐 나가는 생명의 신비스러운 추진력에 강렬한 인상을 받게 된다. 이러한 생명운동의 목적이 처음부터 개별적인 식물에 의해 예견된다고 생각할 수는 없다." (이종훈 역, 1995: 140) 예를 들어, 도토리 속에 있는 생명의 추진력은 결코 전나무나 너도밤나무로 이끄는 잘못된 방향전환을 취하지 않는다(이종훈 역, 1995: 165). 나중에 아리스토텔레스는 플라톤의 '이데아론' 을—물론 그는 플라톤의 이원론(영혼 vs 육체)을 비판하고 거부하면서도—'가능태(potentiality)' 라는 개념을 통하여 보충한다. "아리스토텔레스는 이데아인 '형상' 이 분리되어 존재함을 부정한다. 그리고 본(모형)이 소멸됨과 동시에 창조자 또한 사라져야 한다…. 가능적 존재란… 감

겨져 있는 시계의 용수철 속에 들어 있는 한은 운동에 없는 정시상태 속에 저장되어 있다. 그러나 당신이 그 시계를 작동할 경우, 그 시계 바늘들은 현실적인 운동으로 전개될 수 있는 힘이 있는 것이다." (이종훈 역, 1995: 165–168).

14) 아리스토텔레스는 이데아 이론이 소크라테스의 것이 아니라 플라톤의 것이라고 분명히 밝히고 있다(이강서 역, 2004: 246). "이제 모든 것은 아리스토텔레스이 증언을 어떻게 평가하느냐에 달려 있다. 아리스토텔레스가 기본적으로 플라톤과 의견을 같이한다는 것은 옳다. 그러나 그렇다고 해서 아리스토텔레스가 말하고 있는 모든 것이 이미 플라톤이 말한 것을 그저 되풀이한 데에 지나지 않는다는 생각은 잘못이다… 아리스토텔레스는 기원전 367년에서 347년에 이르는 20년 동안 플라톤의 아카데미에 속해 있었다. 그가 소크라테스에 대해 알려고 마음먹었다면, 소크라테스를 직접 만났던 사람들에게 물어볼 수도 있었을 것이다. 이 무렵 아테네에는 소크라테스를 직접 만나 그와 대화를 나누었던 사람들이 아직 많이 살고 있었으며, 인간의 기억은 그 당시가 오늘날보다 더 정확했다… 그러니까 아리스토텔레스는 소크라테스를 묘사하는 데 있어서 오늘날의 철학사가나 고전 문헌학자가 갖고 있지 못한 자료를 마음대로 이용할 수 있었다. 그러므로 우리는 아리스토텔레스의 증언을 올바르고 독자적인 전거로 보아야 하며…." (이강서 역, 2004: 244–245)

15) "아리스토텔레스는 17세부터 20년간 소크라테스의 제자였던 플라톤의 제자였으며 플라톤에게서 소크라테스의 가르침이 어떻다는 것을 직접 전수받았으리라 짐작되고, 또한 당시에는 플라톤 이외에도 소크라테스를 생전에 직접 알고 있었던 많은 사람이, 특히 플라톤의 아카데미에는 있었을 것이고 이들로부터도 그는 소크라테스에 관한 생생한 이야기를 많이 들었을 것으로 짐작된다. 따라서 그의 증언 역시 매우 신빙성 있는 귀중한 자료임에는 틀림이 없을 것이다. 그리고 그 역시 위대한 철학자였다는 점을 고려하면 그의 기록이 고래로 으뜸가는 전거로 취급되어 온 것은 당연하다고 할 수 있을 것이

다. 그러나 그의 증언은 극히 간략하다. 그는 그의 저술에서 여러 군데에서 소크라테스에 관해 언급하고 있으나 그들은 모두 철학자로서의 소크라테스의 사상의 특색에 관한 짧막한 언급에 불과하다."(문정복, 1990: 10) 따라서 "소크라테스에 관한 많은 정보를 우리는 아리스토텔레스에게서만 기대할 수는 없다. 그러나 플라톤이나 크세노폰에게는 강력하게 작용하였을 개인적 정분(精分)이나 정의(情誼)의 요소 또한 그에게는 없다. 그만큼 소크라테스는 그에게는 이미 역사적 인물이고… 소크라테스에 관한 그의 평은 그만큼 더 큰 객관성을 지니는 것인지도 모른다."(문정복, 1990: 29-30). 그러나 소크라테스 연구가인 거스리(E. R. Guthrie)는 소위 버넷-테일러(Burnet-Taylor)의 명제에 의존하여 볼 때, 플라톤의 대화편 가운데 소크라테스의 입을 통해서 말해진 모든 것은 실질적으로 소크라테스의 입을 통해서 말해진 모든 것은 실질적으로 소크라테스가 생전에 말한 것이라고 인정해야 한다고 주장한다(문정복, 1990: 26). 따라서 『파이돈』과 『국가』에서 전개된 '이데아론' 은 소크라테스의 입을 통해서 전개된 만큼 문자 그대로 소크라테스의 학설이라는 것이다(문정복, 1990: 33). 왜냐하면 『파이돈』과 『국가』가 발표되었을 당시는 소크라테스는 이미 죽었지만 소크라테스를 잘 알고 있고 소크라테스의 제자도 아직 많이 살아 있는데, 자신의 독창적인 이설(異說)을 마치 스승의 가르침인 것처럼 발표한다는 것은 스승에 대한 도리도 아니며 무엄한 행위가 될 수 있기 때문에, 과연 플라톤이 그렇게 했겠는가 하는 의문 때문이다. "특히 『파이돈』은 이 세상에서 소크라테스의 최후의 날 이른 아침부터 해질 무렵 그가 사약(死藥)을 마시고 숨을 거둘 때까지에 일어났던 일, 그 가운데에서도 주로는 제자들과 더불어 행한 소크라테스의 대화 기록이다. 이 엄숙한 스승의 최후의 날을 기록하면서 플라톤이 자기 자신의 독창적 학설이며 소크라테스는 가르친 일도 없던 『이데아론』을 마치 소크라테스의 가르침인 양 소크라테스의 입을 통해 서술하였다는 것은 있을 수 없는 일이라 생각된다는 것이다. 따라서 이데아론은 『파이돈』이나 다른 대화편들에 기록된 그대로 전적으로 소크라테스의 학설이지 결코 플라톤의 것이 아니라는 것이 버넷과 테일러의 주장이다." (문정복, 1990: 33)

16) 이는 고트프리트 마르틴의 입장이기도 하다. "우리 앞에 서 있는 소크라테스라는 사나이는 창작된 인물이며, 그런 점에서 예컨대 파우스트 박사와 비교할 수 있다고 생각하는 것이다. 철학자 소크라테스는 소크라테스학파에 속하는 여러 제자 중에서 특히 플라톤에 의해 자유롭게 창작된 인물이기에, 소크라테스에 대한 여러 서술에 허다한 모순점이 발견되는 것은 당연하며…" (이강서 역, 2004: 29, Gigon, 1948에서 재인용)

17) 플라톤의 대화편 『Apology』는 일반적으로 『소크라테스의 변명』으로 번역된다. 그러나 이 글에서는 『소크라테스의 변론』이라고 번역한 박종현의 주석을 따른다. "여기서 '변론'으로 옮기게 되는 헬라스어 'apologial'는 법정에서의 변론을 뜻하는 말이고, 이는 고소, 고발을 뜻하는 영어의 'kategoria'에 반대되는 말이다. 비록 우리말 '변명'에 두 가지 뜻이 있기는 하지만, 'apology'가 뜻하는 사과나 사죄의 뜻까지 담긴 '변명'으로 옮기는 것은 근본적으로 잘못된 것일 것 같아 원래의 뜻 그래도 '변론'으로 옮기기로 했다…. 『소크라테스의 변론』의 내용은 아고라(agora)의한 법정(diakastērion)에서 이런 제도적 절차에 따른 원고 쪽의 진술이 막 끝난 시점에서 소크라테스 자신이 하게 되는 자기 변론(17a-35d)로 끝을 맺고 있다…. 따라서 『소크라테스의 변론』은 엄밀한 의미에서 '대화편'이 아닌 '법정 변론'인 셈이다. 그러나 이 '변론'은 변론의 형식을 갖추었지만, 소크라테스가 친지의 입회하에서 고소인 및 아테네인을 상대로 이 공소와 관련해서 그동안의 자신의 생각과 행각에 대해 자신의 입으로 사람들에게 말하도록 재구성되는 것이다." (박종현 역주, 2003: 81-85)

18) 소크라테스의 철학에 대한 플라톤 사상의 관계—말하자면 '어디에서 소크

라테스가 끝나고 플라톤이 시작하는가.' 의 문제—는 아직도 학자들이 논쟁하고 있는 문제이다(이종훈 역, 1995: 106).

19) 크세노폰의 '소크라테스 추억', 즉 『메모라빌리아(*Memolabilia*)』는 소크라테스의 처형의 부당함을 밝히는 변명인 동시에, 소크라테스의 자세한 언행록이기도 하다. 따라서 소크라테스의 행적에 관해 알려고 할 때 우리가 의지하지 않으면 아니 되는 현존의 소상한 자료의 귀중한 보고이기도 한 것이다(문정복, 1990: 21). 따라서 『소크라테스의 변론』의 내용은 거의 전부가 실제로 있었던 역사적 사실이었다고 할 수 있다(문정복, 1990: 112). 즉, 플라톤은 소크라테스가 실제로 자기 자신을 변호할 때 법정에서 행한 연설을 그 참뜻이나 내용상 충실하게 옮길 수밖에 없었을 것이다(이종훈 역, 1995: 75). 심지어 대표적인 소크라테스와 플라톤 연구가인 버넷과 테일러는 플라톤이 쓴 『파이돈』과 『크리톤』에서 등장하는 소크라테스 역시 '역사적 소크라테스' 라고 주장했다(문정복, 1990: 33)

20) 소크라테스가 법정에서 그는 소문을 퍼뜨린 사람 중에서 "희극작가 한 사람이 있다는 것을 제외하고는 이름을 모두 말할 수는 없지만…"(Apologie, 18d), "아리스토파네스의 희극을 보셨겠지만…."(Apologie, 19c)라고 증언한바, 그가 바로 아리스토파네스이며 뜬소문이 유포된 시점을 당시 유명한 희극작자였던 아리스토파네스의 연극 『구름(ὅσοιδέ)』의 상연(B.C. 424/3년)이었다고 추측하고 있다. 실제로 『구름』에서 주인공으로 등장하는 소크라테스는 스스로 자신을 '골똘한 사색가' —phrontisēs/크세노폰의 증언에 의하면, 이는 소크라테스의 별명임(symposion, 6.6.)—로 자처하고 있으며(『구름』, 266), '하늘 높이 있는 것' 을 관찰하려고 하는 무모한 사람으로 풍자되고 있으며(박종현 역주, 2003: 102), "바구니에 올라갔다 하면서 공기 위를 걷고 있다고 헛소리하는 사람"(Apologie, 19c)으로 묘사되고 있다. 또한 아리스토파네스(Aristophanes, 455-375 B.C.)는 자신의 희극 『구름(*The Clouds*)』에서 소크라테

스를 허풍쟁이와 협잡꾼으로 묘사하였다(Kaufmann, 1994: 2). 또한 『구름』의 소크라테스는 궤변술의 교사일 뿐만 아니라 천체 연구에 각별한 관심이 있는 자연철학자이기도 하다(문창옥 역, 2001: 20). 여기서 소크라테스가 가르치고 있는 것은 당대 최소의 소피스트인 프로타고라스의 궤변과 비슷하며 디오게네스이 학설과 유사하며 그가 사용하는 과학적 용어들과 유사한 것을 사용하고 있다(박규철, 2003: 54 참고). 사실 소크라테스는 당시 유명한 무신론적 자연 철학자이자 당시 유명한 궤변론자였던 아낙사고라스의 제자였던 아테네 사람 아르켈라오스(Archelaos)의 문화상이었다고 한다(문창옥 역, 2001: 20). 아마 이 때문에 소크라테스 역시 이러한 맥락에 의해 선입견(diabolē)을 얻게 되었던 것이 아닌가하며, 특히 평소 아리스토파네스는 아낙사고라스와 상극 관계에 있었기 때문에, 소크라테스에 대한 아리스토파네스의 평가가 편향되지 않았는가 하는 추측이 가능해진다. 그러나 소크라테스는 대화편 『파이돈』에서 케베스와의 대화를 통하여 자연철학에 대한 젊었을 때의 관심에서 완전히 돌아서게 된 경위와 이유에 대해서 자세히 설명하고 있다(『Paedon』 96a 이후). 하여간 아리스토파네스의 『구름』이라는 작품은 결국 멜레토스의 고소와 함께 소크라테스가 당시 사회해체와 청소년일탈을 부추긴 일종의 소피스트로서 처형을 받게 한 2대 장본인이기도 하다. "피토스의 멜레토스의 아들 멜레토스는 알로페케의 소프로니스코니의 아들 소크라테스를 다음과 같은 죄목으로 고발하고 중언한다. 소크라테스는 아테네가 인정하는 신을 거부하고 새로운 신을 끌어들이는 범죄를 저질렀다. 뿐만 아니라 그는 젊은이를 타락시키는 범죄도 저질렀다. 구형은 사형이다."(문창옥 역, 2001: 29) 결국 이런저런 근거로 인하여 아마 이때부터 소크라테스는 자신이 아테네 시민에게 확실한 소피스트로 자리 잡게 되었을 것이라는 법정에서 겨우 뒤늦게 추억하게 된 셈이라고 할 수 있다. 따라서 소크라테스는 이 법정에 모인 500명의 배심원(dikastai, 이들이 곧 재판관임)과 방청객(청중, akrotai)은 오늘 자신의 변명을 듣고 모든 소문이 잘못 와전된 것이라는 뜬소문이라는 사실을 아테네인에게 서로 알려 주기를 간절히 바랐다(Apologie, 19d, 24b). 아마 소크라테스는 뜬소문을 해명하는 것이 가장 커다란 과제로 여겼던 것 같다. "만약 제게 유죄판결이 난다면… 그것은 멜레토스도 아니토스도 아니고, 많은 사람의 비방과 시기일 것입니다."(Apologie, 28a) 그래서 소크라테스는 평생을 두고 이러한 뜬소문을 해명하기 위해 목숨까지 바치기로 작정한 듯하다. 즉, 당시는 아낙사고라스가 그랬던 것처럼 독배를 마시지 않고도 스스로 아테네를 떠나겠다고 하면 추방령으로 대체될 수 있는 시대였는데, 소크라테스는 아테네에 남아서 계속 자신에 대한 뜬소문의 진실을 해명하고자 했기 때문에 마지막 자기변호에서 벌금형을 원했던 것이다. 그러나 벌금형은 사형과 비교해서 말도 안 되는 헛소리로 간주되었기 때문에, 결국 사형이 집행되고 말았다. 물론 소크라테스는 어떻게든 아테네에 남아 뜬소문을 해명하는 것이 일차 목표였지만, 궁극적으로는 이로써 진실을 밝혀내고, 마침내 사랑하는 아테네에서' 지혜를 사랑하는 자' , 즉 진정한 철학자(philosopher)로 영원히 남고 싶었던 것이다. 그는 말한다. "아테네 시민이여, 만약 제가 더 이상 철학을 안 한다는 조건으로 훈방한다면, 저는 여러분보다는 신(지혜를 사랑하라고 하시는 신)을 따르겠나이다."(Apologie, 29c–d)

21) 소크라테스는 법정진술에서 자신이 이중의 고발인(katēgorein, 고소인도 원어는 같음)에 의해 기소되었다고 주장했다. "저에게는 이중의 고발인이 있습니다. 하나는 지금 이 고소를 한 사람들이고, 다른 한 무리는 오래 전에 고발을 한 사람들로서 제가 방금 언급한 것이…."(Apologie, 18d) 즉, 소크라테스가 직접 거론하였듯이 직접적인 고소자는 멜레토스(Melētos)를 위시하여 아니토스(Anytus)와 리콘(Lycōn) 등 3인이었으며(Apologie, 23e), 뜬소문의 주인공은 아테네 시민 중에서 소크라테스에 대해서 악담을 늘어놓는 사람인데, 소크라테스는 이들에 대해서 "나는 영락없이 마치 그림자를 상대로 싸운다."

(Apologie, 18d)라는 표현을 사용했다. 한편 소크라테스는 자신을 고소한 자 중에서 주 고발인이 멜레토스로 되어 있지만, 배후세력은 역시 아니토스라고 추측하고 있다. "저는 그들을(뜬소문 퍼트리는 자들) 아니토스와 그 무리보다 더 두려워하고 있습니다." (Apologie, 18b) 물론 이는 사실 소크라테스가 세 사람 중에서 유독 아니토스만을 잘 알고 있기 때문이기도 하다. 대화편 『메논』에서 소크라테스는 아니토스와 대화하는 과정에서 수치심을 느끼게 할 정도의 대화를 이끈 적이 있다(Menon, 92a-94e). 그럼에도 불구하고 소크라테스는 항간의 떠도는 뜬소문도 멜레토스로 하여금 자신에 대한 선입견(비방, 중상모략에 따르는 잘못된 생각, διαβολή)을 가지게 함으로써 고소를 부추이게 되었을 것이라는 추측도 하였다. "저에 대한 선입견이 뜬소문에서 생기게 되었으며, 바로 그것을 멜레토스도 믿고서 저를 기소하게 된 것이지요." (Apologie, 19a-19b, 23e) 결국 당시 소크라테스는 멜레토스의 기소 이전에도 항간에 도는 뜬소문과의 치열한 전쟁 중에 있었음을 간접적으로 시사하고 있다. 또한 커다란 소문의 진원지를 소크라테스는 자신의 친구이자 아테네인들의 우호적 동지(hetairos)인 카이레폰(Chaerephon)을 꼽고 있다. 즉, 그는 어느 날 델포이 신전의 여사제(Pyhia hiereia, 또는 무녀로도 번역됨)에게서 "소크라테스보다 현명한 자는 이 세상에 아무도 없다." (Apologie, 21a)라는 말을 듣고, 이를 세상에 유포하게 된다. 졸지에 소크라테스는 오히려 아테네인에게 '오만 방자한 자' 로 오해를 받고 말았다. 이는 소크라테스 자신에게도 날벼락과 같은 사건이었다: "내 자신이 현자가 아니라는 것을 알고 있는데, 신이 나를 가장 현명한 자라고 하는 것은 도대체 무슨 뜻일까?" (Apologie, 21b) 사실 그 당시의 소위 델포이 사건의 진행은 다음과 같다. "신은 그(소크라테스)를 가장 현명한 자라 하였다. 그것은 전혀 사실과 다른 말이다. 그렇다면 신은 거짓말을 한 것인가. 그러나 신이 거짓말을 할 리는 없다. 도대체 신인 이상 신에게 거짓말이 허용되어 있지 않은 것이다. 그러면 이 수수께끼는 무

엇을 의미하는 것일까? 오랜 사색 끝에 소크라테스는 하나의 해결책을 발견하였다. 그것은 현명하다는 세평이 있는 사람들을 찾아가서 그들이 자기보다도 더 현명하다는 것을 발견함으로써 신탁의 잘못을 밝히려는 것이었다. 이렇게 하여 그는 먼저 정치가를 찾아가서 …. 그러나 그들은 아무것도 알지 못하면서 무엇인가를 알고 있다고 자처하고 있는 데 반해서 소크라테스 자신은 알지 못하는 것을 알고 있다고 생각하지 않는다… 저편은 자기네의 무지함을 깨닫지 못하고 있는데 반하여 소크라테스는 적어도 그것을 깨닫고 있다는 점에서 그들보다 현명하다는 것이다."(문정복, 1990: 126-127; Apologie, 21a 이하 내용 참고) 하여간 소크라테스는 이런저런 뜬소문이 자신에 대한 아테네인의 선입견을 키운 것으로 추론했다. 결국 소크라테스는 먼저 뜬소문(비방, 선입견, 미움, 악평 등)에 대해서 해명하고 나서(Apologie, 19a-24a), 3인의 고소인이 쓴 고소장에 대해서 변론한다(Apologie, 24a-28a).

22) 아리스토파네스의 『구름』(826~830)에서 소크라테스가 제우스 따위는 없다고 하며, 그 대신에 만물의 생성 이치를 원자들이나 다른 원소의 소용돌이(dinos, dinē) 운동을 도입해서 설명하는 자연철학자로 간주된다(박종현 역주, 2003: 134).

23) 물론 플라톤의 대화편 『라케스』에서 아폴론 신을 추종하는 것이 자신의 사명(mission)이라고 명시하고 있다(Laches, 210c).

24) 물론 소크라테스가 강조하는 다이모니온에 의한 신적 계시라는 언급은, '신앙과 이성' 이라는 중세의 복잡한 형이상학적 논의를 연상시킬 수도 있다(박규철, 2003: 89).

25) 소크라테스의 종교성은 자신의 영혼을 지배하는 다이모니온에 깊이 숨어 있으며, 다이모니온의 목소리가 들리는 데에서 그는 항상 덕행을 시도했다. 다이몬의 목소리가 들리는 곳, 바로 그곳이 절대 지식(眞理)을 알고 있는 전지전능한 아폴론 신이 있는 곳이었으며, 또한 아폴론 신을 따르는 것은 인간에게

주어진 하나의 사명(mission)이었다. 이렇게 본다면 그는 인간 이성의 유한성을 자각하는 온건한 이성주의자이라고 할 수 있다(박규철, 2003: 87).

26) 초대교회 시대에 사람들은 소크라테스를 그리스도 이전의 순교자 중에서 최고의 순교자로 여겼다(오인탁, 1996: 15).

27) "소크라테스는 자신을 진리와 지혜를 주관화하고 그것을 권력화하는 소피스트와 날카롭게 차별화하고 있으며, 그 자신이 그 누구보다도 실천적으로 지혜로우며 도덕적으로 탁월하다는 것을 거부하지 않는다. 그리고 그것을 지식과 기술로 구체화하는 노력을 게을리 하지 않는다. 그럼 절대 진리에 대한 소크라테스의 열정은 어디에서부터 오는가. 플라톤은 그것을 소크라테스의 종교성에서 찾고 있다." (박규철, 2003: 87–88)

28) 당시 소피스트는 인간의 영혼에 관심을 가지고 있지 않았다(성기산, 1999: 129). 따라서 소크라테스 이전의 철학은 '자연' 을 발견하는 데에서 출발하지만, 소크라테스의 철학은 인간의 영혼을 발견하는 데에서 출발한다(이종훈 역, 1995: 27).

29) 영혼은 그리스어로 프시케(psyche)인데, 영혼이라는 말에는 종교적 의미가 풍겨 나오지만, 이는 '생명의 원리(life-principle)' 라는 뜻에 가깝다(김지원 역, 2004: 75). 영혼, 즉 프시케란 '숨, 살아 있는 생명의 원리' 를 나타낸다(이종훈 역, 1995: 98).

30) 이 용어들은 플라톤 철학의 가장 난폭한(?) 비판자라고 할 수 있는 포퍼(Karl R. Popper)가 가장 애용한 용어로서, 플라톤은 원칙적으로 인간과 사회의 역사를 부패와 타락의 역사로 간주하고 있기 때문에, 선험적 이데아론을 생각할 수밖에 없었다고 주장하고 있다(이한구 역, 1982: 82). 이 글에서는 이러한 용어가 취지상 좀 더 적절한 것으로 간주되어 영혼 이해를 위해서도 기꺼이 차용되고 있다.

31) 만물은 끊임없이 타락하고 부패하는 방향으로 변한다. 따라서 이 세상에는

변치 않는 이데아가 요청된다. 이는 플라톤이 영혼불변설의 피타고라스와 변치 않는 형상계의 주창자인 파르메니데스의 원리를 차용한 결과이다.

32) 플라톤에 따르면, 교육의 목표는 개인의 행복과 동시에 국가의 선이다(Wilds, 1944: 102). 따라서 개인은 국가에서 떼어낼 수 없는 일부이고 그 둘은 결코 떨어질 수 없다(김지원 역, 2004: 87).

33) 플라톤은 자신의 대화편인 『국가』에서 새로운 사회, 이상국가에 대한 상세한 구상을 세웠다. 그는 이러한 새로운 사회를 건설하기 위해서는 반드시 세 가지 변화가 일어나야 한다고 보았다. 첫째, 새 지배계급인 수호자(통치자)는 철인 왕이어야 한다. 둘째, 수호자(통치자) 계급은 남자와 여자로 구성된다. 셋째, 수호자(통치자) 계급은 사유재산을 갖지 않으며 공동체 생활을 한다(김지원 역, 2004: 98-99).

34) 영혼은 선천적이기 때문에, 결코 파괴되지도 않는다. "피타고라스는 윤회사상에 함축되어 있는 생명이 있는 모든 것의 통일체가 존재한다는 학설을 가르쳤다. 즉, 신, 인간 그리고 동물은 하나의 형태로부터 이와는 다른 형태에로 변화해 갈 수 있는 단 하나의 생명의 원리에 의해 활력이 불어넣어진 하나의 공동체를 형성한다고 가르쳤다. 영혼은 파괴될 수 없는 것이다. 그리고 영혼이 자기 자신 속에서, 또한 세계와 조화를 이루는 데 성공하느냐 혹은 실패하느냐에 따라 존재의 등급이, 물론 다른 형태의 생명 속에서이지만, 올라가거나 주저앉도록 운명 지어져 있다." (이종훈 역, 1995: 127)

35) "피타고라스학파의 사상은 플라톤에게 상기설을 시사해 주었다. 대화편 『메논』에서 이 상기설은 지식의 문제에 대한 해결책으로 발표된다. 더욱이 '상기(reminiscence)'는 이전에 간직했다가 망각해 버린 지식을 기억할 수 있는 불멸하는 영혼을 함축하고 있다. 이 상기설이 해결해야만 할 문제는 '도대체 우리는 어떻게 소크라테스가 항상 정의하려고 노력했던 그 형상들 또는 이데아에 대한 인식을 획득할 수 있는가.' 하는 물음으로 진술될 수 있다." (이종

훈 역, 1995: 128) "그리스어로 '진리'는 '알레테이아(aletheia)' 이다. 이것은 『국가』 614b/621b에 나오는 에르(Er) 신화에서 알 수 있듯이, 영혼이 육체 속으로 들어 올 때 망각(Lethe)의 강을 건너오면서 잊어버렸던 것 이전(a-lethe)의 상태를 뜻한다."(이종훈 역, 1995: 130) 따라서 우리는 선천적인 망각된 영혼을 반드시 '상기(想起)' 하여야 하는 것이다.

36) 플라톤은 개인의 행복을 최선의 선이라고 했다…. 인간에게 참된 행복을 가져다 줄 수 있는 덕의 본질적 요소는 건전한 영혼, 즉 내적 질서와 조화를 갖는 영혼의 소유에 있다…. 그의 영혼에 관한 삼부적인 구분을 기초로 하여 체계화된 윤리이론에서 덕은 네 가지—즉 지혜, 불굴의 정신(fortitude), 절제와 정의—분류된다. 그 이론에 의하면 이 네 가지 덕을 획득할 때만 인간 내에서뿐만 아니라 국가 내에서 완전한 조화 즉 정의를 성취할 수 있다(임태평, 1997: 185).

37) 교육의 기능은 합리적인 이성의 각성을 통한 영혼의 조화를 모색하도록 돕는 일이었다. 가장 좋은 체육은 음악과 자매 관계가 된 상태일 것이다(Politeia, 404b). 물론 나중에 플라톤은 자신의 세운 '철학적 정치가를 위한 학교(Cornford, a school of philosophical statesmen)' 인 아카데미에서 그리스의 전통적 교과였던 음악—무지케(mousike), 플라톤에게서는 나중에 교양 전반을 의미함—체육—김나스티케(gymnastike), 신체단련—과 자신의 이데아 세계를 보여 주는 수학—대수, 기하학, 천문학, 화음의 원리 포함—을 기초과목으로 재편성한다.

38) 포퍼는 바로 이 대목에서 가장 불만을 가지고 플라톤을 비판한 대표적인 학자이다. 그에 의하면, 과연 그렇다면 사회가—또는 국가가—개인의 영혼을 규제하는 기준척도라도 된다는 말인가? 포퍼는 그렇다고 보았다. 그러나 포퍼는 플라톤이 "개인주의(Individualism)의 반대는 집단주의(Collectivism))이며, 이기주의(Egoism)의 반대는 이타주의(Altruism)"(이한구 역, 1982: 144)라는 개념

적 이해를 착각한 것이 아닌가 한다. 다시 말하면, 개인의 영혼과 국가(집단)의 영혼을 동일시할 때에만 정의가 이루어진다고 하는 것은 마치 이기주의를 절제시키는 기능으로서 국가가 필요하다는 착각을 한 셈이다. 즉, 집단주의(국가주의)가 아니더라도 개인주의도 얼마든지 이타주의가 될 수 있기 때문에, 사실 제대로 된 정의라고 한다면, 페리클레스의 주장처럼 개인이 이타적으로 살 수 있도록 해야 하는 것이 아닐까?(이한구 역, 1982: 146) 이렇게 된다면 굳이 국가라는 거대집단이 개인이 이기주의화될 것을 두려워 규제자로서 등장할 이유가 그리 강력해질 필요는 없었을 텐데 실제로 이타주의와 결합된 이런 개인주의는 서구문화의 근저를 이루었다(이한구 역, 1982: 146). 아마 소크라테스 역시 이러한 차원에서—개인주의와 이타주의의 결합에서—정의를 생각하지 않았을까 한다. 왜냐하면 소크라테스는 집단주의자라기보다는 개인주의자에 해당되기 때문이다. 이런 성향 때문에 소크라테스는 극단적 개인주의자인—심지어 이기주의로 오해될 수도 있는—일종의 소피스트로서 처형을 당했던 것이다.

39) 플라톤과 최선의 국가, 즉 이상국가에서 보조원과 지배계급의 양육이나 교육은 무기 휴대와 마찬가지로 계급의 상징이며, 따라서 계급의 특권이다(이한구 역, 1982: 65).

40) "플라톤은 영혼이 조화롭고 온전한 인간을 양성하기 위해서는 정신의 교육뿐만 아니라 신체의 교육도 중요하다고 보았다…. 플라톤은 체육과 음악교육이 함께 이루어질 때 인간의 영혼이 균형 있고 조화롭게 발전한다고 생각했다."(이명준, 2001: 98) "아동은 음악교육을 통하여 점진적으로 현상의 세계에서 형상의 세계로 접근하는 능력을 갖게 된다. 이와 같은 점진적인 교육과정 없이 아동은 곧바로 이성적인 것을 이해할 수 없다. 아동의 이성 발달은 개인에 따라 달라서 각자에게 적절한 시기가 따로 있다. 그렇기 때문에 아동은 이성을 발달시킬 수 있는 때가 왔을 때, 이성을 효과적으로 발전시키기 위

한 준비단계로서 음악교육을 필요로 한다…. 음악교육은 이성을 발달시키는 것 외에 또 다른 중요한 역할을 한다. 그것은 영혼을 위한 교육, 즉 영혼의 조화로운 발달을 위한 교육이다… 지나친 음악교육은 인간을 유약하게 만든다. 반면에 지나친 체육교육은 인간을 경직되게 만든다. 이런 단점을 인식한 플라톤은 음악교육과 체육교육을 통하여 정신과 육체가 균형 있게 발달한 인간을 양성하려고 하였다. 왜냐하면 플라톤에게 있어서 교육의 궁극적인 목적은 인간의 영혼을 조화롭게 발전시킨 전인(全人, whole person)을 양성하는 것이었기 때문이다." (이명준, 2001: 80–83)

41) "영혼의 이성적 기능은 기백이나 욕망과는 달리 신이 인간에게 준 최고의 선물이다. 그리고 그것을 최상으로 발전시켜 '선의 이데아'를 아는 것은 인간이 이룰 수 있는 것 중에서 최상의 것이며 가장 바람직한 것이다… 왜냐하면 인간이 욕망이나 기백에 따라서 행동할 경우 그는 언제나 변화하는 것을 추구하게 되고, 그 결과로 영혼의 불균형 상태에 이르게 되기 때문이다." (이명준, 2001: 46)

42) 또한 플라톤이 말하는 이데아 이론과 영혼의 개념은 그의 정치철학, 교육철학과 밀접한 관계가 있다(김지원 역, 2004: 86).

43) 『국가』의 후반부에서 플라톤은 주로 교육과 수호자(통치자) 계급의 특성에 초점을 맞춘다. 수호자 계급은 탁월한 철학적 재능을 지닌다. 그러나 수호자는 수준 높은 철학을 탐구하는 인물이기 때문에 기질 상 전사와는 확연히 다르다. 통치자는 지적이고 합리적이며 명상적 기질을 지닌 반면, 전사는 용맹하고 성질이 난폭하다. 하지만 통치자에게는 복종한다. 생산자 계급은 자기에게 필요한 욕구를 채우는 일을 계속할 것이고, 그들의 역할은 국가의 경제적 수요를 충족시켜 주는 데 있다. 사실은 네 번째 계급으로 노예가 있어야 한다. 실제 플라톤은 모든 사회에서 노예가 필요하다고 전제했고, 당시에는 노예를 인간으로 여기지 않았다. 플라톤이 어떤 식으로든 당시의 이런 상황

을 비도덕적으로 보지 않은 점은 도덕적 상대주의라는 비난을 받을 법도 하다. 그러나 분명히 플라톤의 철학도 시대의 산물일 수밖에 없다(김지원 역, 2004: 103–104). 왜냐하면 플라톤에게서는 노예나 하층민에 대한 교육은 등한시되기 때문이다. "플라톤에게서는 노예제도가 타파되어야 한다거나, 완화되어야 한다는 조그만 암시는 어디서도 찾아볼 수가 없다… 우리는 플라톤이 최선 국가에 노예가 있으며 그들은 잔인하게 다루어지는 것이 아니라 적당히 멸시당한다고 단정하지 않을 수 없다."(이한구 역, 1982: 79) 실제로 플라톤은 '정의를 계급특권'(이한구 역, 1982: 126)으로 보았다. 그럼에도 불구하고 플라톤은 국가가 단일공동체로 기능하기 위해서는 특히 수호자(통치자) 계급이 바른 교육을 받고 특별하게 살아야 한다고 강조했다(김지원 역, 2004: 104–105). 즉, 수호자(통치자) 계급의 생활방식은 현실사회의 본보기였다(김지원 역, 2004: 106). 왜냐하면 당시 계급사회에서는 수호자(통치자)와 전사에게 막강한 권력이 주어져 있었기 때문에 공동체의 선을 위해 권력을 현명하게 행사하는 것이 국가와 사회 그리고 개인의 이익에서도 가장 중요한 요소였기 때문이다. 따라서 항상 플라톤은 지혜–용기–절재의 '조화로움'을 강조할 수밖에 없었던 것이다. 따라서 최고 통치자의 권력오용과 남용을 견제하기 위해서 이들에게는 사유재산과 가족을 금지시켰다(Kraut, 1992: 12). 그러나 플라톤이 통지자의 독선과 오용의 가능성을 예감하였다는 사실은 이미 만의 하나 오류를 시정하려는 조처이기도 하지만, 항상 그럴 수 있는 가능성이 잠재한다는 것으로 이는 "노예소년과도 대화로 기하학을 함께 풀고자 했던"(Menon, 80a–86c) 소크라테스의 가르침과 논리적으로 연결되지 않는다. "소크라테스의 대화에 의한 교육, 즉 일명 그의 산파술(Socratic maieutic)이란 교수–학습이론이 암시하는 것은 학습자인 '노예소년'(Menon, 80–86) 이 교사인 소크라테스와 쌍방향으로 대화를 주고받으면서 교육을 한다는 점이다. 여기서 소크라테스는 자신이 알고 있는 지식을 일방적으로 노예소년에게 주입하는 것이 아니다. 그는 소년의 내재적 학습능력을 최대한 발휘할 수 있도록 도와주는 역할을 할 뿐이다. 이는 현대 교육에서 중요시하는 학습자의 자발성을 교육에 도입하는 것으로 가장 바람직한 교수–학습방법 중의 하나라고 할 수 있다." (이명준, 2001: 94)

44) 물론 플라톤의 공교육 요청은 상위 엘리트 소수층에 국한된다. "플라톤은 국가의 복지에 필수적인 일에는 세 가지가 있다고 생각하였다. 생활필수품으로서의 물자를 생산하는 일, 외적에게서 국가를 수호하고 내부의 질서를 유지하는 일, 그리고 법을 만들고 통치하는 일이 그것이다. 플라톤은 이 중 첫째 종류의 일에 종사하는 사람들을 위해서는 공교육 제도가 필요하다고 생각하지는 않은 듯하다…. 그렇다면 『국가론』의 전반부에 묘사된 교육이 전적으로 겨냥하고 있는 대상은 희랍에서 진짜 시민이 해야 할 기능이라고 간주되던 군사적 및 정치적 기능의 담당 계급이었다. 이 교육이란 바로 이 계급 사람들이 가진 영혼에 자연적인 자양을 적절히 공급하는 방법을 말한다." (김안중 역, 1989: 41–42)

45) "이미 『변론』(19d, 21c, 33a, 41c)에서 소크라테스는 별다른 철학적 의미를 부여하지 않은 채 자신의 대화를 '디알레케스타이(*διαλέγεσθαι*)' 라는 용어로 규정하고 있다…. 거기에서 소크라테스는 소피스트의 '긴 연설(마크로로기아, *μακρολογία*)' 을 통해서는 아무런 도움을 받을 수 없으나 질문과 답변의 변증적 '논박(브라퀴로기아, *βραχυλογία*)' 을 통해서는 자신의 무지가 치료될 수 있을 것이라는 확신을 피력한다." (박규철, 2003) 플라톤의 대화편 중 『고르기아스』는 수사학과 소크라테스의 엘렌코스(elenchos)의 차이를 설명하는 대화편이다(임태평, 1997: 71). 엘렌코스는 그리스말로 음미, 검증 혹은 시도를 뜻한다(임태평, 1997: 186).

46) "소크라테스가 개발한 이러한 대화법은 퀴즈 방식이기도 한데, 이는 때때로 '변증법적 방법(dialectic method)' 이라고 불리기도 하며 두 단계를 가지고 있

다. 첫째는 반어적 방법(ironic) 또는 파괴적 단계(destructive stage)로서 이 속에서는 질문을 통해 학생들이 무의식적인 무지에서 의식적인 무지로 옮겨진다. 둘째는 산파술(maieutic), 즉 구성적 단계(constructive stage)로서 여기서는 지속적인 질문을 통해서 학생들은 의식적인 무지에서 명백하고 합리적인 진리로 옮겨지게 된다." (Wilds, 1944: 112)

47) 이러한 의미는 니체(Nietzsche)의 생기존재론이나 가다머(Gadamer)의 '드러남의 존재론적 차원'과 맥락을 같이한다고 볼 수 있다.

48) 동굴의 비유에서 그리고 있는 교육에는 독학이 없다. 아무리 개인이 열심히 노력한다고 해도 그는 자신의 노력만 가지고 자기 자신을 결코 도야할 수 없다. 그는 낯선 교육의 손길을 필요로 한다. 그뿐만 아니라 그는 자신의 의지와는 반대로 낯선 교육의 강요에 따라서 자신을 굽히지 않으면 안 된다. 이러한 강요에 따른 연습은 특히 교육의 길로 들어서는 첫 단계에서 타당하게 요청된다. 교육의 길을 자신의 능력과 노력을 걷는 것은 처음부터 불가능하다(오인탁, 1996: 72).

49) 아폴론 신의 명령에 복종하고 신에 순종하며 살았던 '소크라테스(Apologie, 29d)에게는 오로지 신만이 모든 것을 알고 있고 신의 세계만이 진리의 세계였다(Apologie, 42a).

50) 플라톤의 교육이론은 당시 그리스의 폴리스의 교육적 의미를 먼저 알고 나서 비판될 필요가 있다. 왜냐하면 폴리스 그 자체가 교육기관으로서의 의미를 가지고 있었기 때문이다(Klosko, 1986: 7). "폴리스는 도덕적 차원이다…. 폴리스는 사람을 교육한다…. 그리스인은 폴리스를 모든 인간 가치와 동일시하였다. 폴리스는 그만큼 그리스인에게는 그의 삶의 일부였으므로 그와 별개로 폴리스를 생각한다는 것은 불가능했다…. 살 가치가 있는 삶은 의미를 가져야 하며, 그리고 폴리스에서만 의미를 가져야 하기 때문에 그들은 삶의 의미를 요구한다고 확신했다." (임태평, 1997: 210-211)

51) 이러한 논리 때문에 그는 나는 모른다는 사실만을 알기 때문에 질문할 수밖에 없다고 하였다. 모르니까 알기 위해서 끊임없이 질문할 수밖에 없었던 소크라테스에게 신의 영역이야말로 유일한 진리의 영역이었다.

52) 소크라테스의 대화는 단순한 대화가 아닌 소크라테스만의 독특한 변증법적 대화인 '논박법(elenchos)' (Ch. Kahn), 즉 브라퀴로기아(βραχυλογία) 또는 "짓궂은 물음으로 상대를 골탕 먹이는" (오인탁, 1996: 14) 그만의 특수한 '질문법' (Befragung, E. Spranger)이었다. 또한 소크라테스의 논박술(elenchos)은 감각적 지각에서 얻은 주관적 의견이나 그로 인해 혼란된 생각을 반성하여 근본적으로 파기하고 이성을 통해 참된 보편적 인식을 성취하는 산파술(maeeutike)에 이르는 무지(amathia)를 자각하기 위한 첫걸음이다(이종훈 역, 1995: 88).

53) 거스리에 의하면, " '이데아설' 의 싹은 이미 상당한 기간 동안 소크라테스에 의해 움트고 있었다고 하더라도 그것을 학설로 보완하여 완성된 것은 플라톤이라고 보아 조금도 이상할 것이 없다는 것이다." (문정복, 1990: 34) 초기 대화편 속에서 우리는 플라톤 사상의 특징인 형상 또는 '이데아' 이론에 대해 소크라테스가 기여한 바를 파악할 수 있다(이종훈 역, 1995: 111).

54) 소크라테스가 덕지(德知, Tugendwissen)를 추구함으로써 그에게서 지식추구는 '윤리적-도덕적 차원' 이라고 한다면, 도덕교육은 이런 의미에서 소크라테스의 계승이라고 할 수 있을까? 그러나 문제는 소크라테스는 "덕을 가르칠 수 없다." (Gorgias, 456a-457e; Apologie, 19d-e)라고 하였다. 따라서 그에게는 덕을 가르치는 의미에서의 도덕교육은 별 의미가 없다. 덕은 영혼보호 및 영혼각성 (또는 상기함)을 통해서만 스스로 드러날 수 있을 뿐이다. 이를 위해 소크라테스는 마치 독사, 메기, 전기가오리처럼 전기적 자극을 주는 촌철살인의 질문법, 즉 논박법이 유효한 영혼각성의 자극제가 될 것이라고 믿는다 (Menon, 80a). 따라서 자신의 역할은 둥치가 큰 동물들에 붙어서 어떻게든 움직이라고 자극을 주는 짓궂은 등에(gadfly)의 역할을 신의 사명(mission)으로

알고 이를 자처했던 것이다(Brumbaugh & Lawrence, 1963: 125–126; 김지원 역, 2004: 20). 이를 브릭하우스와 스미스(Brickhous & Smith)는 전기방전사명(electric mission)이라고 불렀다(Birkhous & Smith, 1994: 10). 이런 의미에서 소크라테스는 교사를 '사고의 쉬파리(gadfly)' 그리고 '지적인 산파(intellectual midwife)' 라고 불렀다(Wilds, 1944: 112). "이상하게 들리겠지만, 나는 신에 의해서 이 도시(아테네)에 자극을 주는 등에로 임명된 것이다. 왜냐하면 이 도시는 너무나 몸집이 커서 움직임도 게을러, 누군가가 자극을 주는 것이 필요한데, 나더러 여기서 자극을 주는 쇠파리의 역할을 하라고 이 도시에 붙들어 매어 놓았다고 생각한다. 그래서 나는 온종일 여기저기로 날아다니면서 한 사람 한사람을 깨어 일으키고 설득한다." (Apologie, 30e–31a)

55) 플라톤은 자신이 세운 학교인 아카데미아에서 대화편 『메논』을 교재로 사용하였다(오인탁, 1996: 50). 『메논』은 『국가』, 『테아이테토스』, 『법률』에서처럼 교육이론을 제시하고 있다(성기산, 1999: 164). 플라톤의 아카데미아는 '철학적 정치가를 위한 학교(cornford)' 였는데(임태평, 1997: vii), 이는 플라톤이 시칠리아 여행에서 사귄 피타고라스학파 사람들이 이상국가의 건설이라는 큰 뜻을 품은 플라톤에게 마련해 준 거액의 기금으로 아테네 근교에 땅을 구입하여 설립한 학원이다(문정복, 1990: 24–25). 여기서 그는 스스로 철학의 연구에 몰두하는 한편, 앞으로 그리스의 정치를 좌우할 우수한 인재의 양성에 힘쓰게 되었다고 한다(문정복, 1990: 25).

56) 독일의 교육학자 빌헬름 플리트너(W. Flitner) 역시 소크라테스를 철학자라기보다는 교육학적 성격을 소유한 원형으로 보았다(Flitner, 1923: 83).

57) "교육의 제I단계는 '예비교육' 이다… 어린이는 7세가 되면… 사회능력화를 과제로 삼고 있다. 교육과정은 체육과 음악이다… 교육의 제II단계는 '기초교육' 이다… 약 10세에서 16세까지의 소년에게 실생활에 필요하고 유용한 지식을 가르치는 실천 중심의 교육을 한다…. 교육의 제III단계는 '일차 실습

교육' 이다. 약 20세가 될 때까지… 주로 군사적 훈련이다… 유능한 군인이 된다… 더 많은 교육이 필요한 자들은 제IV단계의 교육을 받는다. 약 30세가 될 때까지 10년간 받는 제 IV단계의 교육은 이론 중심의 전문교육이다… 교육과정은 문법, 수사학, 산술, 기하 1, 기하 2, 천문학, 화성학, 변증법으로 구성되어 있다… 여기서 더 많은 교육이 필요하다고 평가된 학생은 남겨져서 제V단계의 교육인 '2차 실습' 에 투입된다…. 약 50세가 될 때까지 철학적 문답법만을 끊임없이 연습하면서, 통치의 여러 직책을 순회하면서 통치 실습을 쌓는다. 이 단계를 성공적으로 이수한 자는 철인이 되어서 국가를 다스린다." (오인탁, 1996: 98-102)

■ ■ ■ 참고문헌

김안중 역(1989). R. L. Nettleship(1935). 플라톤의 교육론. 서울: 서광사.

김지원 역(2004). Roy Jackson(2001). 플라톤. 서울: 랜덤하우스 중앙.

문정복(1990). 소크라테스의 생애와 사상. 서울: 형설출판사.

문창옥 역(2001). Taylor, C. C. W.(1998). 소크라테스. 서울: 시공사.

박규철(2003). 역사적 소크라테스와 등장인물 소크라테스. 서울: 동과서.

박종현 역(2003). 플라톤의 네 대화편. 에루티프론, 소크라테스의 변론, 크리톤, 파이돈. 서울: 서광사.

성기산(1999). 서양교육사연구. 서울: 도서출판 문음사.

오인탁(1994). 고대그리스의 교육사상. 서울: 종로서적.

오인탁(1996). 위대한 교육사상가들 I. (pp. 1-110). 서울: 교육과학사.

이강서 역(2004). Gottfried Martin. 대화의 철학 소크라테스. 서울: 한길사.

이명준(2001). 유토피아와 교육-플라톤의 교육학. 서울: 문음사.

이종훈 역(1995). Francis M. Conford(1932, 1976). 소크라테스 이전과 이후.

서울: 박영사.

이한구 역(1982). Karl R. Popper(1966). 열린사회의 그 적들 1. 플라톤과 유토피아. 서울: 민음사.

이홍우, 박재문, 유한구 역(1996). William Boyd(1964). 서양교육사. 서울: 교육과학사.

임태평(1997). 플라톤철학과 교육. 서울: 교육과학사.

한석환 역(2003). Michael Bort(1999). 철학자 플라톤. 서울: 이학사.

Brickhous, Th. C., & Smith, N. D. (1994). *Plato's Socrates.* New York. Oxford: Oxford University Press.

Brumbaugh, R. G., & Lawrence, N. M. (1963). *Philosophers on Education: Six Essays on the Foundations of Western Though.* Boston: Houghton Mifflin Company.

Dilthey, W. (1979). *Der Aufbau der geschichtlichen Welt in den Geisteswissenschaften (GSII).* Hrsg. von Bernhard Goethuyeun, 7. Auflage, Stuttgart, B. C.: Tuebner Verlag.

Flitner, W. (1923). Das Problem der Erwachsenenbildung. In Erlingenhagen, K., Flitner, A., & Hermann, U. (Hrsg.). *Gesammelte Schriften. Bd. 1.* Paderborn, München, Wien, Z ich, 1982.

Jaeger, W. (1944). Paideia. Die Formung des griechischen Menschen. 2. Bd. Berlin.

Kahn. C. (1992). Vlastos's Socrates. *Phr, 37:* 233-258.

Kahn, C. (1996). *Plato and the Socratic Dialogue: The philosophical use of a literary form.* Cambridge University Press.

Kaufmann, W., & Baird, R. E. (1994). *From Plato to Nietzsche.* Philosophic Classics. New Jersey: Prentice Hall, Englewood Cliffs.

Klosko, G. (1986). *The Development of Plato's Political Theory.* New York, Methuen & Co. Ltd.

Kraut, R. (Ed.) (1992). *Plato.* Chambridge: Cambridge University Press.

Lamer, H., & Kroh, P. (1989). *Wörterbuch der Antike.* Stuttgart.

Platon' s Dialogue: *Apologie, Menon, Laches, Politeia, Gorgias, Phaedon, Phaidros* etc.

Platon (1977). Das Gespräche Laches im Platon, Werke in acht Bänden Griechisch un Deutsch, Erster Band, Hrsg. von Gunther Eiger. Bearbeitet von Heinz Hofmann. Deutsche übersetzung von Friedrich Schleiermacher. Darmstadt.

Ruehl, H. (1911). Auswahl aus Platon: Protagoras, Laches, Menon und Abschnitte aus dem Gorgias und dem Enthydemos. Kommentar. Mü nster i. W.: Aschendorffsche Verlagsbuchhandlung.

Spranger, E. (1931). Sokrates. In *Gesammelt Schriften. XI.* Heidelberg 1972.

Spranger, E. (1954). Das Rätschel Sokrates. In Baehr, H. W. (Hrsg.): *Vom pädagogischen Genuis.* Heidelberg 1965.

Spranger, E. (1978). Briefe 1901~1963. Hrsg. *von Hans Walter Bähr.* Tü bingen.

Wilds, E. H. (1944). *The Foundation of Modern Education.* Washington, D. C.: The United States Armed Forces by Farrar and Rinehard.

Zimmermann, J. (1930). *Geschichte der griechischen Philosophie, Schöninghs Griechische Klassiker Nr.* 4. Paderborn: Ferdinad Schöningh.

찾·아·보·기

인명

김인희 133
오인탁 16
한기언 135

Alkibiades 150
Apel, K. O. 119
Apollon 162, 168, 186, 212, 230, 231, 261
Aristophanes 150, 249
Aristoteles 18, 149, 179, 181, 195, 246
Ast, F. 23, 29

Baird, R. E. 194
Betti, E. 17
Boeckh, A. 19
Bokelmann, H. 89
Bollnow, O. F. 72, 148
Bordt, M. 202
Brentano, F. 85
Buber, M. 74
Bultmann, R. K. 44, 50, 122, 136
Burne, E. 74
Burnet, J. 244
Bux, E. 181

Comte, A. 85

Dannhauer, J. C. 21
Descartes, R. 82
Dilthey, W. 15, 17, 32, 33, 34, 42, 43, 70, 76, 99, 105
Droysen, J. G. 81

Ebeling, G. 22
Epicouros 18
Erasmus 151
Euripides 18

Fichte, J. G. 25
Flacius, M. 20, 21
Flitner, W. 52, 75, 263
Foucault, M. 130
Frischeisen-Koehler, M. 52

Gadamer, H.-G. 14, 17, 71, 73, 120, 122, 141, 261
Gehlen, A. 92
Guthrie, E. R. 247

Habermas, J. 119
Hegel, G. W. F. 34, 43, 150, 193
Heidegger, M. 17, 88
Henninsen, J. 91
Heracleitos 218
Herbart, J. F. 60, 90, 196
Herder, J. G. von 25, 27
Hermes 13, 83
Hesiodos 219
Homer 18

Jaeger, W. 156, 159, 163, 202

Kahn, C. 202
Kant, I. 25, 33, 34, 196
Kauffmann, A. 194
Kerschensteiner, G. M. 74
Kimmerle, H. 30, 31
Klafki, W. 15, 66, 67, 91, 124, 140
Kroh, P. 159, 202

Lamer, H. 159, 202
Langewand, A. 71
Lessing, G. E. 25
Lied, T. 74
Loch, W. 91
Lucretius Carus, T. 18
Luther, M. 20, 202

Martin, G. 248
Mead, G. 74
Meletus 210

Nietzsche, F. W. 120, 150, 193, 261
Nohl, H. 52, 54, 57

Parmenides 219
Parmentier, M. 127, 129
Plato 17, 147, 202, 237
Plutarch 18
Popper, K. R. 202, 242, 254
Pythagoras 218, 219

Reichwein, G. 52
Rickert, H. 84
Rittelmeyer, C. 127, 129

Roth, H. 52

Schelling, F. W. von 25
Schleiermacher, F. 23, 25, 30, 31, 32, 50, 60, 76, 79, 105, 122
Schulz, W. 169
Silenus 150
Socrates 147, 202, 237
Speck, J. 91
Spinoza, B. de 82
Spranger, E. 52, 72, 74, 139, 149, 181, 202, 237, 241
Störig, H. J. 155

Taylor, C. C. W. 244

Tiersch, H. 52

Vico, G. B. 83
Vlastos, G. 202, 242

Weniger, E. 52, 57, 58
Whitehead, A. N. 204
Wilds, E. H. 201
Windelband, W. 84
Wolf, F. A. 23, 29, 139

Xenophon 18, 147

Zeller, W. 244

내용

가르침의 달인 175
가정 202
가치관점 136
각성 161
간주관성 15, 45, 137, 141
간주관적 상호이해 42
간학문적 75
개별성 55
개별자 45
개별적 다양성 38
개별체험 46, 47, 48
개성 38
개성적 과학 84
개인적 정의 222
개인주의자 257
개체성 25
객관 42, 45, 49, 88
객관성 49, 51, 102
객관적 의미해석 110
객관적 이해 34, 113
객관적 지식 102
객관적 표현 45
객관적 해석과정 131
객관정신 32, 43, 44, 45

객관화 51, 52
경건한 '종교주의자' 216
경험적 자아의 전체성 34
경험주의 51, 126
고대해석학 18
고르기아스 157, 241
고무줄 개념 139
고유한 인식관심 50
고전(원전)해석 19
고차원의 이해 41
공감대형성 137
공교육 228
공동체 259
공통성 42, 45
과학 63, 102, 182
과학이론 181
과학적(학문적) 기초 28
관계 74
관계의 법칙 224
관념론 195
관념론적 형이상학자 192
관점 133, 143, 205
관점주의 133, 143
교리 24
교사 176, 240
교수방법론 239
교육 211, 221, 232, 260
교육고전 53
교육과학 58
교육기법 189
교육론 221, 240
교육방법 203
교육방법 237
교육보고서 53
교육사 53, 54, 65
교육사 연구 99, 135
교육사 연구방법 129
교육실제 17, 53, 60
교육애 72
교육의 역사성 54
교육자 185
교육자 소크라테스 169
교육적 객관물 55
교육적 관계 55, 72
교육적 만남 72
교육적 분위기 72
교육적 운동 56
교육적 체험 55
교육적 행위의 자율성 64
교육제도 53
교육철학 204, 237
교육철학사 202
교육텍스트 53, 54, 65
교육학 75, 192
교육학적 관계 56
교육학적 자율성 61
교육현실 16, 53, 67, 76, 77
교육환경 74, 75
구성 30
구조관련 35, 46
구조론 34
국가 220, 241

국가론 160
군인 225
규범교육학 76
균형 222
긍정적 164
기능 217, 218
기독성 21
기록된 증거물 42
기백 218
기준 207
기준설정 209

나선형 123
낭만주의 25
낭만주의자 27
내재적 학습능력 260
노예소년 238, 259
논박 187, 234
논박가 186
논박법 160, 203, 238, 239, 243, 262
논박식 대화 233
뉴턴 과학 33
니코마코스의 윤리학 179

다수성의 원리 76
다양성 47
다이모니온 177, 210, 212, 213, 231, 253
다이얼로그 243
단절된 유산 201, 206
단절된 유산 찾기 205
담론 203
대화 161, 229, 238
대화식 교육방법 237, 238, 239
대화의 주인공 205
대화편 148, 205
더 커다란 맥락 113, 114, 127
덕지 168, 169, 176, 178, 184, 240
덕행지식 168, 177, 178, 182, 240
델포이 신전 183
델포이 신탁 166
델포이 신 215
도덕 176
도덕교육 226
도덕적-윤리적 차원 178
도야가치 57
독일개혁교육학운동 56
독특한 대화방식 234
동굴의 비유 230
동반여행 172
드러남의 존재론적 차원 261
등에 233, 263

로고스 법칙 221

마지막 소피스트 175
만남 71, 72
매개체 48
맥락 21, 110, 112, 115, 119, 125, 127
맥락의 범위 117
메논 157, 237, 241, 263

메모라빌리아 249
메타이론 62, 64
무반성적 차원 63
무사 222
무사 계급 225
무신론자 211
무지 159, 184
무지각성 164, 166, 190, 232, 239
무지고백 164, 166, 190, 232, 239
무지극복 232
무지론 160, 161, 162, 180
무지와 지 172
무지의 과정 166
무지의 소크라테스 162
무지인식 166
문맥(맥락) 111
문맥적 분석 71
문맥적 사고 111
문맥적 이해 112
문법적 해석 26
문예해석 18, 19
문장 110
문헌기록 120
문헌적 텍스트 16, 53, 76
문헌학 18, 19
문헌학적 해석학 19
문헌해석 66, 124
문헌해석의 방법 66, 125
문헌해석의 원칙 19
문화 67, 92
문화각성 73
문화과학 82, 84
문화적 존재 74, 92
문화창조 능력 92
문화책임 73
문화해석 93
문화화 93

반성 233
반성의 준거 59
반성적 고찰 154
반신반인 215
반어법 160, 166, 172, 188, 195
반어적 165, 187
반어적 태도 189
방법 17
방법론 28
방법론으로서의 해석학 17, 92
방법론적 개방성 87
방법론적 다수주의 76
방법론적 단일주의 86
방법론적 독단론 86
방법적 대화 161
법률해석학 23
법리해석 23, 24
법칙성 25, 56
법칙적 과학 84
변수 126
변증법적 238
변증법적 대화 238
변증법적 방법 260
보편타당성 59, 137

보편타당한 이해 77
보편타당한 지식 102
부분 20, 47, 118, 204
부정적 164
부정적 개념 232
부패 222
분석 217
분해 217
비문헌적 텍스트 17, 68, 76
비판 15, 17
비판론적 차원 67
비판적 해석학 94

사명 185, 186, 263
사실관계 108
사실근거 117, 130, 152
사유의 역사성 34
사이비 지식 178, 184
사회 220
사회구조 220
사회정의 222, 226
사회참여적 해석학 91
산파 172
산파술 160, 162, 172, 233, 259
삶의 범주 36
삶의 실제 67
삶의 외현 42
삶의 철학 34
삶의 표현 68
상기 224, 229, 233, 255
상대성 55
상대주의적 역사의식 141
상위 엘리트 소수층 260
상징 104
상징성 112
상호교섭 22
상호교섭주의 및 민속지적 연구방법론 91
상호작용 29, 47
상황 110
상황(맥락)구속성 140
생기존재론 261
생산자 계급 225
생산적 164
선의 이데아 258
선입견 69
선판단 69, 122
선험적 자아 34
설명 37, 39
성서 주석 21
성서해석학 20
소크라테스 문제 208
소크라테스 처방 153
소크라테스 해석 147, 162
소크라테스의 반어 166
소크라테스의 방법 201, 237
소크라테스의 변론 207, 210
소크라테스의 죽음 244
소크라테스적 대화편 242
소크라테스적인 것 178
소크라테스-플라톤 관계 해석 205
소크라테스-플라톤의 관계 206,

211
소피스트 151
소피스트의 상대주의 176
수학적 질서 218
순수사변철학 192
순수이성비판 33
시칠리아 157
시칠리아 여행 160, 218
시행착오 126
신성의 해석 20
신앙과 이성 216, 253
신의 말씀의 이론 23
신의 메시지 13
신의 명령 216
실레노스 상 152
실용주의 철학자 173
실증주의 51, 76, 85, 126
실증주의자 37
실천을 위한 실천의 이론 61
실천의 우위 61, 63
실천의 우위성 60
실천적 교사 178
실천적 지식 184
실천학 63, 67, 70, 75
심리적 해석 26
심리학적 이해 41

아동인권 71
아레테 177, 225
아리스토텔레스의 소크라테스 처방 182
아리스토텔레스의 소크라테스 해석 178
아리스토텔레스의 증언 206
아카데미 256
양극성 215
양심 177, 195
양심각성 182, 191
양심의 소리 177, 214
양심적 지식 195
언어 26, 103
언어 의미의 통일성 30
언어기록 99
언어로 고정된 기록물 53, 57
언어해석 26
언어해석학 25
언행일치 184
에피스테메 177, 191
엘렌코스 238, 260
역동적 사건 55
역사과정 48
역사과학 82
역사분석 55, 59
역사성 36, 71
역사수업 59
역사왜곡시비 124
역사의 도야가치 59
역사이성 33, 34
역사이성비판 33
역사적 경험 51
역사적 기록 42, 105
역사적 기록물 53

역사적 만남 73
역사적 맥락 71, 152
역사적 소크라테스 152, 153, 156, 183, 205, 208, 241
역사적 실천학 58
역사적 정신과학 35, 36
역사적 제약성 88
역사적 존재 14, 35, 70
역사적 텍스트 53
역사적 특수성 31
역사주의 25
역사학파 79
역사해석 65, 153, 190
역사해석의 객관성 106
연구방법 85
연구방법론 143
연역적 가정 205
열린 교육철학 203
영원회귀 121
영적 지식 176
영적 차원 182, 184
영혼 27, 161, 168, 178, 185, 191, 211, 211, 216, 217, 220, 227
영혼각성 216, 217, 222
영혼보호 191, 215, 217, 222
영혼보호기제 221
영혼불멸설 219, 218
영혼염려 177, 183, 185
영혼의 목소리 216
영혼의 세 가지 기능 223
영혼의 조화 256
영혼의 조화로움 234
영혼의 존재성 217
영혼지식 168
오성 34
오해 15, 103
온전한 이해 106, 107
왕의 계급 222
왕의 철학 174, 237
왜곡된 의사소통 120
욕망 218
용기 187, 222, 225
원전 66
원전검증 19
유한 231
유형론 139
유희 188, 189
윤리 33
윤리적 목소리 177
윤리적 본능 177
윤리적 차원 180
윤리적-도덕적 문명비판가 188
윤리적-도덕적 차원 262
윤리학 94
음악교육 257
의미 15, 39, 40, 43, 107, 108
의미 있는 전체 53
의미해석 26
의미관련 38, 43, 70, 110, 112, 113, 116, 117, 119, 121, 131, 141
의미구조관련 47
의미근거 130, 152

의미론적 관점 66
의미영역 30
의미차이 104
의미흐름 49
의미이해 41, 109, 122
의사소통 43
이념사 65
이데아 229, 237
이데아 개념 245
이데아론 155, 157, 170, 171, 192, 195, 206
이데올로기 비판 17
이론과 실천 60, 61, 62
이론학 75
이상국가 220, 230, 237
이상적 통치자 172
이상향 232
이성 211, 216, 218, 224, 237
이성 발달 257
이성교육 224, 236
이성의 지배 218
이성의 통제 218
이성적 방법 216
이성중심주의자 216
이해 15, 33, 37, 58, 76, 102
이해의 매개체 104
이해의 방법 87
이해의 전구조 122
이해의 현실성 24
인격적 만남 72
인격체 73
인과 목적론적 관련 34
인과법칙 38
인성교육 226
인식론적 고찰 28
인식론적 접근 54
인식론적 지식 182
인식론적 차원 67, 75
인식론적 형식논리 181
인식의 네 단계 228
인지적 무지 185
일반 시민 225
일반(문헌)해석학 23
일반교육학 192, 196
일반교육학 논쟁 196
일반성 24, 29, 103, 137
일반해석학 28
일상 언어 103
입시중심교육 238

자극 187
자기반성 182
자기사고 182
자기주도학습 239
자서전 연구 91
자연 37, 38, 223
자연과학 34, 37
자연과학적 방법 126
자연-문화의 이분법 92
자율성 58
자의성 101
작용관련 47, 140, 141

작용사 71, 73, 92, 120, 121
작용사적 맥락 132
작용사적 해석 71
잠자는 영혼 156, 231
잠정적 가설 69
잠정적 객관 88
재구성 37, 51
재해석 134
저자의 무의식 27
저자의 영혼 27
전기 연구 91
전기 플라톤 159
전기방전 233
전기쇼크 186
전기적 자극 161, 262
전령 13
전이해 49, 50, 58, 62, 66, 73, 122, 127
전이해에 대한 해석 58
전이해-이해 131
전인 258
전제 조건 232
전체 20, 38, 46, 47, 118, 119, 127, 204, 234
전체 맥락 19
전체(텍스트)와의 맥락(의미관련) 19
전체-부분 131
전체-부분의 관계 88
전체성 21, 25, 32, 43
전체적 관련 47
전체적 질서 43
전체적인 상호이해 43
절제 222, 225
정신 39, 80
정신과학 17, 32, 33, 34, 36, 37, 39, 78, 82, 84, 143
정신과학의 연구방법 99
정신과학의 일반방법론 77
정신과학적 교육학 15, 17, 52, 65, 76, 94
정신과학적 방법론 17, 37
정신과학적 심리학 82
정신과학적 해석학 25, 33, 78
정신사 65
정신생활 38
정신의 객관성 32
정신의 객관화 67, 68
정신의 과학성 32
정의 179, 222, 224, 227, 237, 259
정의국가 232
정의로운 영혼 226
정치철학 258
조건 126
조화 222, 225, 226, 259
조화교육 236
조화와 균형의 사상 223
존재론적 차원 67
주관성 33, 101
주관적 체험 33, 34
주관화-객관화의 관계 35
주석 18, 22

주석기법 19
주입식 모놀로그 243
주입식 모놀로그 교수방법 239
주입전달 232
중간 단계로서의 이론 63
중간단계 63
지와 무지의 중간자 167
지속적인 해석학적 순환 114
지식 167
지평 122
지평융합 123
지행합일 176, 177, 184
지혜 222, 225
직업기술 173
직업적 전문지식 174
진리여행 240
진리추구의 방법 172
진정한 지식 168, 172, 190
질문 186, 187
질문가 186
질문법 262
질문중심 239
집단주의 257
집요한 질문 233

참지식 178, 187
창작품 206
창조적 재구성 29
처세술로서의 지식 168
천민 222
천부적인 교사 172, 191
철인왕 172, 237
철학 17
철학자 플라톤 169
체계론 34
체계적 정신과학 35
체계적 해석학 27
체험 32, 33, 34, 37, 45, 46, 74, 123
체험-표현-이해 49
체험학습 75
초개인적인 것 45
초기 대화편 242
초보적 차원의 이해 41
초역사성 57, 59
초역사적 이념 56
초역사적 형식 57
촌철살인 233
추체험 37, 45, 49, 51, 74, 123

커다란 맥락 126

콘텍스트 139
크세노폰의 소크라테스 173

텍스트 15, 16, 20, 139
통일성 25
통일적 의미구조 47
통치자 225
통치자 계급 225
특수(성서)해석학 23

판타레이 218

폴리스 261
표현 32, 48, 105, 123, 188
풍자 188
플라톤의 소크라테스 155, 158
플라톤의 여행 157
피타고라스학파 218, 223

학교교육 240
학문적 자율성 57
학생-교사의 만남 72
학습도우미의 방법 191
항존적 관계양식 48
해석 49, 100
해석과정 102, 121
해석기술 15
해석된 역사성 196
해석법 28
해석의 실천성 24
해석학 13, 18
해석학의 원리 19
해석학적 과제 40
해석학적 교육학 15, 52, 60
해석학적 도식 50
해석학적 반성 134
해석학적 반성의 차원 92
해석학적 방법 15, 66, 135
해석학적 순환 25, 29, 30, 31, 58, 64, 66, 70, 73, 105, 106, 121, 137, 152, 204
해석학적 순환의 도식 118
해석학적 원리 20, 236
해석학적 접근 147, 235
해학 188
행동주의적 교육학 76
행복 256
헤르메네웨인 18
헤르메네이아 18
현명함 183
현상계 221, 238
현실사적-사회사적 차원의 해석 65
현재적 상황 134
현재적 재구성 131
형상계 221, 238
형상론 219
형식 35
형이상학 219
호모 렐리기외수스 168
활동적 자아 25
후기 플라톤 159

저자 소개

이상오

연세대학교 및 동 대학원 졸업(교육학석사)
독일 튀빙겐 대학교 졸업(사회과학박사, 교육학 전공)
현 연세대학교 교육대학원 부교수

[관심분야] Pedagogy and Andragogy
[이 메 일] solee21@yonsei.ac.kr

교육해석학 이론과 적용

2008년 3월 10일 1판 1쇄
2008년 3월 14일 1판 1쇄

지은이 • 이상오
펴낸이 • 김진환
펴낸곳 • 학지사

121-837 서울시 마포구 서교동 352-29 마인드월드빌딩 5층
대표전화 • (02)326-1500 팩스 (02)324-2345
홈페이지 • www.hakjisa.co.kr
등　　록 • 1992년 2월 19일 제2-1329호

ISBN 978-89-5891-625-3 93370

정가 13,000원